高职高专财经商贸类专业系列教材

管理学基础

第2版

主　编　袁雪峰　黄继胜

副主编　张　艳　李新剑　吕　凯

参　编　孙　晴　余　静　杨小娟　黄　珊

机 械 工 业 出 版 社

本书共分12章，包括：绪论、管理思想的发展、决策、计划、战略管理、组织、人力资源管理、领导、沟通、激励、控制、信息管理和知识管理。本书注重逻辑上的严密性，表述上追求凝练、准确。本书各章后附有形式多样的自我测试题，便于学生对所学知识进行练习、巩固和自我评测。

本书可作为高职高专院校、职业技术大学、成人教育学院经管类专业教材，也可供开设本课程的其他专业作为教材。

图书在版编目（CIP）数据

管理学基础/袁雪峰，黄继胜主编．—2版．—北京：机械工业出版社，2021.2（2024.1重印）
高职高专财经商贸类专业系列教材

ISBN 978-7-111-66869-5

Ⅰ．①管…　Ⅱ．①袁…　②黄…　Ⅲ．①管理学—高等职业教育—教材
Ⅳ．①C93

中国版本图书馆CIP数据核字（2020）第215497号

机械工业出版社（北京市百万庄大街22号　邮政编码100037）
策划编辑：董宇佳　　责任编辑：董宇佳
责任校对：赵　燕　　封面设计：鞠　杨
责任印制：刘　媛
涿州市般润文化传播有限公司印刷

2024年1月第2版第8次印刷
184mm×260mm・11.75印张・270千字
标准书号：ISBN 978-7-111-66869-5
定价：38.00元

电话服务　　网络服务
客服电话：010-88361066　　机　工　官　网：www.cmpbook.com
010-88379833　　机　工　官　博：weibo.com/cmp1952
010-68326294　　金　书　网：www.golden-book.com
封底无防伪标均为盗版　　机工教育服务网：www.cmpedu.com

前　言

本书第 1 版已经使用近 9 年，这期间管理环境发生了较大的变化，国内外学术界和企业界在管理理论和实践上也出现了一些突破与创新，加之编者们在教学实践中又积累了不少新的经验，因此有必要对本书第 1 版做出修订。

第 2 版在保留第 1 版中主要特色的基础上，主要从以下八个方面进行了修订：

1）将第 1 版中的第 14 章和第 15 章合并为“控制”一章。将第 1 版中的第 9 章“组织变革”合并到“组织”一章。将第 1 版中的第 10 章和第 11 章合并为“领导”一章。

2）增加“信息管理和知识管理”一章。大多数管理学基础教材并没有这两方面内容，增加这两部分内容是考虑到在信息时代和知识经济时代，学习这两方面的知识对学生来说是非常有必要的。

3）对“绪论”“管理思想的发展”“计划”“组织”“沟通”“激励”等章进行了较为彻底的修订，在文字上几乎是全新的。

4）删除每一章后面自我检测中的多项选择题部分和实践练习项目。

5）第 1 版案例比较少，第 2 版一方面大幅度地精简正文内容，另一方面增加了一些案例。

6）对各章做了不同程度的修改与补充，包括对少量错误进行了更正，补充了一些新的内容。

7）在定义概念时，力求让读者不但知其然，而且知其所以然。比如给管理下定义时，从多个角度进行辨析。

8）精简和锤炼文字，表述上追求更加凝练、准确。

通过以上修订工作，我们相信《管理学基础》（第 2 版）能更好地适应新时代管理学发展的现状和趋势。

本次修订由第 1 版的主编安徽机电职业技术学院袁雪峰主持，由袁雪峰和安徽工商职业学院黄继胜共同担任主编，由安徽机电职业技术学院的张艳、李新剑、吕凯担任副主编，安徽机电职业技术学院的孙晴、余静、杨小娟、黄珊参与了本次修订。修订及编写分工如下：袁雪峰负责修订第 1 章、第 2 章和第 10 章，张艳负责修订第 3 章，孙晴负责修订第 4 章，黄继胜负责修订第 5 章和第 7 章，杨小娟负责修订第 6 章，李新剑负责修订第 8 章，余静负责修订第 9 章，吕凯负责修订第 11 章，黄珊负责编写第 12 章。安徽机电职业技术学院梁苏丽在本次修订过程当中也付出了劳动，在此向她表示感谢。

在编写过程中，我们参考和借鉴了众多中外学者的研究成果，在此向这些学者表示诚挚的敬意和感谢。

本书配有电子课件、自我测试题参考答案等教学资源，凡选用本书作为教材的教师可以在机械工业出版社教育服务网（http://www.cmpedu.com）免费下载，如有问题可致电 010-88379758 联系营销人员，服务 QQ：945379158。

由于编者水平有限，敬请各位读者批评指正。此处的恭拜求詈绝对出于真诚，而非通常的客套之词。如有读者发现错误，烦请通过邮件赐教，邮件请发送至 yxf97@126.com。

编　者

目　　录

前　言

第 1 章　绪论 1

1.1　管理的定义与职能 1
1.2　管理者 3
1.3　管理学概述 6
自我测试 8

第 2 章　管理思想的发展 11

2.1　管理理论形成之前的管理思想与管理实践 11
2.2　古典管理理论 13
2.3　人际关系学说与行为科学理论 18
2.4　现代管理理论 22
自我测试 27

第 3 章　决策 29

3.1　决策概述 29
3.2　决策的程序 31
3.3　决策的方法 32
自我测试 40

第 4 章　计划 42

4.1　计划概述 42
4.2　计划的类型 43
4.3　计划工作的过程和方法 45
4.4　目标管理 49
自我测试 52

第 5 章　战略管理 54

5.1　战略管理概述 54
5.2　战略分析 58
5.3　战略的制定、实施与控制 64
自我测试 69

第 6 章　组织 71

6.1　组织概述 71
6.2　组织结构设计 72
6.3　组织文化 77
6.4　组织变革 79
自我测试 81

第 7 章　人力资源管理 85
7.1　人力资源管理概述 85
7.2　工作分析 89
7.3　员工的招聘、培训与开发 92
7.4　绩效管理与薪酬管理 96
自我测试 102
第 8 章　领导 104
8.1　领导概述 104
8.2　领导者与领导集体 107
8.3　领导理论与艺术 112
自我测试 117
第 9 章　沟通 119
9.1　沟通概述 119
9.2　沟通中的障碍 121
9.3　沟通的技巧 122
9.4　组织沟通网络 126
自我测试 127
第 10 章　激励 128
10.1　激励概述 128
10.2　激励理论 130
10.3　激励原则与方法 136
自我测试 138
第 11 章　控制 141
11.1　控制概述 141
11.2　控制的类型及原则 145
11.3　控制的过程及条件 149
11.4　预算控制与非预算控制 155
11.5　组织绩效的综合控制 159
自我测试 164
第 12 章　信息管理和知识管理 166
12.1　信息与信息管理 166
12.2　信息系统 169
12.3　知识管理 174
自我测试 177
参考文献 179

第1章 绪论

学习目标

1. 掌握并理解管理的定义。
2. 熟悉管理的基本职能及它们之间的相互关系。
3. 区分不同类型的管理者，了解管理者在组织中所承担的角色。
4. 掌握管理者应具备的基本管理技能，理解管理技能与管理层次之间的关系。
5. 了解管理学的内涵和学科特点；了解管理学的研究对象和研究内容；了解管理学的学科分类情况。

管理是人类社会最普遍的基本活动之一。自从人类社会形成以来，管理无论是作为思想，还是作为实践，在时空上可谓无时不有无处不在。管理能帮助人们完成单靠个体无法完成的任务，对人类社会而言其重要性是毋庸置疑的。可以这样说，在人类社会的发展历程中，任何一次伟大的进步，都离不开管理做出的贡献。现代管理学之父彼得·德鲁克更是有过这样的论断："在人类历史上，还很少有什么事比管理的出现和发展更为迅猛，对人类具有更为重大和更为激烈的影响。"

1.1 管理的定义与职能

1.1.1 管理的定义

科学管理之父弗雷德里克·温斯洛·泰勒（Frederick Winslow Taylor，1856—1915）认为，管理就是"确切地知道你要别人去干什么，并使他用最好的方法去干"。

一般管理理论之父亨利·法约尔（Henri Fayol，1841—1925）认为，管理是所有的人类组织（不管是家庭、企业还是政府）都有的一种活动，这种活动由五项要素组成：计划、组织、指挥、协调和控制。

美国管理学家、管理过程学派的主要代表人物之一哈罗德·孔茨（Harold Koontz，1908—1984）认为，管理就是设计并保持一种良好环境，使人在群体里高效地完成既定目标的过程。

现代管理学之父，被尊为"大师中的大师"的彼得·德鲁克（Peter F. Drucker，1909—2005）在其著作《管理：任务、责任、实践》中说："管理是一种工作，它有自己的技巧、工具和方法；管理是一种器官，是赋予组织以生命的、能动的、动态的器官；管理是一门科学，一种系统化的并到处适用的知识；同时管理也是一种文化。”

诺贝尔经济学奖获得者赫伯特·西蒙（Herbert A. Simon，1916—2001）认为“管理即制定决策”。

斯蒂芬·罗宾斯（Stephen P. Robbins）、玛丽·库尔特（Mary Coulter）在其著作《管理学》（第 13 版）中给管理下的定义是：管理涉及协调和监管他人的工作活动，从而使他们的工作可以有效率且有成效地完成。

上述对管理概念的阐释是存在着显著差异的，可以说这些阐释因管理学家所站的角度不同而各有侧重，所持的观点不同而各含真知，但不能因此说这些阐释都是正确的、准确的或无可挑剔的。事实上，最受后人推崇的法约尔的定义，就受到了一些质疑。日本管理学家占部都美认为法约尔给管理下的定义只说明了管理由计划、组织、指挥、协调和控制五项要素构成，并未揭示管理概念的内涵。乌尔里希则认为，法约尔“没有确立一定的决定什么是管理、什么是组织的准则”。中国学者袁勇志、宋典在论文《管理的定义与管理理论发展—— 对法约尔管理定义的检验及反思》中，通过对法约尔管理定义的逻辑推理过程和逻辑性要求两方面进行综合分析，发现法约尔的管理定义存在明显的不足之处。

定义是揭示概念内涵的逻辑方法。定义的规则有：①定义项的外延与被定义项的外延必须相等。②定义项中不得直接或间接地包含被定义项。③定义必须清楚确切。④定义一般使用肯定的语句形式和正概念。㊀

根据上述定义的内在要求以及定义的规则，本书在对管理的各种定义批判性继承的基础上，定义管理如下：管理就是在特定的环境中，为高效率、高成效地实现组织目标而对他人的工作进行监督和协调的过程。

下面针对这个定义做一些解释和说明：

1）管理学中的管理指的是组织管理。组织是经过人为设计，为实现特定目的而创建的人的集合。企业、学校、医院、研究所、慈善团体、教堂、各级政府等都是组织。

2）管理的目的是实现组织目标。在管理中切不可片面追求管理理念的先进而忽视组织的实际状况，因为这样做是无助于实现组织目标的，其做法无异于缘木求鱼、舍本逐末。

3）管理通过监督和协调他人的工作来实现组织目标。监督为管，协调为理，合而为一，恰成管理。监督和协调的手段有计划、组织、领导、控制等。

4）管理是在特定的环境中进行的。管理者在开展管理工作时必须充分考虑组织面临的外部环境。

5）管理在努力促使组织目标实现的过程中追求高效率和高成效。效率是产出与投入的比值。设备利用率、劳动生产率、资金周转率以及单位产品成本等，都是对组织效率的具体衡量。高效率是指“正确地做事”，即不浪费资源；高成效则是指“做正确的事”，即所从事的工作和活动有助于组织达到目标。

6）“对他人的工作进行协调”将管理活动与作业活动区分开来。

1.1.2 管理的职能

《现代汉语词典》（第 7 版）对“职能”的解释是“人、事物、机构应有的作用；功能”。管理的职能可以理解成管理工作对组织而言所具备的一些功能。

㊀ 王汉清．逻辑学[M]．北京：机械工业出版社，2003．

20 世纪初，法国实业家亨利·法约尔首次提出，所有管理者都应履行五项管理职能——计划、组织、指挥、协调和控制。目前，“四项职能说”被广泛采用，即管理职能包括计划、组织、领导和控制四项职能。

（1）计划职能　计划职能是指管理所具有的制定目标、制订战略、制订协调活动的计划的职能。

（2）组织职能　组织职能是指管理所具有的为实现组织目标而对组织成员和工作做出安排的职能，包括：组织设计、人力资源管理、组织变革等。

（3）领导职能　管理者能够利用自己具有的权威和能力，影响组织成员，使之为实现组织目标付出努力、做出贡献。这样一种职能，我们称之为管理的领导职能，具体包括激励下属、解决团队冲突、选择最有效的沟通渠道，以及以任何方式处理员工行为问题等。

（4）控制职能　为了确保组织按计划实现组织目标，管理人员必须检测和评估工作绩效，将实际绩效与预设标准进行比较。如果存在显著的偏差，管理层需要采取纠偏措施，以提高工作绩效。管理的这种检测、评估、比较、纠偏的职能就是控制职能。

尽管上述四项职能每一位管理者都要执行，但花在每一项职能上的时间，却因层次而异。图 1-1 中的三个图[㊀]就非常直观地说明了这一点。三个图告诉我们：管理者按照基层→中层→高层的顺序，其计划职能和组织职能所占用的时间呈现递增的趋势，领导职能则呈现明显的递减趋势，控制呈现微弱的递增。

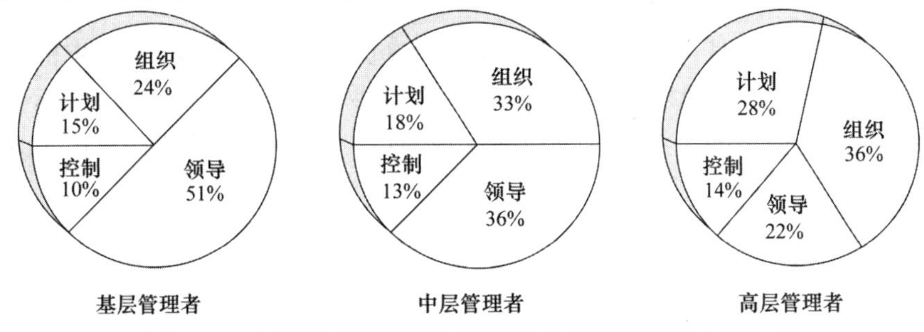

图 1-1　处于组织不同层次的管理者每种职能的时间分布

1.2　管理者

1.2.1　谁是管理者

管理者是指在特定的环境中，为使组织高效率地实现组织目标而对他人的工作进行监督和协调的人。当然，管理者也有可能需要担负与协调除监管之外的工作职责，例如，保险索赔监管者除了协调索赔员的工作外，自己可能还要处理索赔事务。

案例 1-1

宓子贱治理单父

宓子贱治理单父时，每天弹琴取乐，悠然自在，很少走出公堂，却把单父治理得很好。巫马期治理单父时，每天星星还高挂在天上时就出门工作，直到星星又高挂天上才

㊀ 罗宾斯. 管理学：第 4 版[M]. 黄卫伟，等译. 北京：中国人民大学出版社，1996.

回家，日夜不得安宁，事事都亲自办理，这样才把单父治理好。巫马期向宓子贱询问他能够治理好单父的缘故，宓子贱说，“我的办法是凭借众人的力量，你的办法是依靠自己的力量。依靠自己力量的人当然劳苦，依靠众人力量的人当然安逸。”

在具有一定规模的组织之中，管理者通常会被划分为高层管理者、中层管理者和基层管理者。

高层管理者，是指处于或接近组织顶层的管理人员，他们构成了组织的领导班子，担负着为组织制定战略的责任。董事长、总经理、总裁、执行副总裁、首席执行官等都属于高层管理者。

基层管理者是处于最底层的管理人员，他们通常对作业人员及其工作直接行使管理职能。主管、区域经理、工段长、班组长、科长等通常都是基层管理者。

中层管理是指处于高层和基层之间的管理者。在很多组织中，车间主任、处长、办公室主任、地区经理、项目主管、工厂厂长、事业部经理等都是中层管理者。

并非所有的组织都是上述传统的金字塔结构，目前很多IT企业采用了扁平化的组织结构形式。

1.2.2 管理者需扮演的管理角色

角色用来比喻生活中某种类型的人物。管理角色可以被理解为某种特定的管理行为类型。加拿大的管理学家、经理角色学派的主要代表人物亨利·明茨伯格（Henry Mintzberg）认为，管理者在工作中需要扮演十种不同的管理角色，这十种管理角色分属于人际关系、信息传递和决策制定三类[㊀]，见表1-1。

表1-1 明茨伯格的管理角色理论

角色	描述	特征活动
人际关系		
1. 挂名首脑	象征性首脑，必须履行许多法律性或社会性的例行义务	迎接来访者，签署法律文件
2. 领导者	负责激励下属，承担人员配备、培训以及有关的职责	实际上从事所有的有下级参与的活动
3. 联络者	维护自行发展起来的外部关系和消息来源，从中得到帮助和信息	发感谢信，从事外部委员会的工作，从事其他有外部人员参加的活动
信息传递		
4. 监听者	寻求和获取各种内部和外部的信息，以便透彻地理解组织与环境	阅读期刊和报告等；与有关人员保持私人接触
5. 传播者	将从外部人员和下级那里获取的信息传递给组织的其他成员	举行信息交流会，用打电话的方式转达信息
6. 发言人	向外界发布组织的计划、政策、行动、结果等	召开董事会，向媒体发布信息
决策制定		
7. 企业家	寻求组织和环境中的机会，制定“改进方案”以发起变革	组织战略制定和检查会议执行情况，开发新项目
8. 混乱驾驭者	当组织面临重大的、意外的混乱时，负责采取纠正行动	制定应对混乱和危机的战略和检查会议执行情况
9. 资源分配者	负责分配组织的各种资源——制定和批准所有有关的组织决策	调度、授权、开展预算活动，安排下级的工作
10. 谈判者	在主要的谈判中作为组织的代表	参加与工会的合同谈判

㊀ 罗宾斯，库尔特．管理学：第9版[M]．孙健敏，等译．北京：中国人民大学出版社，2008.

各个管理角色对于不同管理者的重要性随其所在的管理层次不同而不同。信息传播者、挂名首脑、谈判者、联络者和发言人等角色对高层管理者而言更为重要，领导者角色则对基层管理者来说更为重要。

1.2.3 管理者需具备的管理技能

孟子曾说过，“劳心者治人，劳力者治于人。”管理者作为“劳心者”，要去管理别人，就必须要具备特定的管理技能。美国管理学学者罗伯特·卡茨（Robert L. Katz）研究发现，任何一位管理者都需要具备三种基本的技能——技术技能、人际技能和概念技能。

（1）技术技能　技术技能是指管理者所具备的掌握和运用某个领域内的专门技术的能力。技术技能对基层管理者来说最为重要，因为他们要直接指导、指挥和监督操作者的工作。中层管理者也应该掌握一定的技术技能，这样才能减少发生在他们身上的决策失误的概率，才能避免“外行指导内行”现象的发生。高层管理者对技术技能的要求最低，但也并非就意味着他们可以对组织所在行业的业务知识一无所知。

（2）人际技能　人际技能是指管理者所具备的与人打交道的能力。因为管理主要是对人的管理，管理的核心是协调，协调就离不开与人打交道，所以人际技能对各个层次的管理者来说都是非常重要的。管理者如果拥有较高水平的人际技能，就可以有效地改善上下级关系，而上下级关系是影响领导情境好坏的一个重要因素。

（3）概念技能　概念是思维的基本形式之一，反映客观事物的一般的、本质的特征。概念技能就是管理者所具备的对抽象、复杂情况进行思考和概念化的技能。较强的概念技能能够帮助管理者洞察组织面临的复杂形势，透过现象看本质，进而统观全局，最终找到组织适应外部环境的有效办法。对于高层管理者来说，拥有较强的概念技能尤为重要。这是因为，高层管理者承担着为组织发展制定公司层面战略的职责，只有具备了较强的概念技能，他们才能够为组织确定适宜的使命和目标，进行内外部环境分析，最终构建出有利于企业运行和发展的公司层战略。

案例 1-2

皮尔·卡丹既是举世闻名的时装设计师，又是一位杰出的企业家。他精力过人，设计、生产、营销、人事等一切重大问题都由他本人拍板。他从不召集会议，而是由他本人跟主管经理直接对话，了解情况，做出决定，然后放手让主管经理去执行。

问：从上面简短的描述中我们可以看出，皮尔·卡丹在企业经营方面所具有的较强的技能是什么？

尽管每位管理者都需要具备三种技能，但三种技能对各层次管理者的重要性是不一样的。对于高层管理者来说，什么技能最重要呢？概念技能；对于基层管理者呢？技术技能最重要。产生这种差异的原因是什么呢？是因为他们在职责上存在差异。比如高层管理人员要做出各种重大决策，因此必须具备非常强的概念技能；基层管理人员要直接指挥和监督现场作业活动，因此需要具备很强的技术技能。图 1-2 表示了这些技能与管理层次之间的关系。

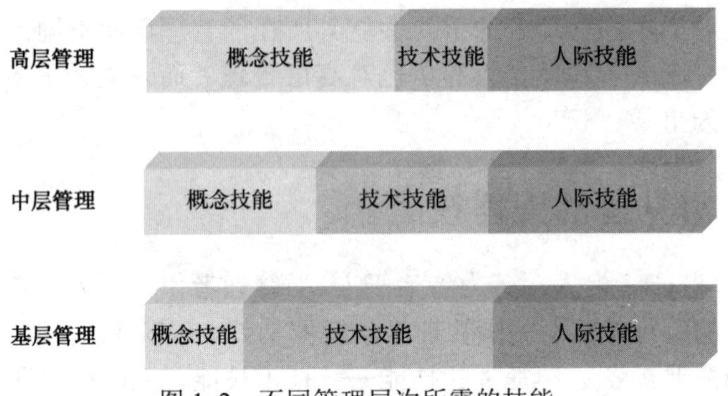

图 1-2 不同管理层次所需的技能

案例 1-3

汉高祖刘邦高兴时常同韩信闲谈将领们才能的高下。刘邦问："如我能将几何？"韩信说："陛下不过能将十万。"刘邦问："于君何如？"韩信说："臣多多而益善耳。"刘邦笑着说："多多益善，何为为我禽？"韩信说："陛下不能将兵，而善将将，此乃言之所以为陛下禽也。且陛下所谓天授，非人力也。"（《史记·淮阴侯列传》）

1.3 管理学概述

1.3.1 管理学的内涵和学科特点

管理学是一门系统研究管理活动的普遍规律、基本原理和一般方法的综合性交叉学科。

管理学具有以下学科特点：

（1）一般性 管理学是研究所有管理活动中的共性原理的基础理论科学，不涉及对管理分支学科的业务和方法的研究。

（2）综合性 管理学是一门综合性很强的学科。

从管理对象上看，管理学涵盖的领域非常广泛，因为它需要从不同类型的管理实践中抽象出具有普遍意义的管理思想、管理原理和管理方法。

从影响管理活动的各种因素来看，影响管理活动的因素除了生产力、生产关系、上层建筑等基本因素外，还有自然因素、社会因素等。

从与其他学科的关联性来看，它与经济学、社会学、心理学、数学、计算机科学等学科有着密切的联系。

（3）实践性 管理学的实践性体现在它从实践中来，最终也必然会到实践中去。管理学中的理论和方法是对管理实践的总结和提炼，最终也必须服务于实践，这样才能体现出管理学的价值。

（4）社会性 管理的主体是人，管理的客体主要是人及其工作，而人是构成社会的最基本单元，这一点就决定了管理学具有社会性。

（5）历史性　管理学是对古今管理实践和管理思想的总结、扬弃和发展，割断历史的联系，不研究过去的管理实践，不学习管理思想演进的历史，就不可能很好地掌握和应用管理学。

1.3.2　管理学的研究对象和研究内容

1．管理学的研究对象

（1）广义管理学的研究对象　经济学主要研究在各种使用价值的生产中，如何有效配置资源的问题。管理学主要研究如何用较少的资源生产出尽可能多的使用价值。因此，从广义上讲，管理学研究的就是社会活动的组织和操作问题。

（2）从系统论角度看管理学研究的对象　从系统论的角度看，整个人类社会可分为物理系统、事理系统和人理系统。

物理系统指宇宙万物组成的自然系统和经过人类干预后形成的物质系统，如自然环境、城市、工厂等有形的系统；事理系统是指人类在物理系统的基础上从事社会、经济、政治、军事、科技等活动所形成的关系和活动机理系统；人理系统指在物理系统和事理系统中活动的人的动机、心理和行为系统。

研究物理系统是探讨自然规律；研究事理系统是探讨人类活动和处事的规律；研究人理系统探讨的是人的行为规律。

管理学研究是在充分利用物理系统的规律以及其他学科对事理系统和人理系统研究结果的基础上，从管理的角度探讨事理系统和人理系统的规律以及三个系统综合运行的组织和控制问题。

2．管理学的研究内容

管理学的研究内容可以分为三个部分：对象、过程和方法。

（1）对象　管理学研究的对象包括企业管理、政府管理、国有资产管理和非营利组织管理等。

（2）过程　过程导向的管理学研究是针对社会经济活动中的管理实践过程进行的研究，包括决策研究、计划研究、组织研究、领导研究、控制研究、战略管理研究等。

（3）方法　管理学研究中存在实证及后实证主义、建构主义以及批判论三种哲学流派，涉及定性研究、实证研究等不同方法。

1.3.3　管理学的学科分类

国务院学位委员会和国家教育委员会于 1997 年 6 月联合下发《授予博士、硕士学位和培养研究生的学科、专业目录》（1997 颁布），此目录于 1998 年 10 月和 2005 年 12 月两次补充修订，并于 2018 年进行了更新。根据 2018 年更新后的目录，管理学下设 5 个一级学科，分别是管理科学与工程、工商管理、农林经济管理、公共管理和图书情报与档案管理。

自我测试

一、单项选择题

1. 下列活动中，哪一项不属于管理活动？（ ）

A. 部队中的班长与战士谈心

B. 企业的主审计师对财务部门进行检查

C. 钢琴家制订自己的练习计划

D. 医院的外科主任主持会诊

2. 京华技校位于某省会城市的繁华商业区，其效益低下的校办工厂占用了相当一大片土地，校办公室李主任敏锐地认识到开发这块地皮会给学校带来高额的利润，但是，学校本身缺乏独立开发的能力，于是决定寻找合作伙伴共同来开发。经友人介绍，李主任认识了广东的一家建筑公司的孙经理。几次商谈后，李主任认为孙经理是一位思路敏捷并具有开创性的合作伙伴，很快，双方签订了合同。但是，4 个月下来，工程迟迟没有开工。在这种情况下，李主任赶快进行调查，发现这家公司账上根本没有足够的资金。李主任为自己没有调查清楚就盲目签订合同深感后悔和不安。下列哪种说法最能够概括李主任的管理技能状况？（ ）

A. 技术技能、人际技能、概念技能都很弱

B. 技术技能、人际技能较弱，概念技能较强

C. 技术技能和人际技能强，但概念技能弱

D. 技术技能和概念技能强，但人际技能弱

3. 能够有效地监督组织各项计划的落实与执行情况，发现计划与实际之间的差距，这一管理环节是（ ）。

A. 计划　　B. 组织　　C. 控制　　D. 协调

4. 管理者是（ ）。

A. 不需要补偿的雇员

B. 为实现组织目标协调工作、活动的人

C. 组织的首脑

D. 一线工人

5. 那些负责做出组织层面的决策，并为整个组织制订计划和制定目标的管理者被定义为（ ）。

A. 高层管理者　　B. 中层管理者

C. 基层管理者　　D. 非管理雇员

6. 下列能区别管理职位和非管理职位的是（ ）。

A. 工资金额的多少　　B. 是否协调他人的工作

C. 是否组织新的项目　　D. 是否拥有技术技能

7. 根据明茨伯格的管理角色理论，管理者的人际关系角色的职能包括（ ）的职能。

A. 领导者　　B. 监听者　　C. 发言人　　D. 资源分配者

8．技术技能对于（ ）最重要。

A．中层管理者　　B．执行者

C．基层管理者　　D．高层管理者

9．（ ）技能对于高层管理者是最重要的。

A．技术　　B．人力

C．财务　　D．概念

10．组织的定义可以是（ ）。

A．商业联盟

B．经过人为设计，为实现特定目的而创建的人的集合

C．注重资源分配的商业机构

D．在国家证券交易所上市的公司

11．管理的普遍性意味着（ ）。

A．所有的管理者都采用同样的模式　　B．有最好的管理模式

C．一切组织都需要管理　　D．管理不重要

二、判断题

1．管理人员不应该做作业工作，应把全部精力都放在管理工作上。（ ）

2．安排各项工作，以实现组织的目标，这是管理者组织职能的体现。（ ）

3．高成效是指“正确地做事”。（ ）

4．是否协调他人的工作是区分管理岗位和非管理岗位的标志。（ ）

5．中层管理者负责制订影响整个组织的计划。（ ）

6．所有的组织都有三个共同的特征：明确的目标、严格的财务管理和技术。（ ）

三、案例分析

马丁吉他公司

马丁吉他公司成立于 1833 年，被公认为世界上最好的乐器制造商之一。这家家族式的企业延续了六代。很少有哪家企业能像马丁吉他公司一样有这么持久的声誉。公司成功的关键是什么？

马丁吉他公司自创办之日起就非常重视质量。公司在坚守优质音乐标准和满足特定顾客需求方面的坚定性一以贯之。

马丁吉他公司把新老传统有机地整合在一起。虽然设备和工具逐年更新，但始终坚守着高标准的优质音乐原则。所制作的吉他要符合这些严格的标准，要求雇员极为专注和耐心。

虽然公司深深地植根于过去的优良传统，现任首席执行官马丁却毫不迟疑地推动公司迈向新的方向。例如，在 20 世纪 90 年代末，他做出了一个大胆的决策，开始在低端市场上销售每件价格低于 800 美元的吉他。低端市场在整个吉他产业的销售额中占 65%。马丁为他的决策解释道：“如果马丁吉他公司只是崇拜它的过去而不尝试任何新事物的话，那恐怕就不会有值得崇拜的马丁吉他公司了。”

马丁吉他公司现任首席执行官马丁的管理表现出色，公司销售收入持续增长，在2000年接近6亿美元。雇员们描述他的管理风格是友好的、事必躬亲的，但又是严格的和直截了当的。虽然马丁吉他公司不断将其触角伸向新的方向，但却从未放松过对尽其所能制作顶尖产品的追求。

案例思考题：

1．根据卡特兹的三大技能理论，你认为哪种管理技能对马丁最重要？解释你的理由。

2．根据明茨伯格的管理者角色理论，说明马丁在下列情况分别扮演什么管理角色？解释你的选择。

（1）当马丁访问马丁吉他公司世界范围的经销商时。

（2）当马丁评估新型吉他的有效性时。

（3）当马丁使员工坚守公司的长期原则时。

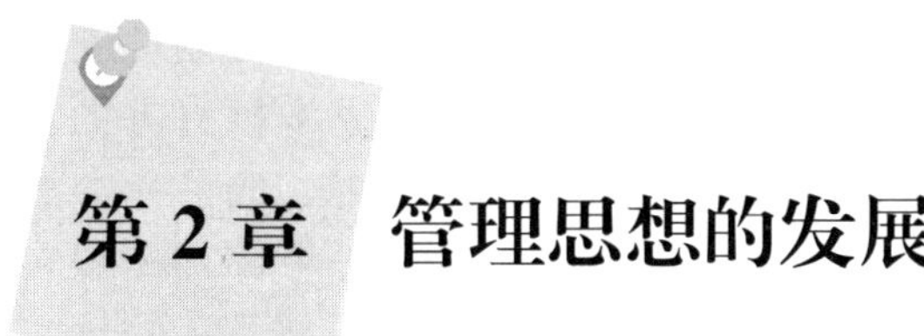

第2章 管理思想的发展

学习目标

1. 了解管理理论形成之前的管理思想与管理实践。
2. 掌握科学管理理论、一般管理理论、科层组织理论的主要内容。
3. 掌握人际关系学说，了解行为科学理论中的“X-Y”理论。
4. 了解管理理论丛林的主要学派及其主要观点，了解现代管理理论中的一些新思潮。

2.1 管理理论形成之前的管理思想与管理实践

理论是人们由实践概括出来的关于自然界和社会的知识的有系统的结论。在管理理论形成之前，中外古人在生产生活实践中总结出来的一些管理经验成为时时闪烁着智慧之光的管理思想。这些管理思想，对日后管理理论的形成是不可或缺的，可以说既为管理理论的萌芽提供了种子，也提供了阳光、水分和养料。

案例2-1

万里长城始建于公元前200多年，动用人力几十万。东起河北省的山海关，西止甘肃省的嘉峪关，横跨河北、北京、山西、内蒙古、陕西、宁夏和甘肃七个省、市、自治区，蜿蜒于崇山峻岭之中长达6 700公里。这样浩大的工程，只有依靠严密的组织、完善的管理才能得以完成。万里长城不仅是我国古代劳动人民留给世界的一个奇迹，也是我国古代劳动人民最好的管理实践。

1．小詹姆斯·瓦特和马修·鲁宾孙·博尔顿的管理思想与管理实践

最早在企业管理中使用科学管理方法的，当推小詹姆斯·瓦特（James Watt，Jr.）和马修·鲁宾孙·博尔顿（Mathew Robinson Boulton）。他们是发明和设计蒸汽机的两个先驱者的儿子。1796年，当他们的父亲在英国建立索霍工程铸造厂时他们就开始负责这家工厂的管理，并对管理事务进行了分工：瓦特主持组织工作与行政管理，博尔顿负责销售与商业活动。他们为工厂制定了许多管理制度，并在组织工厂的生产与销

售活动中运用了许多种管理技术，比如，他们组织市场调查，向欧洲大陆派出许多代表收集各项可能影响蒸汽机需求的资料，并据此确定企业的生产能力和编制生产计划；依据工作流程的需要，有计划地安排机器的空间布置，组织生产过程规范化，产品部件标准化；在会计与成本核算方面，他们建立了详尽的统计记录和控制系统，还采用了原料成本、人工费用、成品库存等分别记账的会计制度，从而能够计算工厂所制造的每台机器的成本和每个部门所获得的利润；在人事管理方面，他们进行了工作效率研究，制订了管理人员与员工的培训计划，实行按成果支付工资的方法，并试图改进员工的福利，为员工建立了一套互助保险制度。瓦特与博尔顿在管理实践中的这些探索甚至会令今天的管理学家感到惊奇。

2. 罗伯特·欧文的管理思想与管理实践

罗伯特·欧文（Robert Owen）是空想社会主义者，他是19世纪初期最有成就的实业家之一，也是杰出的管理学先驱，他最早播下了人事管理的种子。欧文认为，人是环境的产物，只有处在适宜的物质和道德环境下，人才能培养出好的品德。为了证明自己的哲学观点是正确的，为了培养人的美德，欧文在他自己的工厂里进行了一系列劳动管理方面的改革：停止雇用10岁以下的童工，将原来雇用的童工送入学校学习；其余的人每天工作时间不超过10小时45分钟；禁止对工人体罚；为工人提供厂内膳食；设立向工人按成本销售生活必需品的商店；通过建造工人住宅与修筑道路来改善工人生活的社区环境，等等。

为了吸引其他实业家也来关注工人工作和生活条件的改善，欧文指出人在工业生产中发挥着重要作用。他在自传中写道："如果对无生命的机器给予适当的注意就能产生如此有利的结果，那么如果对你的极为重要的、构造更为奇特的、有生命的机器给予相同的关注的话，又有什么样的结果不可以期望呢？"他嘲笑那些实业家们只注意把数以千计的金钱与大量的时间用来购买和改进机器，而不愿对工人进行投资。他认为，如果把同样数目的金钱和时间用来改善工人劳动的话，那么带来的收益将不是资本的5%、10%或15%，而是50%，在许多情况下甚至会是100%。他宣称自己在新拉纳克的工厂获得了50%的利润，还说不久将会达到100%，而这主要是关心人的结果。

鉴于欧文对企业中的人的因素方面的卓越思考和实践，一些现代学者称他为现代人事管理的创始人。

3. 亚当·斯密的管理思想与管理实践

亚当·斯密（Adam Smith）是英国古典政治经济学的主要代表人物之一，他的《国富论》是经济学和管理学巨著。在这本书中，他不仅阐述了劳动价值理论，还详细分析了劳动分工在生产中的巨大价值。

斯密认为，劳动是国民财富的源泉。一国财富的多寡取决于两个因素：一是该国从事有用劳动的居民在总人口中所占的比重；二是这些人的劳动熟练程度、劳动技巧和判断力的高低。财富的增加可以提高人民的生活水平，提高劳动者的劳动熟练程度，从而提高劳动生产率，这则是增加一国物质财富的重要途径。劳动分工有助于这个目标的实现。

斯密详细分析了制针业的情况。他指出，即使是制针这样简单的作业，如果每个工人都完成全部的制造过程，那么一个雇用10个工人的工厂每天只能生产2 000根针；而如果将制造过程分解成多个工可以通过简单化重复不同的作业程序，每个工人只从事有限的操作，那么尽管工厂设备简陋，也可以使针的产量达到 48 000 根以上。为什么“同样数量的工人因为有了劳动分工就能完成更多的工作呢”？斯密认为，其原因有三：

第一，劳动分工可以使工人重复地完成简单的操作，从而可以提高劳动熟练程度，提高劳动生产率。

第二，劳动分工节省了通常由一种工作转到其他工作所损失的时间。

第三，劳动分工使劳动简化、工具专门化，从而有利于创造新工具和改进设备。而新机械的发明和利用，又使劳动进一步简化和减少，从而使一个人能够完成许多工人的工作。

斯密关于劳动分工的分析，使分工成为管理学的一条基本原则。

4. 查尔斯·巴贝奇的管理思想与管理实践

查尔斯·巴贝奇（Charles Babbage）是英国的一位数学家，曾于 1828—1837 年在剑桥大学任数学教授，并在 1833 年设计了一种能自动执行指令、具有现代计算机的所有基本要素（存储装置、穿孔卡片输入系统、运算装置、外存储器以及条件运转器）的分析机器。正因如此，有人把巴贝奇称为计算机之父。

作为一名数学家，巴贝奇一生中始终对经济和管理问题有着浓厚的兴趣。1832 年，他出版了《论机械和制造业的经济》一书。在这本书中，巴贝奇继续了斯密关于劳动分工的研究并指出，劳动分工不仅可以提高工作效率，还可以减少工资支出。他认为，一项复杂的工作，如果不进行分工，每个工人都要完成制造过程中的各项工序，企业则必须根据全部工序中技术要求最高和体力要求最强的标准来雇用工人，并支付每个工人的工资。相反，在进行了合理的分工后，企业就可以根据不同工序的复杂程度和劳动强度来雇用不同的工人，支付不同标准的工资，从而使总额减少。

此外，巴贝奇还强调不能忽视人的因素。他认为，工厂与工人之间有一种共同的利益，主张实行一种分红制度，使劳动效率得到提高的工人能因此而分享工厂的一定利润，并对那些提出有效的合理化建议的工人给予奖励，等等。

上述管理思想和管理实践，对后来科学管理理论和其他管理理论的形成具有重大的意义。

2.2 古典管理理论

19 世纪末 20 世纪初，随着社会生产力的发展、企业数量的增加和规模的扩大，传统的个人经验管理方式在管理企业时越来越显得捉襟见肘。很多管理者和工程师认识的管理对企业运营和经济发展的重要价值，致力于对管理实践的研究，最终导致了管理理论的形成。最初形成的管理理论被称之为古典管理理论，通常被认为主要包含泰勒的科学管理理论、法约尔的一般管理理论和韦伯的科层组织理论。

2.2.1 科学管理理论

科学管理理论的创始人是美国的弗雷德里克·温斯洛·泰勒（Frederick Winslow Taylor），他被后人尊称为“科学管理之父”。泰勒 1856 年出生于一个律师家庭，曾考取哈佛大学法学院，但不幸因眼疾辍学。1875年，泰勒到一家机械厂当徒工，1878年泰勒到米德瓦尔钢铁厂当工人，因工作努力，表现突出，先后被提拔为工长、车间主任、总机械师、总工程师。由于长期工作在生产一线，加之用心观察和思考，泰勒对当时工厂中普遍存在的效率低下、磨洋工等现象了如指掌。为了提高生产效率，泰勒在钢铁厂做了生铁搬运实验、金属切削试验和铁锹试验。这些实验帮助泰勒在动作、工时和标准化等方面的研究上取得了丰硕的成果。这些成果中包括一套能够实现生产组织合理化和生产作业标准化的科学方法，这套方法通常被称之为泰勒制。从1891年开始，泰勒专职从事管理咨询和宣传活动，包括著书立说、发表演讲，来宣传他的科学管理理论。1911年他的重要著作《科学管理原理》得以出版。还有一个事件引发了公众对科学管理的兴趣。1911年，东部铁路公司要提高票价，遭到公众抗议，马萨诸塞州商业委员会为此举行了一次听证会，公路旁邀请泰勒等11位工程师做证。做证时泰勒等论证了只要采用科学管理的方法，铁路公司在不提高票价的情况下，仍然可以赢利。结果公众方胜诉。鉴于泰勒对管理理论形成和发展的重大贡献，人们在他的墓碑上刻下了“科学管理之父”几个字。

泰勒的科学管理理论的主要内容可以概括为以下八个方面：

（1）制定工作定额　科学管理的中心问题是提高生产效率和效益，因此就必须为工人制定有科学依据的合理日工作量，也就是工作定额。制定工作定额要求进行时间和动作研究。

（2）科学的挑选工人　为了提高劳动生产率，必须为工作挑选“第一流的工人”。泰勒认为人的禀赋各不相同，应当用其所长，按照禀赋将其安排到合适的岗位上，并给予良好的培训。泰勒认为如此行事则几乎每个人都可以成为“第一流的工人”。

（3）推行标准化　推行标准化的内容，包括使工人掌握标准化的操作方法，使用标准化的工具机器和材料，并使作业环境标准化。

（4）实行差别计件工资制　泰勒认为，工人磨洋工的一个重要原因是分配制度不合理，要刺激工人生产出更多的产品，应当实行差别计件工资制，即在计算工资时，采用不同的工资标准，对未完成定额的按较低的工资标准支付，对完成及超过定额的按较高的工资标准支付。

（5）劳资双方都应当认识到提高效率对双方都有利　劳资双方应当达成一个共识——提高效率对双方都有利。唯如此，劳资双方才有可能消除对立，真诚地相互协作，最终实现共赢。

（6）计划与执行分开　泰勒主张由专门的计划部门来执行计划职能，比如进行动作研究、制定工作定额和标准化的操作方法等；操作人员则按照计划部门制定的标准化操作方法进行工作，并受到工作定额等相关制度的制约。

（7）实行职能工长制　泰勒认为当时由一个车间工长负责的工作应该由8个职能工长分担，每个职能工长在其职权范围内向工人直接发布命令。职能工长制并没有推广开来，主要原因是，一个人同时要接受几个职能工长的指挥，容易产生一些混乱，与管理上的统一指挥原则有相悖之处。但职能工长制中的职能管理思想对以后组织当中职能部门的建立起到了推动作用。

（8）遵循例外原则　所谓例外原则指的是企业的高层管理者应当把一般的日常事务授权给下级管理人员去处理，自己则着力处理例外事件和重大问题。

泰勒的科学管理理论在实践中获得了极大的成功，它大大提高了社会劳动生产率，大大促进了美国乃至全球社会财富的增长。他的思想声名远扬，鼓舞了不少人来研究科学管理的理论和方法。这些人当中就包括吉尔布雷斯夫妇。

弗兰克·吉尔布雷斯曾经是一位建筑承包商，在聆听了泰罗的一次演讲之后，他便和身为心理学家的妻子莉莲开始了对动作的研究。吉尔布雷斯最著名的实验要数他的砌砖实验，通过仔细分析砌砖工的砌砖过程，他将砌外墙砖的动作数量从 18 个减少到 5 个，将砌内墙砖的动作数量从 18 个减少到 2 个。

2.2.2 一般管理理论

亨利·法约尔（Henri Fayol，1841—1925），法国人，1860 年从圣艾帝安国立矿业学院毕业后进入一家矿业公司工作，成为一名采矿工程师，1888 年出任该公司的总经理。面临当时的危机，法约尔曾用新的管理方式把这家濒临破产的公司从危机中挽救回来。1918 年他辞去这家矿业公司的总经理，创建了“管理研究所”。法约尔的著述很多，1916 年法国矿业协会的年报公开发表的《工业管理与一般管理》是其最主要的代表作，标志着一般管理理论的形成。法约尔是到 20 世纪上半叶为止，欧洲贡献给管理运动的最杰出的大师，被后人尊称为“现代经营管理之父”。

同为将不成体系的管理思想上升为系统化的管理理论的奠基人，法约尔和泰勒的背景、经历不同，因而研究的视角也不同。泰勒的研究主要是针对生产中的作业活动，对企业中的其他活动，比如供销、人事、财务等，则基本上没有涉及。法约尔首次从整个组织的角度对管理进行研究，概括阐述了管理的一般原理，并从管理职能的角度来研究管理，提出了管理的“五项职能说”。此外他还提出了管理的 14 个一般原则。总之，法约尔构建了管理理论的总体框架。由于他更注重研究各个层次的管理者的管理活动和所有组织的组织管理的一般理论，因此人们称他的管理理论为一般管理理论。

法约尔的一般管理理论主要包括以下内容：

（1）企业经营的六类基本活动　法约尔认为经营和管理是两个不同的概念，经营包括管理。法约尔认为，除了管理活动外，企业的经营活动还包括技术活动、商业活动、财务活动、安全活动和会计活动。其中技术活动包括生产、制造、加工等活动；商业活动是指原材料及设备的采购、产品销售等活动；财务活动包括资金的筹集和运用等活动；安全活动是指设备维护和人员安全等活动；会计活动是货物盘存、成本统计、核算等活动；管理活动包括计划、组织、指挥、协调和控制等活动。

（2）管理的五大职能　法约尔认为，管理活动又可以分为计划、组织、指挥、协调和控制五类活动。这五类活动可以称之为管理的五项职能。法约尔认为，“计划就是探索未来和制订行动方案；组织就是建立企业的物质和社会的双重结构；指挥就是使其人员发挥作用；协调就是连接、联合、调和所有的活动和力量；控制就是注意一切是否按已制定的规章和下达的命令进行。”后来一些管理学者也按照法约尔的研究思路来研究管理，逐渐形成了管理过程学派，法约尔则成为这一学派的创始人。

（3）管理的 14 条基本原则　法约尔在他的著作《工业管理与一般管理》中提出了管

理的 14 条基本原则。

1）分工原则。法约尔认为分工可以使雇员的工作更有效率，从而提高工作的产出。

2）权力与责任原则。权力是指挥和要求他人服从的力量。法约尔把权力分成两类：制度权力和个人权力。责任是权力的结果和补充。权力与责任要相符，并且需要相应的奖惩制度来保证权力的正确使用。

3）纪律原则。纪律原则是雇员必须遵守和尊重统治组织的规则。法约尔指出："为了使企业顺利发展，纪律是绝对必要的；没有纪律，任何企业都不能兴旺发达。"

4）统一指挥原则。在组织中一个下属只能服从一个上级的领导，如果两个领导人对同一个人进行指挥，势必造成混乱。

5）统一领导原则。这条原则是指，对于同一目标的各项活动，只能有一个领导者和一项计划来做统筹安排。

6）个人利益服从整体利益的原则。任何雇员个人或雇员群体的利益不应置于组织的整体利益之上。尽管这条原则不言而喻，但由于"无知、贪婪、自私、懒惰、懦弱以及人类的一切冲动，总是使人为了个人利益而忘掉整体利益"，因此仍有必要经常对人们做出提醒。

7）报酬原则。雇员的报酬是其服务的价格，必须根据雇员提供的服务付给其公平的工资。

8）适当集权与分权的原则。提高下属重要性的做法是分权，降低这种重要性的做法就是集权。领导人要根据本组织的实际情况，适时地改变集权与分权的程度。

9）等级链原则。在组织中从最高领导到最低层管理人员要有一个等级链，它是权力执行和信息传递的渠道。为了实现统一领导和统一指挥，就要保持和维护组织中的这种等级链。但为了保证行动的速度，组织中不同等级线路中相同层次的人员又有必要在特定的情况下直接进行横向沟通。为了实现这种横向沟通，法约尔设计出了一种"跳板"（又称为"法约尔桥"），如图 2-1 所示。

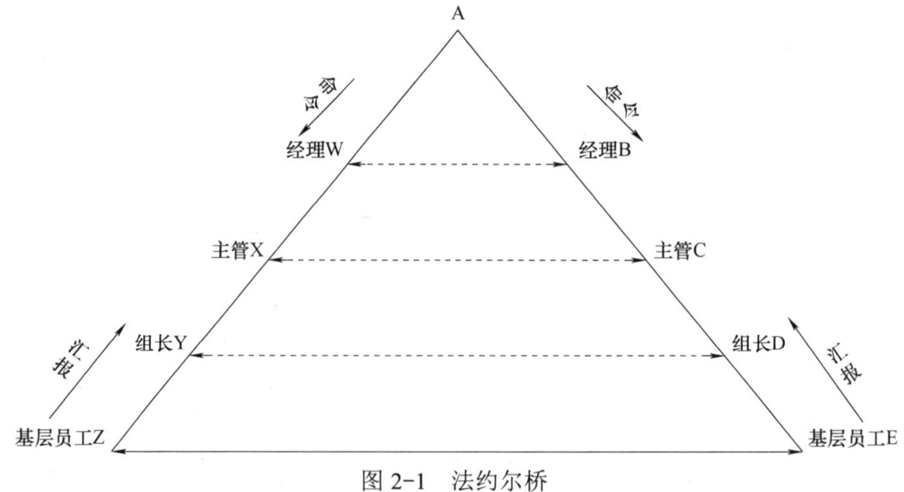

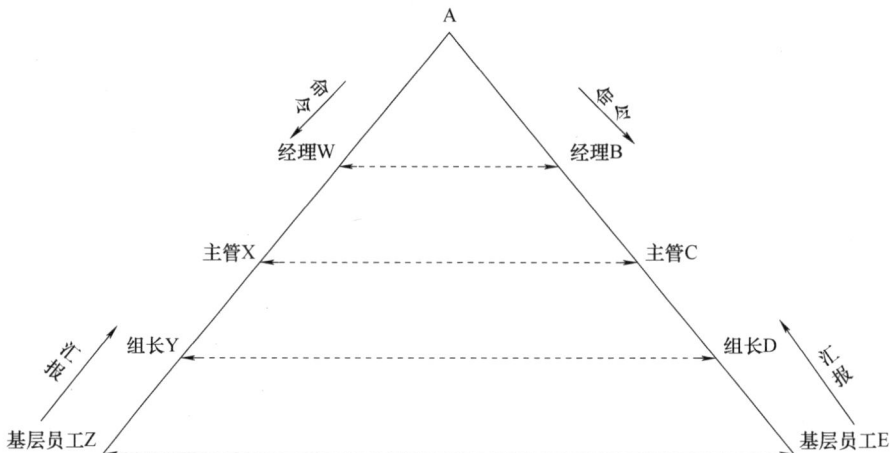

图 2-1 法约尔桥

在图 2-1 中，如果生产车间发生了紧急情况，基层员工 Z 可以与另一部门的基层员工 E 通过法约尔桥直接横向沟通解决问题，但需要将沟通结果上报给各自的上级。这样既保证了等级链的权威，又实现了行动迅速。

10）秩序原则。法约尔认为人员和物料应当在恰当的时间处在恰当的位置上，这种位置表明了事物之间的内在联系。物品、人员各就其位、各司其职，才能最好地发挥作用。

11）公平原则。管理者应当公平地对待下属。公平是由善意与公道产生的。公道是实现已订立的协定；为了鼓励下属忠实地执行职责，应该以善意来对待他们。

12）人员稳定原则。人员的稳定对工作的正常进行、活动效率的提高是非常重要的。过度的人员变动将对组织产生不良结果。组织应保持人员稳定，使其能长期工作。

13）首创精神原则。法约尔认为，“想出一个计划并保证其成功是一个聪明人最大的快乐之一，也是人类活动最有力的刺激之一。这种发明与执行的能力就是人们所说的首创精神……”它对企业来说是一股巨大的力量，因此应尽可能地鼓励和发展员工的这种精神。

14）团结原则。全体人员的和谐与团结是企业发展的巨大力量。法约尔认为，为了实现团结，管理人员应该避免使用可能导致分裂的管理方法，相反，鼓励团队精神将会在组织中建立起和谐与团结。法约尔还认识到，人员之间的思想交流，特别是面对面的口头交流有助于增进团结，因此他认为应该鼓励口头交流，禁止滥用书面联系的方式。

以上这些管理原则在实践中均已得到广泛的运用，法约尔的巨大贡献和可贵之处在于将它们进行了系统化的概括，而这种概括可以帮助人们更自觉地运用这些原则。

2.2.3　科层组织理论

马克斯·韦伯（Max Weber，1864—1920）是一名德国社会学家，主要研究组织活动。他在社会学、经济学、政治学、法律学和宗教学方面都有一定的研究，成为德国当时一位颇具影响力的学者。他曾先后在柏林大学、弗莱堡大学、海德堡大学和慕尼黑大学担任教授，还做过政府的顾问。他的代表作有《新教伦理与资本主义精神》《社会和经济组织的理论》等。在这些著作中，他对经济组织和社会组织的关系提出了许多新的观点和独特的思想，对后来组织理论的研究和发展产生了重要的影响。

韦伯科学管理的核心是强调组织管理的高效率，为此他对政府、教会、军队和经济等各种组织进行了长期的研究，他认为等级制度、权力形态和行政制度是一切社会组织的基础，并从此着手进行分析，最终将其发展为一个完整的理论体系——“理想的科层组织体系”理论（可简称为科层组织理论）。

韦伯的科层组织理论的主要内容有：

1. 权力的基础

韦伯首先从组织的等级制度开始进行分析。他认为组织等级源于组织结构，而组织结构源于组织层次。他从各类组织中归纳出一种由主要负责人、行政官员和一般工作人员三个层次组成的结构。主要负责人的主要职能是进行决策，行政官员的主要职能是贯彻决策，一般工作人员的主要职能是完成实际工作。

韦伯将权力归纳为三种基本形态。

1）合理、合法的权力。它是以“合法性”为依据、以规则为基础的，其前提是在已经存在了一套等级制度的情况下，人们对确认的职务和职位所带来的权力的服从。

2）传统权力。这是以古老传统权力的不可侵犯性和执行这种权力的人的地位的正统性为依据、以传统的信念为基础的。对这种权力的服从实际上是对这种不可侵犯的权力地位的服从。

3）“神授”的权力。这是以对个别人特殊的、神圣的、英雄主义或模范品德等的崇拜为依据，以对个人尊严、典范品格的信仰为基础的，对这种权力的服从是源于追随者对被崇拜者的威信或信仰的服从。

韦伯认为任何组织的存在都必须以某种形态的权力为基础，缺少某种权力形态的组织不但会混乱不堪，而且也难以达到组织目标。在“理想的”科层组织管理中应以“合理、合法”的权力作为基础，因为，这是一种理性的权力，管理者是在能胜任其职责的基础上被挑选出来的；这是一种合法的权力，管理者具有行使权力的合法地位；这是一种明确的权力，所有的权力都有明确的规定并限制在完成组织的任务所必需的范围内。

2．理想的科层组织体系的特征

韦伯指出高效率的组织在行政制度的管理上应具备下列六个主要特征：

1）劳动分工。把实现组织目标所需的全部活动划分为各项基本的工作，并分配给每个组织成员。同时，明确规定每个职位的权力和责任，并使之合法化、制度化。

2）职权等级。组织中各种职务和职位按照职权的等级原则严格划分，并形成一个自上而下的指挥体系。各级管理者对自己的决定和行为不仅要向上级负责，而且还要向下级负责。

3）正式选拔。组织成员的任用应根据职务的要求，通过公开的考试或培训，以及严格的选择标准择优录用。这种不因人而异、人人平等的录用方式，不仅要求任用者必须称职，还要求任用后不可随意被免职，组织成员能领取固定的薪金。

4）正式规则和制度。管理者必须倚重正式的规则和制度进行管理，必须严格执行组织规定的规则和纪律。

5）非人性化。规则和控制的实施具有一致性，而不能受个人感情和偏好的影响。

6）职业定向。管理人员是“专职”的职业人员，从组织领取固定的薪金，而不是他所管理的组织的所有者。

韦伯认为，这种高度结构化的、正式的、非人格化的科层组织体系是实现组织目标、提高效率最有效的形式。它在精确性、稳定性、纪律性和可靠性方面都优于其他组织形式，能适用于所有的管理工作及当时日益增多的各种大型组织，如教会、政府机构、军队、政党、企业和各种团体。韦伯的科层组织理论对后来的管理学者，尤其是组织理论学者产生了很大的影响，韦伯也因此被后人称为“组织理论之父”。

2.3 人际关系学说与行为科学理论

2.3.1 人际关系学说

尽管泰勒的科学管理理论和方法在 20 世纪初对提高企业的劳动生产率起了很大作用，但是企图通过此种理论和方法彻底解决提高劳动生产率的问题是不可能的。这是因为：

第一，“精神革命”的论断本身是不切实际的。一方面，资本家为了追求最大利润总是尽量少付给工人工资；另一方面，工人也并非纯粹的“经济人”，除了金钱，还有精神上的需要。

第二，随着资本主义的发展，逐渐形成了一套资本主义的民主制度，民主意识日益强烈的人们反对独裁、专制，这就使得主张专制、独裁的科学管理理论在付诸实践时遭到工人的强烈反对。

第三，随着科学的进步，生产规模不断扩大，有着较高文化水平和技术水平的工人逐渐占据了主导地位，体力劳动也逐渐让位于脑力劳动。这就使得金钱刺激和严格的控制失去了原有的作用。由于上述原因，对人的因素进行研究就变得十分迫切。因此，一个专门研究人的因素以达到调动人的积极性的学派——人群关系学派应运而生，这个学派为以后的行为科学学派奠定了基础，也是由科学管理过渡到现代管理的跳板。

美国哈佛大学的乔治 • 埃尔顿 • 梅奥（George Elton Mayo）是对中期管理发展做出重大贡献的人物之一。梅奥的代表作为《工业文明的人类问题》。在这本书中，他总结了亲身参与并指导的霍桑实验及其他几个实验的初步成果，并阐述了他的人际关系学说的主要思想，从而为提高生产效率开辟了新途径。

1924 年开始，美国西方电气公司在芝加哥附近的霍桑工厂进行了一系列实验，实验的最初目的是探讨工作环境对劳动生产率的影响。后来梅奥参加该项实验，研究心理和社会因素对工人劳动过程的影响。

霍桑工厂是一个制造电话交换机的工厂，具有较完善的娱乐设施、医疗制度和养老金制度，但工人们仍愤愤不平，生产成绩很不理想。为找出原因，美国国家研究委员会组织研究小组开展实验研究。

霍桑实验共分四阶段：

（1）照明实验（1924—1927 年） 照明实验的实验假设是“提高照明度有助于减少疲劳，使生产效率提高”。可是经过两年多实验发现，照明度的改变对生产效率并无影响。具体结果是：①当实验组照明度增大时，实验组和控制组都增产；②当实验组照明度减弱时，两组依然都增产，甚至实验组的照明度减至 0.06 烛光时，其产量亦无明显下降；③直至照明减至如月光一般、实在看不清时，产量才急剧降下来。研究人员面对此结果感到茫然，失去了信心。从 1927 年起，以梅奥教授为首的一批哈佛大学心理学工作者将实验工作接管下来，继续进行。

（2）福利实验（1927—1929 年） 实验目的总的来说是查明福利待遇的变换与生产效率的关系。但经过两年多的实验发现，不管福利待遇如何改变（包括工资支付办法的改变、优惠措施的增减、休息时间的增减等），都不影响产量的持续上升，甚至工人自己对生产效率提高的原因也说不清楚。

后经进一步的分析发现，导致生产效率上升的主要原因如下：①参加实验的光荣感。实验开始时 6 名参加实验的女工曾被召进部长办公室谈话，她们认为这是莫大的荣誉。这说明被重视的自豪感对人的积极性有明显的促进作用。②成员间良好的相互关系。

（3）访谈实验（1928—1931 年） 访谈实验持续了两年多的时间，研究小组的实验人员对工厂内的工人进行了 2 万多人次的访问谈话。计划开始时的想法是要求工人就管理当局的规划和政策、监工的态度和工作条件等问题做出回答。但在计划的执行中，访谈人员发现工人对这些问题根本不感兴趣，而想就调查提纲以外的问题发表意见。显然，工人认为重要的事并不是调查者调查的那些事情。于是，研究小组对访谈计划进行了调整。每次访谈之前，不规定谈话的内容和方式，工人可以就任何一个问题自由地发表一番，访谈者的任务就是让工人说话。有了这样一个自由发表意见、发泄心头之气的机会以后，虽然工作条件或劳动报酬实际上并未得到任何改善，但工人们却普遍认为自己的处境比以前好了，从而对生产的态度有了大大地改变，产量也随之提高。

通过这些研究发现，影响生产效率的最重要的因素是工作中发展起来的人际关系，而且个人的工作效率高低不仅取决于他们自身的情况，还要受他的同事和其他人的影响，特别是受到一些在工作过程中产生的小团体的影响。于是进行了第四阶段的实验。

（4）群体实验（1931—1932 年） 研究人员在实验中感觉到工人中似乎存在一种非正式组织。为了证实这种非正式组织的存在及其对工人态度的影响，研究小组又进行了电话线圈装配实验。他们挑选了 14 名男工，其中包括 9 名绕线工、3 名焊工以及 2 名检验工。除 2 名检验工外，其他 12 人分成三组，构成正式组织。采用的工资制度是集体计件工资制，目的在于要求他们加强协作。

实验中，研究人员观察到两个事实：

1）工人们对“合理的日工作量”有明确的概念，且这个工作量低于管理当局估计的水平和他们的实际能力。工人们认为，如果产量超过这个非正式的定额，工资率就有可能降低；而如果产量低于这个水平，则可能引起管理当局的不满。因此他们在产量水平上达成了某种默契，每个工人都自觉地限制自己的产量。如果某个工人在某天的产量高了，他也只会上报符合“合理工作量”的部分，其余产品则会隐藏起来，以供第二天放慢生产速度后的补缺。

2）在正式组织中存在着小团体，即“非正式组织”。在工作过程中或工作结束后，工人跨越正式组织的界限而相互交往，形成相对稳定的非正式组织。这种非正式组织有自然形成的领袖和自己的行为规范。

梅奥对历时 8 年的霍桑实验进行了总结，于 1933 年出版了《工业文明的人类问题》，提出了著名的“人际关系学说”。梅奥的人际关系学说的内容主要有下面三点：

（1）工人是“社会人”而非“经济人” 科学管理理论把人当作“经济人”来看待，认为金钱是刺激人的积极性的主要动力。梅奥则认为，工人是“社会人”，影响人们生产积极性的因素，除了物质方面的因素以外，还有社会和心理方面的因素，如他们追求人与人之间的友情、安全感、归属感、受人尊敬等。

（2）企业中存在着非正式组织 梅奥认为，人是社会动物，组织成员在共同工作中，必然相互发生关系，由此就形成了一种非正式组织。在这样的团体中，人们形成共同感情，进而构成一个体系，这就是非正式组织。非正式组织形成的原因很多，有地理位置关系、兴趣爱好关系、亲戚朋友关系、工作关系等。总之，这种非正式组织确实存在，它在某种程度上影响着人们的行为。

（3）新型的领导能力在于提高工人的满意度 在影响劳动生产率的诸因素中，工人的满意度居于首位。工人的满意度越高，其士气就越高，生产效率也就越高。高满意度来源于工人个人需要的有效满足。

霍桑实验及其结论对管理理论的演进方向产生了重大而深远的影响，它改变了当时那种认为人与机器没有差别的流行观点，激起了人们重新认识组织中人的因素，使西方管理思想在经历了科学管理理论阶段之后进入行为科学理论阶段。

2.3.2 行为科学理论

人际关系学说发展到 20 世纪 50 年代便形成了行为科学理论。行为科学理论侧重于对工人在生产中的行为以及这些行为产生的原因进行分析研究。其内容包括：人的本性与需要、动机与行为以及生产中的人际关系。行为科学在第二次世界大战后的发展主要集中在两大领域：①有关人的需要、动机、行为的激励理论，其中代表性的理论包括马斯洛的“需要层次理论”、赫茨伯格的“双因素理论”、弗鲁姆的“期望理论”、亚当斯的“公平理论”等。②同管理直接相关的领导理论，包括麦格雷戈的“X-Y”理论、布莱克和默顿的“管理方格理论”等。下面着重介绍麦格雷戈的“X-Y”理论，其他理论将在后面的章节中介绍。

“X-Y”理论是美国麻省理工学院心理学教授道格拉斯 •麦格雷戈（Douglas Mc Gregor）1960 年在所著《企业中人的方面》一书中提出的。该理论提出了有关人性的两类假设：X 人性假设和 Y 人性假设。

X 人性假设主要代表了一种消极的人性观念，它认为工人没有雄心大志，不喜欢工作，只要有可能就会逃避责任，为了保证工作效果必须要严格监控。也就是说，X 理论假定较低层级的需要支配着个人行为。X 人性假设又称“经济人”假设。

Y 人性假设则提供了一种积极的人性观点，它认为工人能够自我管理，他们会接受甚至主动寻求工作责任，他们把工作视为一项自然而然的活动。也就是说，Y 理论假设较高层级的需要支配着个人行为。Y 人性假设又可称为“自我实现人”假设。

麦格雷戈本人坚信 Y 人性假设的假设比 X 人性假设更有效。因此，他倡导实行员工参与决策，为员工提供富有挑战性和责任感的工作，建立良好的群体关系，认为通过这些手段可以极大地调动员工的工作积极性。

知识链接

人性假设理论的演进

随着管理实践的发展，人们对管理中人性的认识也不断深化，先后经历了“经济人”假设、“社会人”假设、“自我实现人”假设和“复杂人”假设等阶段。

1）“工具人”假设。这是西方最早的人性假设理论。产生于古代中世纪奴隶社会的管理实践之中。

在奴隶社会，奴隶主把奴隶看成是会说话的工具和他们的私人财产。在以大机器生产为特征的资本主义初级阶段。资本家则把雇佣工人看成是活的机器或是机器的一个组成部分。总之这些劳动者就像工具一样。任由管理者使唤。自身价值根本就不可能得到体现，他们是在暴力、强迫之下劳动着的。

2）“经济人”假设。随着资本主义经济的萌生和发展，到了 18 世纪，西方享乐主义哲学者和英国的经济学家亚当 · 斯密提出了这个假设。他们认为人是“有理性的、追求自身利益最大化的人”，在管理中强调用物质上和经济上的利益来刺激工人的努力工作。“经济人”思想是社会发展到一定历史阶段的产物，是资本主义生产关系的反映，它的提出标志着社会的巨大进步。

3）“社会人”假设。到了20世纪30年代，美国的梅奥等人进行了著名的霍桑实验，实验的意外结果使他们观察到了人性的另一个重要侧面——人不仅仅关心个人的物质利益，还会追求人与人之间的友情、安全感和集体归属感。实验的结论是：组织中人与人之间的关系是决定员工的工作努力程度的主要因素。因此，管理者应当建立和谐的人际关系来促进工作效率和效益的提高。

“社会人”假设的提出是管理学的重要转折点，开创了“行为科学”学派。

4）“自我实现人”假设。这是美国心理学家马斯洛提出的观点。他认为人的需要是多层次的，人们有着最大限度的利用和开发自己的才能的需要，希望能够有机会获得自身发展与成熟，“自我实现”是工作的最大动力。组织给予挑战性的任务才能激发出员工的强烈工作热情。

5）“复杂人”假设。20世纪60年代，美国学者艾德佳·沙因（Edgar H. Schein）在综合“经济人”假设、“社会人”假设和“自我实现人”假设这三种西方人性假设的基础上，提出了“复杂人”的观点。他认为人的需要和潜在愿望是多种多样的，而且这些需要的模式随着年龄、在社会中所扮演的角色、所处的境遇和人际关系的变化而不断地发生着变化。应当说，沙因的观点弥补了前几种人性假设的缺失，是比较全面的。

6）“文化人”假设。20世纪80年代，美国加州大学的日裔美籍学者威廉·大内在他的《Z理论——美国企业界怎样迎接日本的挑战》一书中，从社会和组织文化的角度来考察、分析日美两国企业的不同和利弊，强调要重视人的问题，对员工要信任、亲密以及一致的组织目标和共同的价值观念，才能使企业获得成功。

行为科学理论强调以人为中心来研究管理问题，看到了人的社会性和复杂性，这标志着管理由传统的以任务为中心的管理转向以人为中心的现代管理。

2.4 现代管理理论

在古典管理理论和行为科学理论出现以后，特别在第二次世界大战以后，西方又出现了很多新的管理理论，形成了不同的管理学派。这些理论与学派互相影响、互相联系，构成了美国管理学家哈罗德·孔茨所谓的“管理理论的丛林”。“管理理论的丛林”中主要的管理学派有：以巴纳德为代表的社会系统学派、以卡斯特和罗森茨维奇为代表的系统管理学派、以西蒙和马奇为代表的决策学派、以德鲁克和戴尔为代表的经验主义学派、以伯法为代表的管理科学学派和以卢桑斯为代表的权变管理学派。

2.4.1 社会系统学派

社会系统学派的代表人物是切斯特·巴纳德（Chester Barnard），其主要观点体现在《经理人员的职能》一书中。其主要观点可归纳如下：

1）组织是一个社会协作系统。组织是“两个或两个以上的人有意识协调的活动或效力的系统”，组织的产生是人们协作愿望的结果。

2）组织存在要有三个基本条件，即明确的目标、协作意愿和意见交流。

3）提出了组织效力与组织效率原则。组织效力是指组织实现其目标的能力或实现目标的程度，是组织存在的必要前提；组织效率是指在实现其目标贯彻中满足成员个人目标的能力和程度，是组织生存的能力。

4）管理人员的权威来自于下级的认可。

5）分析了经理人员的作用。经理人员是信息联系系统中相互联系的中心，并对成员的协作活动进行协调，使组织正常运转，以实现其目标。

2.4.2　系统管理学派

系统管理学派的代表人物是弗里蒙特·卡斯特（Fremont E. Kast）和詹姆斯·罗森茨维奇（James E. Rosenzweig），代表作是《系统理论与管理》。他们继承了系统论的思想方法，从系统的概念出发，建立起了企业管理的系统模式。他们认为：系统观点、系统分析、系统管理都是以系统理论为指导的，三者之间既有区别，又有联系。其主要观点有：

1）企业管理系统由人、资金、物、技术、时间、信息六个基本要素构成，它们在一定目标下组成一体化系统。其中，人是管理系统中的主体，其他各项要素在一定程度上均受人的控制与协调。

2）企业管理系统是一个由许多子系统组成的、开放的社会技术系统。

3）企业管理系统内部主要有四个基本子系统：第一个是运行系统，即输入过程与输出过程；第二个是控制系统，是指企业对各种有机要素的转化过程；第三个是支持系统，是指企业内各后勤保证的过程；第四个是信息系统，即信息的收集、分析、研究、处理、传递的过程。企业的系统管理强调以整体系统为中心，决策时强调整体系统的最优化。

4）企业管理分三个层次：作业层（即基层管理）、协调层（即中层管理）、战略层（即高层管理）。

5）运用系统观点来考察管理的基本职能，可以提高组织的整体效率。

2.4.3　决策管理学派

决策管理学派的代表人物是西蒙和詹姆斯·马奇（James G. March），西蒙的代表作有《管理决策新科学》《管理行为》等，因为对决策理论研究的贡献，1978 年西蒙获得了诺贝尔经济学奖。

决策管理学派是在社会系统学派的基础上发展起来的。其观点主要有：

1）管理就是决策。计划、组织、领导、控制等管理职能都需要决策。

2）以“满意标准”代替传统的“最优标准”。

3）决策是一个复杂的过程，而不是“拍板”的一瞬间。决策的过程至少应该分为四个阶段：①提出制定决策的理由；②尽可能找出所有可能的行动方案；③在诸行动方案中进行抉择，选出最满意的方案；④对该方案进行评价。这四个阶段都含有丰富的内容，并且各个阶段有可能相互交错，因此决策是一个反复的过程。

4）决策可分为程序化决策和非程序化决策。程序化决策是指反复出现和例行的决策。非程序化决策是指从未出现过的，或者其确切的性质和结构还不很清楚或相当复杂的决策。解决这两类决策的方法一般不同。但程序化决策和非程序化决策的划分并不严格，因为随着人们认识的深化，许多非程序化决策将转变为程序化决策。

2.4.4 经验管理学派

经验管理学派的代表人物有德鲁克和欧内斯特·戴尔（Ernest Dale）。德鲁克的代表作是《卓有成效的管理者》，戴尔的代表作是《伟大的组织者》。他们认为，有关企业管理的科学应该从企业管理的实际出发，以大企业的管理经验为主要研究对象，以便在一定情况下把这些经验加以概括和理论化，但在更多情况下，只是把这些经验传授给企业实际管理工作者，提出一些实际的建议。也就是说，该学派主张通过分析经验（案例）来研究管理问题。其主要观点有：

1）管理有三项基本任务。①取得经济效果（利润）。②使工作具有生产性，并使工作人员有成就。③承担企业对社会的责任。因此，管理者必须了解和掌握一些基本技能，如做出有效决策、在组织内部和外部进行信息联系、学会目标管理等。

2）提倡实行目标管理。目标管理是管理人员和员工在工作中实行自我控制并达到工作目标的管理机能和管理制度。

3）对高层管理问题给予了高度重视。对高层管理的任务、结构、战略等做了深入的研究。

2.4.5 管理科学学派

管理科学学派的代表人物是美国的伯法（Buffa），代表作是《现代生产管理》。该学派的特点是：

1）为管理决策服务，运用数学模型增加决策的科学性。决策的过程就是建立和运用数学模型的过程。

2）各种可行的方案均是以经济效果作为评价的依据，如成本、总收入和投资利润率等。

3）广泛地使用计算机。计算机的运用大大提高了运算的速度，使数学模型运用于企业和组织成为可能。

2.4.6 权变管理学派

权变管理学派诞生于20世纪70年代，代表人物主要有弗雷德·卢桑斯（Fred Luthans）、弗雷德·费德勒（Fred E. Fiedler）和罗伯特·豪斯（Robert J. House）。代表作是卢森斯的《管理导论：一种权变学说》。该学派认为，在企业管理中要根据企业所处的内外条件随机应变，没有什么一成不变、普遍适用的“最好的”管理理论与方法。该学派的基础是“超Y理论”。“超Y理论”认为人们怀着不同的需要加入工作组织，人们有不同的需要类型。有的人需要更正规的组织结构和规章制度，而不需要参与决策和承担责任；有的人却需要更多的自治责任和发挥个人创造性的机会。前者欢迎“X理论”的管理方式，后者欢迎“Y 理论”的管理方式。因此，不同的人对管理方式的要求是不同的，组织的目标、工作的性质、员工的素质等对组织结构和管理方式都有很大的影响。

在《管理导论：一种权变学说》一书中，卢森斯将过去的管理理论划分为四种学说：过程学说、计量学说、行为学说和系统学说。他认为，这几种学说都没有把管理与环境妥善地联系起来；同时，这些学说的代表人物都强调他们的学说具有普遍的适用性。在管理中必须重视环境对管理的作用。实际上，在环境与管理之间存在着一种逻辑关系，可以解释为“如果—就要”的关系。即“如果”发生或存在某种环境情况，“就要”采用某种管理思想、管理方式来更好地达到组织目标。权变主要体现在计划、组织和领导方式等方面，包括：①计划要有弹性。②组织结构要有弹性。③领导方式应权宜应变。

2.4.7　现代管理理论新思潮

20 世纪 80 年代以后，在剧烈竞争的环境下，为了适应这一环境变化的要求，出现了以彼得斯（Peters）和沃特曼（Waterman）为代表的适应变化的管理思想。为了适应企业的兼并和企业的发展，必须制定企业的长远发展战略，从而有波特的战略管理思想的诞生。在新的环境和新的形势下，过去许多已经习惯和熟悉的管理规则正发生着变化，主要是以美国为代表的西方管理思想出现了新的变化。

（1）迈克尔 • 波特的竞争战略理论　随着竞争的进一步激烈，企业呈现出新的形态，国际经济形势的变化更加促进了企业向国际化、大型化方面发展。同时社会的进一步分化又提供了更多的市场机会，小型企业得到了快速发展。于是每一个企业为了生存和发展，都在寻找自己的发展道路，都在寻求一个适合自己的发展战略，制定战略成了一个企业首要考虑的问题。在这种背景下，美国哈佛大学的管理学家迈克尔 • 波特（Michael E. Porter）提出了他的战略三部曲，其中对企业发展的战略思想影响比较大的是《竞争战略》和《竞争优势》，这两本书成为企业发展战略理论方面的经典著作。

（2）企业再造理论　企业再造理论是 1993 年在美国出现的关于企业经营管理方式的一种新的理论和方法。所谓“再造”，简单地说就是以工作流程为中心，重新设计企业的经营、管理及运作方式。按照该理论的创始人原美国麻省理工学院教授迈克 • 哈默（Michael Hammer）与詹姆斯 • 钱皮（James A. Champy）的定义，企业再造是指企业“为了飞跃性地改善成本、质量、服务、速度等重大的现代企业的运营基准，对工作流程进行根本性重新思考并彻底改革”，也就是说，“从头改变，重新设计”。为了能够适应新的世界竞争环境，企业必须摒弃已成惯例的运营模式和工作方法，以工作流程为中心，重新设计企业的经营、管理和运营方式。

（3）企业文化理论　日裔美籍管理学家威廉 • 大内（William Ouchi）经过调查，对日美两国企业的管理制度、方法进行了比较研究，在此基础上提出了“Z 理论”，他认为日本之所以能够在短时间内崛起，主要是因为日本社会及企业中独特的文化。自此，西方现代管理理论中又生起了一支企业文化学派。1981 年 7 月，美国哈佛大学教授特伦斯 • 迪尔（Terrence E. Deal）和麦肯锡管理咨询公司顾问艾伦 • 肯尼迪（Allan A. Kennedy）合著的《企业文化：企业生活中的礼仪与仪式》一书问世。该书进一步解释了构成一种文化的要素：①企业环境是塑造企业文化最重要的因素。②价值观是构成企业文化的核心。③英雄人物把组织的价值观“人格化”，并提供了广大员工效法的典型。④典礼及仪式是企业有系统、有计划的日常例行事务所构成的动态文化，它能使企业文化的价值观得以健全和发展。⑤文化网是企业中基本的（但也是非正式的）沟通方式，它能有效地传递企业的价值观和英雄意识。《企业文化：企业生活中的礼仪与仪式》一书在阐述了企业文化的五大要素后指出，关键问题是要掌握这些要素组合在一起后是如何在企业内部发生作用的。

（4）学习型组织　20 世纪 90 年代以来，知识经济的到来，使信息和知识成为重要的战略资源，也催生出了学习型组织理论。1990 年，管理学家彼得·圣吉（Peter M. Senge）出版了《第五项修炼：学习型组织的艺术与实践》一书，指出学习型组织是 21 世纪全球企业组织和管理方式的新趋势。

学习型组织（learning organization）是指通过培养弥漫于整个组织的学习气氛，充分发挥员工的创造性思维能力而建立起来的一种有机的、高度柔性的、扁平化的、符合人性和能够持续发展的组织。这种组织具有持续学习的能力，具有高于个人绩效总和的综合绩效。建立学习型组织，需要五项修炼，即自我超越、改善心智模式、建立共同愿景、团队学习、系统思考。

1）自我超越。自我超越是学习型组织的精神基础，组织成员必须学习不断理清并加深个人的真正愿望，集中精力，培养耐心，并客观地观察现实。

2）改善心智模式。心智模式是指根深蒂固于个人或组织之中，影响人们如何认识周围世界以及如何采取行动的许多假设、成见和印象。改善心智模式就是要学习改变自己多年来养成的思维习惯，强制和约束自己，以开放的心灵容纳别人的想法。

3）建立共同愿景。共同愿景是指能鼓舞组织成员共同努力的愿望和远景，或者说是共同的目标和理想。建立共同愿景的关键是要能够将组织中个人的愿景整合为组织的共同愿景，这样才能使员工主动而真诚地奉献和投入，形成不断进步的合力。

4）团队学习。团队学习就是组织化的学习或交互式的学习。通过团队学习，可以充分发挥整体协作的力量，形成高于个人力量之和的团队力量，达到运作上的默契并形成团队意识，唯有团队成员一起学习、成长、超越和进步，才能让组织持续创造佳绩。

5）系统思考。系统思考是五项修炼的核心，它要求人们运用系统的观点来看待组织的生存和发展。在现有的不少组织中，大多数人把自己的眼光局限于本职工作，固守经验，一旦出现问题就常常归咎于其他部门，缺乏整体思考的主动性和积极性。系统思考就是要培养人与组织系统观察、整体思考的能力。

学习型组织理论认为 21 世纪最成功的企业将是学习型组织，因为未来唯一持久的竞争优势，就是要有能力比你的竞争对手学习得更快。注重学习而且善于学习，可以使我们及时察觉可能发生的变化或迅速了解正在发生的变化，在变化来临之前或在变化过程中做好应变准备，从而适应不断变化的环境并在变化过程中不断增强自己的竞争优势。

（5）知识管理　20 世纪 90 年代以 IT 产业与网络技术的迅猛发展为特征的新经济浪潮首先在美国兴起，在这一浪潮中人们发现组织资源配置过程中资本的作用正在大大减弱，而知识的作用不断增强。组织尽管在资源配置过程中生产产品或提供服务，但更重要的是产出或创造知识。一个组织，尤其是一个企业，实质上是一个知识型组织或企业。组织间或企业间的优劣差异本质上是各自拥有的知识上的差异。普拉哈拉德（Prahalad）和哈默尔（Hamel）在其名著《竞争大未来》中提出了企业的核心竞争力本质上是其所拥有的默会知识的重要观点。

一个组织或企业拥有两类知识，一类是公开的知识，一类是默会的知识。公开的知识是指那些大众可以通过各种渠道获得的各类知识，而默会的知识则是存在于组织内部或人们头脑中的只可意会难以言传的经验、技能、能力等。一个组织要想有效地汲取公开的知识发展自己的默会的知识从而赢得组织在社会上的竞争优势，必须在组织内部实施知识管理。

奎达斯（Quitas）认为知识管理可以被看作“一个管理各种知识的连续过程，以满足现在和将来出现的各种需要，确定和探索现有和获得的知识资产，开发新的机会”（1999）。知识管理本质上是要对组织拥有的各类知识进行有效的管理，进行知识的合理配置与创新，使知识能够在组织资源配置中创造出更大的价值。组织内知识管理的目标可以有六个方面：①知识的发布，以使一个组织内的所有成员都能应用组织的知识；②知识的传递，确保组织的成员需要知识时可以随时获得；③动员资源进行知识的创新，获得知识的优势；④有效地外部获得组织所需的知识；⑤推进知识和新知识在组织内的学习与扩散；⑥确保组织成员不断地进行组织知识的积累。

自我测试

一、单项选择题

1. 下列哪位管理学者（　　）提出“管理就是决策”的主张？
   A. 赫伯特·西蒙　　B. 彼得·德鲁克
   C. 弗雷德·费德勒　　D. 弗里蒙特·卡斯特
2. “X-Y 理论”的代表人物是（　　）。
   A. 麦格雷戈　　B. 赫兹伯格　　C. 梅奥　　D. 马斯洛
3. 社会系统学派的代表人物是（　　）。
   A. 法约尔　　B. 西蒙　　C. 巴纳德　　D. 卢桑斯
4. 西方早期的管理思想中，（　　）是最早研究专业化和劳动分工的经济学家。
   A. 亚当·斯密　　B. 查尔斯·巴比奇
   C. 弗雷德里克·温斯洛·泰勒　　D. 大卫·李嘉图
5. 法约尔提出的管理五项职能或要素是（　　）。
   A. 计划、组织、决策、协调和控制　　B. 计划、组织、决策、领导和控制
   C. 计划、组织、指挥、协调和控制　　D. 计划、组织、激励、协调和控制
6. 古典管理理论对人性的基本假设，认为人是（　　）。
   A. 复杂人　　B. 经济人　　C. 社会人　　D. 单纯人

二、判断题

1. 法约尔认为，任何企业都存在着六种基本活动，而管理只是其中之一。（　　）
2. 西蒙认为，决策就是从可供选取的方案中选定一个行动方案的活动。（　　）
3. 权变管理理论就是考虑到组织内部条件的变数同相应的管理观念和技术之间的关系，使采用的管理观念和技术能有效地达到目标。（　　）

4. 管理没有绝对正确的方法，采用何种理论和方法，要视组织的实际情况而定，即所谓“权宜应变”。 ( )

三、案例分析

保利公司的总经理

保利公司是一家中美合资的专业汽车生产制造企业，总投资600万美元，其中，固定资产350万美元，中方占53%的股份，美方占47%的股份，主要生产针对工薪家庭的轻便、实用的汽车，在中国有广阔的潜在市场。

谁来出任公司的总经理呢？外方认为，保利公司的先进技术、设备均来自美国，要使公司发展壮大，必须由美国人来管理。中方也认为由美国人来管理，可以学习借鉴国外企业管理方法和经验，有利于消化吸收引进技术和提高工作效率。因此，董事会决议：聘请美国山姆先生任总经理。山姆先生有20年管理汽车生产企业的经验，对振兴公司胸有成竹。谁知事与愿违，公司开业一年，不但没有赚到一分钱，反而亏损80多万美元。山姆先生被公司辞退了。

这位曾经在日本、德国、美国等地成功地管理过汽车生产企业的经理何以在中国失败呢？多数人认为，山姆先生是个好人，在技术管理方面是个内行，为公司吸收和消化先进技术做了很多工作。他对搞好保利公司怀有良好的愿望，“要让保利公司变成一个纯美国式的企业”。他工作认真负责，反对别人干预他的管理工作，完全按照美国的模式设置了公司的组织结构并建立了一整套规章制度。在管理体制上，山姆先生实行分层管理制度：总经理只管两个副总经理，下面再一层管一层。但这套制度的执行造成了管理混乱，人心涣散，员工普遍缺乏主动性，工作效率大大降低。山姆先生强调：“我是总经理，你们要听我的。”他甚至要求，工作进入正轨后，除副总经理外的其他员工不得进入总经理的办公室。他不知道，中国企业负责人在职工面前总是强调和大家一样，以求得职工的认同。最终，山姆先生在公司陷入非常被动、孤立的局面。

山姆先生走后，保利公司选派了一位懂经营管理、富有开拓精神的中方年轻副厂长担任总经理，并随之组建了平均年龄只有33岁的领导班子。新班子根据实际情况和组织文化，迅速制定了新的规章制度，调整了机构，调动了全体员工的积极性。半年后，保利公司宣告扭亏为盈。

案例思考题：

试运用管理的有关原理分析保利公司总经理成败的原因。

第3章　决策

学习目标

1. 理解决策的概念。
2. 明确决策的类型。
3. 熟知决策的程序。
4. 掌握决策的方法。

3.1　决策概述

决策贯穿于计划职能的全过程，渗透于计划的各种形式中。决策也是管理其他职能的中心环节，组织、领导、控制等每一步都涉及决策问题。决策是整个管理的核心，整个管理过程都是围绕着决策的制定和组织实施而展开的。一个企业、组织的兴衰成败往往不决定于内部的具体作业管理和效率，而决定于领导者是否能迅速地、准确地做出决策并具体实施决策。

3.1.1　决策的概念

现代决策理论认为，决策是决策者在占有大量信息和丰富经验的基础上，对未来行动确定目标，并借助一定的计算手段、方法和技巧，对影响决策的诸因素进行分析、研究后，从两个以上可行方案中选取一个满意方案的运筹过程。这一定义蕴含着以下内容：

1）决策是为达到确定的目标，没有目标就没有方向，也无法决策。

2）决策是在一定条件下寻求实现目标的较为满意的方案。决策所遵循的原则是“满意”而非“最优”。

3）决策是从多种方案中做出的选择，没有比较，没有选择，就没有决策。

3.1.2　决策的类型

决策的内容十分广泛，可以从不同的角度和按照不同的标准进行分类。

1. 按影响时间的长短，分为长期决策与短期决策

长期决策是指有关组织今后发展方向的长远性、全局性的重大决策，又称长期战略决策，如投资方向选择、组织规模确定等问题的决策。

短期决策则是实现长期战略目标所采取的短期策略手段，又称短期战术决策，如企业的日常营销决策等。

2．按决策的重要性，分为战略决策、战术决策和业务决策

战略决策，是所有决策问题中最重要的决策，是指全局性的、长期性的、作用大和影响深远的决策。例如企业长期发展战略、企业营销战略、产品开发战略、技术改造和引进，组织机构改革等。

战术决策，又称管理决策，属于执行战略性决策过程中的具体决策。例如，销售、生产等专业计划制订，产品开发方案制定，职工招收与工资水平，更新设备的选择等方面的决策。

业务决策，又称执行性决策，是日常活动中有关提高效率和效益的决策，一般由中、下层管理人员做出。例如生产管理、销售管理、劳动力调配、个别工作程序和方法的变动、企业内的库存控制、材料采购等。

3．按决策主体的人数，分为集体决策与个人决策

集体（群体）决策是由一个或几个群体来完成的决策。由于决策是一件非常复杂的工作，大部分的决策都是由一个或几个群体来完成的。

个人决策是由一个决策者完成的决策。

4．按决策问题出现的频率，分为程序化决策和非程序化决策

程序化决策是按原来规定的程序、处理方法和标准去解决管理中经常出现的问题，又称常规决策、重复性决策、例行决策。这类决策问题比较明确，有一套固定的程序来处理。在管理工作中，约有80%的决策属于程序化决策，如生产方案决策、库存决策、设备选择决策等。

非程序化决策是解决以往无先例可循的新问题，具有极大的偶然性和随机性，很少发生重复，又称非常规决策、例外决策。其决策步骤和方法难以程序化、标准化，不能重复使用，如新产品开发决策、新市场开拓决策等。

5．按环境的可控程度，分为确定型决策、风险型决策和不确定型决策

确定型决策是指决策所面临的条件和因素是确定的，每一个方案只有一种确定的结果。

风险型决策也称随机决策，即决策方案未来的自然状态不能预先肯定，可能有几种状态，但每种自然状态发生的概率是可以客观估计的。

不确定型决策所面临的条件和因素是不确定，每一种行动方案的结果是不可知的，也无法确定其概率。

6．按决策的起点，分为原始决策与追踪决策

原始决策是指组织对从事某种活动或从事该种活动的方案进行的初次选择。追踪决策则是在原始决策的基础上对组织活动的方向、内容或方式进行的重新调整。

3.1.3 决策在管理中的地位和作用

1．决策是管理的基础

决策是从各个抉择方案中选择一个方案作为未来行为的指南。而在决策以前，只是对计划工作进行了研究和分析，没有决策就没有合乎理性的行动，因而决策是计划工作的核心。而计划工作是进行组织工作、人员配备、指导与领导、控制工作等的基础。因此，从这种意义上说，决策是管理的基础。

2．决策是各级、各类主管人员的首要工作

决策不仅仅是“上层主管人员的事”。上至国家的高级领导者，下到基层的班组长，均要做出决策，只是决策的重要程度和影响的范围不同而已。“管理就是决策”。

3．决策是执行的前提，正确的行为来源于正确的决策

组织在日常的管理工作中，执行力是体现一个组织效益的重要因素，也是衡量一个组织是否是良性发展、有效管理的重要指标。正确的决策是组织在有限的条件下做正确的事、创造最大价值的前提，让组织少走、不走弯路。

4．决策能明确目标、统一行动

民主的决策有助于提高组织的凝聚力，创造良好的企业文化，改进管理水平，让组织成员明白工作的方向和要求。民主的决策由于是大家的共识，更加易于执行，更为有效。

决策是行为的选择，行为是决策的执行，正确的行为来源于正确的决策。对于每个主管人员来说，不是有无必要做出决策的问题，而是如何做出更好、更合理、更有效的决策的问题。不同管理层次上的决策，其影响不同。因而，改进管理决策、提高决策水平，应当成为各级主管人员经常注意的重要问题之一。

3.2 决策的程序

1．明确问题，确定决策目标

决策目的是为了解决组织管理中已经发生或将要发生的问题，因此，明确问题是决策的起点。问题可能是组织发展的某种障碍，也可能是组织发展的有利时机，决策者应该善于发现问题，并能够确认问题的性质，并找出问题产生的原因。

明确问题是为了确定决策目标。决策目标是指在一定的环境和条件下，在预测的基础上所希望达到的结果。在确定决策目标时，要注意四个问题：

第一，决策目标的确定要有针对性。

第二，要把目标建立在需要与可能相结合的基础上，即目标要有实现的可能性。

第三，要使目标明确、具体，尽可能数量化，便于用来衡量决策的实施效果。

第四，要明确目标的约束条件。确定目标，不仅要提出目标，而且对那些与实现目标有联系的各种条件，都应该加以分析。

2．拟定备选方案

在目标确定之后，就要探索和拟订一定数量和质量的备选方案。为了保证备选方案的质量，应注意以下四点：

第一，要做好信息收集工作，进行科学预测。

第二，管理决策针对所要解决的问题，可以拟订不同的备选方案。

第三，各种类型的备选方案，都必须坚持四点：①拟订备选方案必须具有整体详尽性。②各方案必须互相区别，不能相互包含。③不能把拟订备选方案的过程看成是简单的数字运算，而应看成是大胆创新、大胆探索、精心设计的过程。④各方案的细节尽量明确具体，并预计各方案的经济效益。

第四，对备选方案要进行可行性研究。

3. 分析、比较及选定方案

在选定方案时，先要对各可行方案做分析和比较。分析，就是对各方案的可行性和合理性进一步论证和评估，以便比较和选择。比较，就是权衡各方案的利弊，要有一定的标准和方法。标准不仅要统一还要分清主次；方法则要保证比较结果真实可靠。

在经过分析和比较后，即可进入选择方案阶段。选择方案，即决策者拍板定案，也就是在既定的多种方案和众多的约束条件范围内进行总体权衡，反复比较，择优决断。这是决策最为关键的一环。选择方案的方法通常有经验判断法、数学分析法、试验法等。

4. 决策的实施和监督

决策方案选定以后，是否符合实际，要通过实施进行验证，同时，在决策执行过程中也不可避免地遇到自身能力及外部环境的重大变化，为避免发生失误，需要进行信息反馈，以便采取相应措施调整、修正原方案，或在必要时进行追踪决策。因此，完整的决策程序应包括决策方案的实施与跟踪监督这一阶段。

3.3 决策的方法

3.3.1 定性决策方法

定性决策方法是依靠决策者个人或集体的学识、经验、分析和判断能力来进行决策的方法。

1. 头脑风暴法

头脑风暴法又称智力激励法，由美国创造学家奥斯本最早提出，是一种通过小型会议的组织形式，诱发集体智慧，相互启发灵感，最终产生创造性思维的程序化方法。头脑风暴的实施步骤是：

（1）准备阶段　事先对所议问题进行一定的研究，弄清问题的实质，找到问题的关键，设定解决问题所要达到的目标。同时选定参加会议人员，然后将会议事宜提前通知与会人员，让大家事先做好准备。

（2）热身阶段　这个阶段的目的是创造一种自由、宽松、祥和的氛围，使大家得以放松，进入一种无拘无束的状态。先由有趣的话题或问题开始，让大家的思维处于轻松和活跃的境界，随后轻松导入会议议题。

（3）明确问题　主持人简单介绍有待解决的问题。介绍时须简洁、明确，不可过分周全，否则，过多的信息会限制人的思维，干扰思维创新的想象力。

（4）重新表述问题　经过一段讨论后，大家对问题已经有了一定的理解。这时，大家要从新角度、新思维重新表述问题。

（5）畅谈阶段　畅谈是头脑风暴法的创意阶段。导引大家自由发言，自由想象，自由发挥，使彼此相互启发，相互补充，真正做到知无不言，言无不尽，畅所欲言，然后将会议发言记录进行整理。

（6）筛选阶段　会议结束后的一两天内，向与会者了解大家会后的新想法和新思路，以此补充会议记录。然后将大家的想法整理成若干方案进行筛选。经过多次反复比较和优中择优，最后确定1～3个最佳方案。这些最佳方案往往是多种创意的优势组合，是集体智慧的结晶。

头脑风暴法在实施过程中应遵循以下基本原则：

1）严格限制问题范围，明确具体要求以便使注意力集中。

2）不能对别人的意见提出怀疑和批评，不管这种设想是否适当和可行。

3）发言要精炼，不要详细论述。冗长的发言将有碍产生富有成效的创造性气氛。

4）不允许参加者用先准备好的发言稿，提倡即席发言。

5）可以补充完善已有的建议。

6）创造一种自由的气氛，激发参加者的积极性。

头脑风暴法的目的在于创造一种畅所欲言、自由思考的氛围，诱发创造性思维的共振和连锁反应，产生更多的创造性思维。这种方法的时间安排应为1～2小时，参加者以5～6人为宜。

2．名义小组技术

在集体决策中，如对问题的性质不完全了解并且意见分歧严重，可采用名义小组技术。在决策小组中，小组的成员互不通气，也不在一起讨论、协商，从而小组只是名义上的。由小组成员对提出的全部备选方案进行投票，根据投票结果，赞成人数最多的备选方案即为所要的方案，但企业决策者最后仍有权决定是接受还是拒绝这一方案。名义小组可以有效地激发个人的创造力和想象力。

3．德尔菲法

德尔菲法也称为专家意见法，或称为专家意见函询调查法，这种方法被广泛地用于预测和决策活动。这个方法最早由美国兰德公司用于预测，后来广泛应用于决策之中。该方法的程序如下：

1）就决策内容写成若干条含义明确的问题，规定统一的评估方法。

2）根据情况，选择有关方面的专家，并以背靠背的方式请专家就决策问题做出初步判断。

3）将专家的意见收集起来，对每一问题进行统计处理，找出答案中的中位数和分布情况。

4）将统计结果再反馈给专家，每个专家根据统计结果，考虑其他专家的意见，对自己的建议进行修改，但全部过程都需保密。

5）将修改过的意见再寄给专家。这样经过几次反复，取得比较一致的意见。

该方法的特点是各专家不通过会议形式交换意见和进行讨论，而是邀请与决策问题有关的专家成立专家小组，使专家在相互保密的状态下，通过函询调查，请专家用书面形式独立地回答提出的决策问题。这种形式请专家发表意见往往经过多次反复，直到意见比较集中为止。

这种方法的优点主要是简便易行，具有一定科学性和实用性，可以避免会议讨论时产生的害怕权威随声附和，或固执己见，或因顾虑情面不愿发表与他人不同意见等弊端；同时也可以使大家发表的意见较快收敛，参加者也易接受结论，具有一定程度综合意见的客观性。其缺点是由于专家一般时间紧，回答往往比较草率，同时由于预测主要依靠专家，因此，归根到底仍属专家们的集体主观判断。此外，在选择合适的专家方面也较困难，征询意见的时间较长，对于需要快速判断的预测难于使用等。尽管如此，本方法因简便可靠，仍不失为一种人们常用的定性预测方法。

3.3.2 定量决策方法

定量决策方法，是建立在数学工具基础上的决策方法，其核心是把决策的变量与变量、变量与目标之间的关系用数学式表示出来（即建立数学模型），然后根据决策条件，通过计算求得答案。

1. 确定型决策方法

（1）线性规划法　线性规划法是在一些线性等式或不等式的约束条件下，求解线性目标函数的最大值和最小值的方法。当资金限制或约束条件表现为线性等式或不等式，目标函数表示为线性函数时，所运用的数学分析模型，就属于线性规划。

具体决策步骤如下：

1）确定影响目标的变量。

2）列出目标函数方程。

3）找到实现目标的约束条件。

4）求得最优解。

【例题 3-1】某企业计划生产甲、乙两种产品，每种产品均需使用 A、B、C、D 四种设备，其加工时间及单位利润数据见表 3-1。现要求确定产品甲、乙的产量，使得企业利润最大。

表 3-1　单位产品加工时间及单位利润

项目		产品		计划期的设备能力（台时）
		甲	乙	
单位产品的加工时间（台时）	设备 A	2	2	12
	设备 B	1	2	8
	设备 C	4	0	16
	设备 D	0	4	12
单位产品的利润（万元）		2	3	

解：用线性规划求得：

设决策变量：设 x_1，x_2 依次为产品甲、乙的产量，S 为利润。

列约束方程：

$$\begin{cases}2x_1+2x_2\leqslant 12\\x_1+2x_2\leqslant 8\\4x_1\leqslant 16\\4x_2\leqslant 12\\x_1,x_2\geqslant 0\end{cases}$$

建立目标函数：

$$\max S=2x_1+3x_2$$

解得：$x_1=4$，$x_2=2$；$\max S=2\times4+3\times2=14$。即安排生产 4 单位甲产品、2 单位乙产品可使利润达到最大，此时可获得利润 14 万元。

（2）盈亏平衡分析法　此方法又称量本利分析法。它是研究生产、经营一种产品达到不盈不亏时的产量或收入的决策问题。这个不盈不亏的平衡点称为盈亏平衡点。显然，生产量（或销量）低于这个产量时，则发生亏损；超过这个产量（销量）时，则获得盈利。如图 3-1 所示，随着产量的增加，总成本与销售额随着增加，当到达平衡点 A 时，总成本等于销售额即成本等于收入，此时不盈利也不亏损，此点对应的产量 Q 即为平衡点产量。同时，以 A 点为界线点，形成亏损和盈利两个区域。

此模型中的总成本是由固定成本和可变成本构成的。

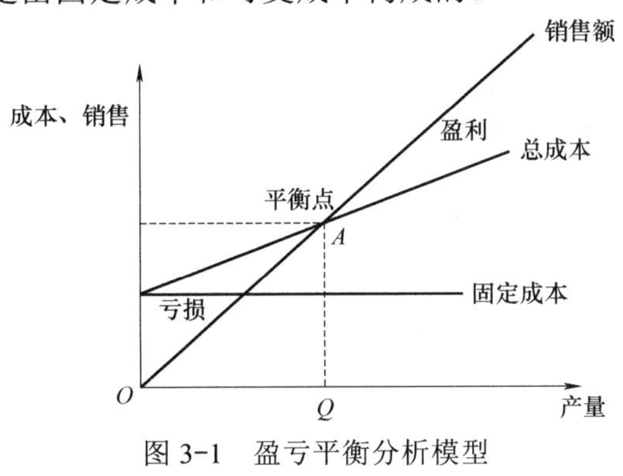

图 3-1　盈亏平衡分析模型

1）盈亏平衡点销量。这是以盈亏平衡点产量或销量作为依据进行分析的方法。其基本公式为

$$Q=C/（p-v）$$

式中　Q——盈亏平衡点产量（销量）；

C——总固定成本；

p——产品价格；

v——单位可变成本。

2）目标利润产量。当要获得一定的目标利润时，其公式为

$$Q=（C+M）/（p-v）$$

式中　M——预期的目标利润额；

Q——实现目标利润 M 时的产量或销量。

【例题 3-2】某企业生产某种产品，其总固定成本为 40 万元，单位产品可变成本为 20 元；产品销价为 30 元，求：该企业的盈亏平衡点产量应为多少？如果要实现利润 3 万元时，

其产量应为多少？

解：①$Q=C/(p-v)$

$$=\frac{400\ 000\text{元}}{(30-20)\text{元/件}}$$

$=40\ 000$ 件

即当生产数量为 40 000 件时，企业处于盈亏平衡点上。

②$Q=(C+M)/(p-v)$

$$=\frac{(400\ 000+30\ 000)\text{元}}{(30-20)\text{元/件}}$$

$=43\ 000$ 件

即当产量为 43 000 件时，企业可获得 3 万元的利润。

2．风险型决策方法——决策树法

如果决策问题涉及的条件中有些是随机因素，具有不确定性，但我们可估算它们的概率分布，这类决策被称为风险型决策。风险型决策常用的方法是决策树法。

决策树法是以图解方式分别对各个方案，在不同自然状态下的损益值与概率的乘积进行求和，得出各个方案的期望值，最后经过比较，按照最优期望值（最大期望收益值或最小期望损失值）标准选择满意决策方案。最大期望收益值标准即选择决策树中期望收益值最大者为满意方案，最小期望损失值标准即选择决策树中的期望损失值最小者为满意方案。

决策树是将可行方案、影响因素用一个树形图表示。以决策点为出发点，引出若干方案枝，每个方案枝都代表一个可行方案，在各方案枝末端有一个自然状态（或方案）节点，从状态节点引出若干概率枝（或状态枝），每个概率枝表示一种自然状态，在每个概率枝末梢，注有损益值，如图 3-2 所示。

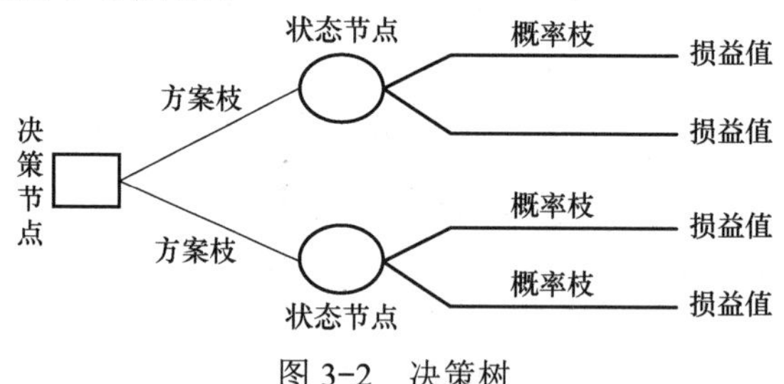

图 3-2　决策树

下面用一实例说明这一方法的运用。

【例题 3-3】某企业准备下一年生产某种产品，需要决定产品批量。根据预测估计，这种产品市场状况的概率是畅销为 0.3，一般为 0.5，滞销为 0.2。产品生产提出大、中、小三种批量的生产方案，怎样决策才能取得最大经济效益？（有关数据见表 3-2）

表 3-2　市场状况概率及各方案损益值表

市场状况概率		畅销	一般	滞销
		0.3	0.5	0.2
方案损益值	大批量（I）（万元）	25	16	12
	中批量（II）（万元）	22	20	14
	小批量（III）（万元）	16	16	16

决策树分析法的步骤是：

（1）从左向右画决策树图形　首先从左端方框（称为决策节点方框）出发，按行动方案引出几条方案枝，每条方案枝上注明行动方案的内容——即大、中、小批量生产。然后每条方案枝到达一个自然状态（或方案）节点，用 I、II、III表示。再由自然状态（或方案）节点按可能出现的自然状态的数目，引出各个状态枝（或概率枝），并在每个状态枝上注明状态的内容及其概率，最后引出状态枝末梢，在状态枝末梢上注明不同状态下的损益值，如图 3-3 所示。

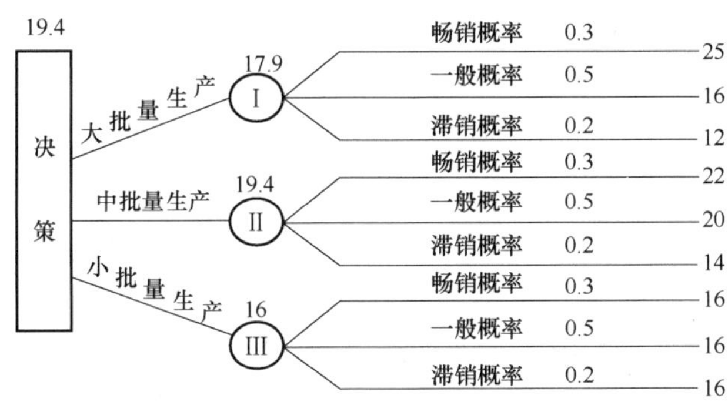

图 3-3　决策树图

（2）计算各种方案的期望值

$$E=\sum(P\cdot i)$$

式中　E——损益期望值；

P——损益值；

i——概率。

根据表 3-2 数据资料计算如下：

大批量生产（I）期望值 E_1=25 万元×0.3+16 万元×0.5+12 万元×0.2=17.9 万元

中批量生产（II）期望值 E_2=22 万元×0.3+20 万元×0.5+14 万元×0.2=19.4 万元

小批量生产（III）期望值 E_3=16 万元×0.3+16 万元×0.5+16 万元×0.2=16 万元

（3）选择满意决策方案　把以上计算结果注明在各个方案节点上，然后在各个方案之间比较期望值，从中选择出期望值最大的作为满意决策方案，并把此决策方案的期望值写在决策节点方框的上面，以表示选择的结果。根据比较，本例应选择中批量生产。

3. 不确定型决策方法

由于不确定型决策是在客观自然状态完全不能确定的情况下进行的，因此，很大程度上取决于决策者的主观判断和实际经验，取决于决策者对待风险的态度。下面结合实例来介绍不确定型决策的具体方法。

【例题 3-4】某企业准备生产一种新产品，估计这种产品在市场上的需求量（自然状态）大体有四种情况：需求量较高，需求量一般，需求量较低、需求量很低，对每种情况出现的概率无法预测。为了生产这种产品，企业考虑了三种方案：A 方案是自己动手，改造原有设备；B 方案是淘汰原有设备，购进新设备；C 方案是购进一部分关键设备，其余自己改造。该产品准备生产五年，据测算，各个方案在各种自然状态下五年内的损益值见表3-3。

表3-3 各方案损益值表（单位：万元）

方案	损益值			
	需求量较高	需求量一般	需求量较低	需求量很低
A方案	95	60	−12	−15
B方案	70	45	10	−5
C方案	80	40	15	5

（1）悲观法（即小中取大标准） 此法也称为最大最小收益值分析法。这种方法是依照保守求稳的态度来"小中取大"，即先从每个方案中选择一最小的收益值，然后再从这些最小的收益值中选取一个最大值，该值对应的方案就是最优方案。悲观法的着眼点是实践中无论自然状态发生什么变化，其收益值不会低于一定限度，损失值不会高于一定限度。它把最小收益的自然状态视为必然出现的自然状态，从"最不利"的情况出发，寻找"最有利"的方案。因此，这是一种留有余地的分析方法，尽管比较保守、"悲观"，但却稳妥可靠。本例的比较选择见表3-4。

表3-4 最小收益值比较表（单位：万元）

方案	损益值				最小收益值
	需求量较高	需求量一般	需求量较低	需求量很低	
A方案	95	60	−12	−15	−15
B方案	70	45	10	−5	−5
C方案	80	40	15	5	5

C方案最小收益值在三个方案中最大，为5万元，因而选择C方案为决策方案。

（2）乐观法（即大中取大标准） 这种方法决策的程序是：先从每个方案中选择一个最大的收益值，然后再从这些收益值中选择收益值最大的，并以其相应的方案作为决策方案。这种决策方法的主要特点是依据"乐观"原则，不放弃任何一个获得最好结果的机会，争取好中之好。但是，这种方法使用得不好，往往风险最大，因此，应该谨慎用之。本例的分析见表3-5。

表3-5 最大收益值比较表（单位：万元）

方案	损益值				最大收益值
	需求量较高	需求量一般	需求量较低	需求量很低	
A方案	95	60	−12	−15	95
B方案	70	45	10	−5	70
C方案	80	40	15	5	80

A方案的最大收益值最大，为95万元，因而选择A方案为决策方案。

（3）后悔值法（即大中取小标准） 这种方法的基本思想是如何使选定决策方案后可能出现的后悔值（后悔损失、机会损失）达到最小，蒙受的损失也较小。因为当某一自然状态出现时，决策者会很明确地选择收益值最大的方案为决策方案。如果决策者当时没有选择这个方案，而是采取了其他方案，就会感到后悔。这种应采取方案的最大收益值与实际采取方案的收益值之间的差额，叫作后悔值。

这种决策方法的程序是：先从各种自然状态下找出各个方案的最大收益值（见表 3-6，用*号表示），再将每种自然状态下各种方案的收益值与最大收益值相比较，求得后悔值，然后从各个方案的后悔值中找出最大后悔值，并从中选择最大后悔值为最小的方案，作为决策方案。这种方法是以后悔值作为评价方案的标准，依据的是“遗憾”原则。它既不过于保守，又不过于冒险，是一种比较稳当的决策方法，具体比较见表 3-7。

表 3-6 最大收益值表 （单位：万元）

方案	损益值			
	需求量较高	需求量一般	需求量较低	需求量很低
A 方案	95*	60*	-12	-15
B 方案	70	45	10	-5
C 方案	80	40	15*	5*

表 3-7 最大后悔值比较表 （单位：万元）

方案	后悔值				最大后悔值
	需求量较高	需求量一般	需求量较低	需求量很低	
A 方案	0	0	27	20	27
B 方案	25	15	5	10	25
C 方案	15	20	0	0	20

表 3-7 中 C 方案的最大后悔值最小，为 20 万元，因而选择 C 方案作为决策方案。

（4）平均法（即折中标准） 这种方法决策的程序是：先将每一个方案在各种自然状态下的收益值相加，然后除以自然状态的个数，求得每个方案的平均收益值，再选择平均收益值最大的方案作为决策方案。这种决策方法的特点是以平均收益值作为评价方案的标准，依据的是平均原则，这是一种折中的、平稳的决策方法，见表 3-8。

表 3-8 平均收益值比较表 （单位：万元）

方案	损益值				平均收益值
	需求量较高	需求量一般	需求量较低	需求量很低	
A 方案	95	60	-12	-15	32
B 方案	70	45	10	-5	30
C 方案	80	40	15	5	35

C 方案平均收益值最大，为 35 万元，因而选择 C 方案为决策方案。

上述四种决策方法，分别以不同的标准和原则作为评选方案的依据，因而同一问题会得到不同的决策结果。企业在实际工作中，解决不确定型决策问题，要同时运用以上四种方法进行分析对比，将其中被认定为满意决策方案次数最多的方案作为最后选定的决策方案，如上例中 C 方案被选中 3 次，因而 C 方案可以作为该企业生产某种产品的决策方案。

自我测试

一、单项选择题

1．关于决策，以下说法不正确的是（　　）。

A．决策是从两个以上的可行方案中选取一个最佳方案

B．决策是为了达到确定目标，没有目标就没有方向，也无法决策

C．决策是在一定条件下寻求实现目标的较为满意的方案

D．决策是从多种方案中做出的选择

2．按照决策的重要性，可以将决策分为（　　）。

A．长期决策和短期决策　　B．战略决策、战术决策和业务决策

C．程序化和非程序化决策　　D．确定型、风险型和不确定型决策

3．决策程序的首要环节是（　　）。

A．确定决策原则　　B．确定决策方法

C．确定决策目标　　D．拟订可行方案

4．例行决策，如任务的日常安排、常用物资的订货与采购等诸如此类的决策属于（　　）。

A．风险型决策　　B．不确定型决策　　C．程序化决策　　D．非程序化决策

5．例外决策，具有极大偶然性、随机性，又无先例可循且具有大量不确定性的决策活动，其方法和步骤也是难以程序化、标准化，不能重复使用的。这类决策又称为（　　）。

A．风险型决策　　B．不确定型决策　　C．战略决策　　D．非程序化决策

6．决策方案的后果有多种，每种都有客观概率，这属于（　　）。

A．不确定型决策　　B．非程序化决策　　C．战术决策　　D．风险型决策

二、判断题

1．决策本质上是一个系统的过程，而非“瞬间”的“拍板定案”。（　　）

2．决策最终选择的一般是满意方案，而不是最优方案。（　　）

3．盈亏平衡点法适用于风险型决策。（　　）

4．德尔菲法指通过小型会议的组织形式，诱发集体智慧，相互启发灵感，最终产生创造性思维的程序化方法。（　　）

5．战术决策是所有决策问题中最重要的决策，是指全局性的、长期性的、作用大和影响深远的决策。（　　）

6．所有的管理者无论他处于哪个层次上，都要制定决策，履行计划，组织、领导和控制职能。（　　）

三、案例分析

H市动物园的搬迁

今年66岁的M是某林业大学教授、中国工程院院士，中国野生动物学科带头人。作为权威的野生动物学家，M院士曾多次被邀请参与全国各地野生动物园的迁址论证，

其中，H市动物园的搬迁最为曲折。

据了解，H市动物园迁址之争由来已久。由于近年来城市建设迅猛发展，H市动物园的规模和所处位置已不利于动物园自身的生存发展。1999年，H市政府首次提出动物园搬迁的设想。2000年初，M院士等专家通过在区位、环境、人文和投资等各方面综合比较论证，首选天恒山风景旅游区为动物园新址。天恒山以其优美独特的自然环境、得天独厚的地理位置，以及其他诸多优势，得到社会各界及有关专家的认可，但当时由于位于天恒山出口的向阳山火葬场暂时无法搬迁，这一最佳方案只好放弃。

2000年12月，H市有关部门曾将动物园正式定址松北新区，但这里是地势低洼的湿地，缺山无林，若人造山林和土方回填，则工程量巨大，又邻近滨洲铁路线，噪声干扰严重。2001年5月，在M院士等专家组成人员和社会人士的强烈建议下，迁址工程停工。2002年6月，M院士等专家组成人员同意把新址定在距出城口38公里处的鸽子洞，并当场建议为避免公路噪声，要将园址沿垂直公路方向往内迁移。

2003年3月，在动物园新址开工前，M院士在施工现场踏查，结果发现施工现场已不是当初论证签字时的鸽子洞原址，而是沿着公路又向前推移，距城区的实际路程已超过50公里。这意味着市民游览动物园将要承受高昂的费用和浪费大量时间。更严重的是，M院士还发现了附近存在强烈的噪声源，这将对动物的生存构成威胁。

此时，影响选择天恒山的最大障碍已被扫除。2003年2月，H市政府决定将向阳山火葬场搬出天恒山，计划在天恒山地区建设以旅游为主的大型生态园。于是，M院士和其他科学家决定弃鸽子洞而选天恒山。

对于有人议论作为科学家居然出尔反尔，M院士认为，“作为一名科学家，要有科学良知，要说真话。我所想的，是国家和人民的利益，是野生动物的生存命运”。他认为，目前解决H市动物园新址问题的最好办法就是把选择权交给广大市民，公开召开听证会，让广大市民做决定。H市政府在充分听取市民和专家的意见后，最终把动物园新址定在天恒山。

根据上述案例回答下列问题：

1．H市动物园新址的原始决策和追踪决策分别是（　　）。

A．定址天恒山和定址松北新区、鸽子洞

B．定址松北新区和定址鸽子洞、天恒山

C．定址鸽子洞和定址松北新区、天恒山

D．不能确定

2．H市动物园新址的决策过程，说明了（　　）。

A．决策过程实质上是选择的过程

B．决策活动是决策者拍板做决定时的片刻行为

C．在执行过程中可以对原始决策进行内容的补充和修正

D．以上都是

3．H市动物园新址的选择、变动过程，体现了决策的（　　）。

A．系统性　　B．预测性　　C．可行性　　D．A、B、C

第4章 计划

学习目标

1. 明确计划的含义与内容。
2. 理解计划在管理中的重要作用。
3. 掌握计划的类型。
4. 了解编制计划的步骤。
5. 掌握滚动计划的编制方法。
6. 理解网络计划的编制程序与方法。
7. 理解目标的含义与性质。
8. 理解目标管理的性质及特点。
9. 掌握目标管理实施的程序。

4.1 计划概述

计划是最首要的管理职能，它在管理的各项职能中位列第一，是组织、领导、控制的前提条件。计划是通过对管理活动的目标与实现目标的程序进行筹划，以保证管理活动有目的地、有方向性地、有序地进行。

4.1.1 计划的含义与内容

对于计划职能，不同的学者从目的、内容、实施过程等方面对其进行了不同的定义，综合多方对计划的理解，可以总结为，计划是为了使管理活动得以顺利展开，明确活动目标，确定实现目标的方法与途径的行为。

具体来说，计划是根据组织内部情况和社会需要，通过科学的预测，确定在未来一定时期内组织所要达到的目标以及实现目标的方法，合理配置现有资源，在未来获得最大效益的连续程序。因此，计划工作的内容就是提前确定要做什么（what），为什么要做（why），什么时候做（when），在哪里做（where），由谁去做（who），如何去做（how），即5W1H，见表4-1。

表 4-1 计划工作的内容（5W1H）

计划工作的内容		解 释
5W	要做什么（what）	管理活动的内容，即管理活动的具体任务和要求
	为什么要做（why）	管理活动的原因和实施的必要性，即活动的宗旨、战略
	什么时候做（when）	管理活动的起始时间和结束时间
	在哪里做（where）	管理活动实施的地点和场所
	由谁去做（who）	负责活动实施的部门和人员
1H	如何去做（how）	完成管理活动目标的方法和途径，对资源进行合理的分配和利用

4.1.2 计划的作用

计划的主要作用是明确目标和实现目标的方法。计划决定了其他管理职能能否顺利实施，因此计划工作如果出现偏差，将会影响整个管理活动的进行。制订完善的计划，可以使得管理活动按照既定目标进行，提高管理效率。

总结计划对管理的重要作用主要包括以下四个方面：

1. 计划是实施管理活动的依据

计划是管理活动实施的依据，是管理者行动的方向。管理者可以根据计划明确管理活动的目标、安排各阶段任务、明确各部门和人员的权利与义务，以确保完成计划中设定的目标。

2. 计划是合理配置、提高效率的手段

良好的计划要求对实现目标的各种方法和途径进行分析，利用组织内部有限的资源，选择合理有效的途径，使得未来的管理活动能够均衡发展，为组织带来最大效益。

3. 计划可以预测未来，降低风险

计划的首要任务是对组织未来一定时期内的工作进行安排，而未来是不断变化的，计划就是在分析、预测未来变化的基础上，针对各种变化因素制订不同的应对措施，降低变化对管理活动造成的风险，减少损失。

4. 计划可以有效控制管理活动的实施过程

控制作为管理活动的最后一项职能尤为重要，在管理活动实施过程中，计划就是控制的标准和依据，通过衡量实施过程的效果和计划效果的偏差，寻找原因，及时纠正，使管理活动不偏离计划的原定目标和方向。

4.2 计划的类型

根据不同的需求、不同的目标，管理者会编制不同类别的计划。本节将介绍六种管理活动中常用的计划种类，见表 4-2。

表 4-2 计划的类型与举例

分类标准	计划的类别	举例
计划的时间长度	长期计划	某企业欧美市场行业第一规划
	中期计划	某企业三年发展规划
	短期计划	某企业年度计划
计划的职能	人事计划	某企业下半年招聘计划
	生产计划	某企业产品采购与生产计划
	财务计划	某企业年度财务预算
计划的对象	综合性计划	某企业年度综合经营计划
	专业性计划	某企业设备维修保养计划
计划内容详尽程度	指向性计划	某企业中低端市场扩张计划
	具体计划	某企业新产品开发计划
计划的程序化程度	程序性计划	某企业月盘点计划
	非程序性计划	某企业重组计划
计划的影响范围和管理层次	战略计划	某企业与另一家企业战略合作计划
	战术计划	某企业年度融资计划

（1）长期、中期和短期计划　根据计划执行的时间长度可以分为长期、中期和短期计划。一般而言，需要5年以上完成的计划称为长期计划，需要1～5年完成的计划称为中期计划，而1年或1年以内完成的计划称为短期计划。当然，这种时间的划分不是绝对的，不同规模和目标的组织，时间的划分标准也不尽相同。

长期计划适用于组织在较长时期的发展方向和方针。规定组织的各个部门在较长时期内从事某种活动应达到的目标和要求，绘制组织长期发展的蓝图[㊀]。中期计划和短期计划则适用于具体的管理活动的目标、方案、实施方法等。

（2）职能计划　根据计划的职能不同可以分为人事计划、生产计划、财务计划、组织计划、市场开发计划等。为了实现组织的总体目标，通常是多种职能计划同时制订和实施，它们彼此相互影响和作用，也要求彼此相互沟通和协调。

（3）综合性计划和专业性计划　按计划的对象划分可以分为综合性计划和专业性计划。综合性计划一般是指具有多个目标和规划的计划，其往往覆盖组织的各个方面。专业性计划则是限于某个专业领域和指定范围的计划，包括各职能部门制订的职能计划。专业性计划一般是在综合性计划基础上制订的，内容上具有更强的专业性和针对性。

（4）指向性计划和具体计划　根据计划内容的详尽程度可以分为指向性计划和具体计划。指向性计划通常是由上级主管部门向下级组织或个人下达的具有一定指导作用和参考作用的计划，一般只规定管理活动的目标、方向、方针和政策等。而具体计划往往由基层制订，目标和任务明确，具有较强的可操作性。

㊀ 陆雄文．管理学大辞典[M]．上海：上海辞书出版社，2013．

（5）程序性计划和非程序性计划 按计划的程序化程度可以划分为程序性计划和非程序性计划。一般组织活动可以分为两类：一是例行活动，即经常重复出现、工作程序变化较小，出现问题时可以建立既定的工作程序来解决的活动；另一类是非例行活动，即不经常出现的，每次需要采用不同方法来解决问题的活动。程序性计划是能够按既定程序来解决例行活动问题而制订的计划；非程序计划是针对非例行活动的例外问题所制订的计划。

（6）战略计划和战术计划 根据计划对组织的影响范围以及制订计划的管理者管理层次的不同，可将计划分为战略计划和战术计划。战略计划是由高层管理者制订的，主要作用是决定组织的长期发展方向或改变组织的目标和基本政策。战略计划往往是长期计划，可以决定未来较长时期内组织的发展方向和策略。战术计划一般由中低层管理者制订，它将战略计划中笼统的目标和政策，转化为具体的目标和方案，包括达到各项目标的确切时间、预算、人员安排、资源配置等。

4.3 计划工作的过程和方法

4.3.1 编制计划的步骤

一项完整的计划工作是由若干个相互联系的步骤组成的连续过程，一般包括以下八个步骤，如图 4-1 所示。

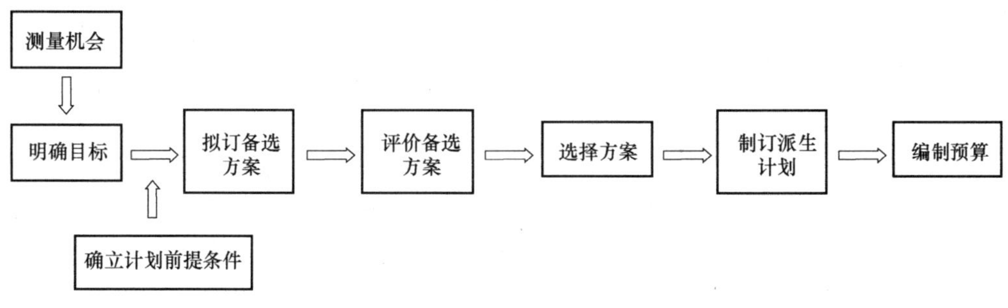

图 4-1 计划工作的步骤

（1）测量机会 在编制计划工作开始之前，管理者应根据组织发展方向、现有的问题、自身优劣势等方面，对组织所处的环境机会进行分析，测量能够取得成功的机会。

案例 4-1

1986 年，肯德基公司准备进入人口最多的中国市场。虽然中国具有非常广阔的市场前景，但肯德基公司仍然面临着诸多困难，比如中国市场能否完全接受“洋快餐”，原材料资源能否解决，技术资源和人力资源如何配置。因此肯德基公司在计划开始之前进行了全面彻底的市场调查和分析，最终研究得出，肯德基公司进入中国市场，选择大城市作为目标市场具有更高的成功机会。于是1987年11月，中国第一家肯德基餐厅在北京前门开业，从此开启了它在中国市场上的成功之路。

（2）明确目标　明确目标是计划工作真正意义上的第一步，它是指在测量机会的基础上，为管理活动确定目标。设立的目标必须要明确预期的成果，明确需要完成的工作有哪些、重点工作有哪些、各部门应完成哪些目标等。一般明确目标要注意解决三个问题：

1）明确目标的内容和顺序。

2）选择适当的目标时间。

3）目标要有明确的科学指标和价值。

（3）确定前提条件　计划工作的第二步是确定关键性的计划前提条件，即确定计划实施时的预期未来环境。未来的环境是复杂而多变的，因此组织要确定的计划前提必须是关键性的、对实施影响最大的条件。

（4）拟订备选方案　计划工作的第三步是探讨和制订可行方案。一般来说，完成某一项目标会有许多种方法和途径，提供多种可行方案才能选择出最佳方案。

（5）评价备选方案　当拟定了各种备选方案后，必须对每个方案的优缺点进行分析和评价。比如，方案A回报高，投资风险高；方案B回报低，但投资风险低；方案C回报高，投资风险较低，但资金回收期长。备选方案越多，评价方案的工作越复杂，因此管理者需要借助科学的方法进行评价。

（6）选择方案　选择方案是决策的关键，最终方案的选择往往是在经验、实验和评价的基础上进行的。在对各项备选方案分析评价后，可能会发现有两个或两个以上的方案可行，这种情况下，通常管理者会先确定其中一个方案，并将另一个方案作为后备方案。

（7）制订派生计划　选择合适的计划方案后，还需要对该方案进行分解，制订一系列辅助的派生计划。派生计划一般指为支持总计划而扩展制订的分支计划，例如企业制订了新品上市计划，其派生计划包括岗位培训计划、原材料采购计划、广告宣传计划等。

（8）编制预算　计划工作的最后一步是将计划内容转化为预算。预算是用数字来反映组织在未来某一确定期间内的整个计划。这种预算可以分为财务和非财务两个方面的预算。财务预算指资金预算，如收入预算、支出预算；非财务预算指的是除资金以外各项资源的预算，如原材料采购预算、产能预算。预算也是衡量计划执行成果的重要指标，因此常常成为管理者控制计划实施的手段之一。

4.3.2　编制计划的方法

1．滚动计划法

（1）基本思想　由于未来环境的不断变化和不可预测，在制订中长期计划时存在一些不确定且难以预测的因素，因此在计划实施一段时间后，需要根据环境和条件的变化，对计划进行调整和修改，避免因计划不适应环境变化而产生损失。滚动计划法是一种根据情况变化而定期修改未来计划的方法，通过对实施中的计划不断进行修订，保持原计划期限不变，使计划按期限向后推移，不断滚动和延伸。比如，三年计划每年编制一次，每次编制向后滚动一年。

（2）滚动计划法编制计划的程序　如图 4-2 所示，企业在 2019 年编制五年计划的滚动程序，首先是编制出 2019—2023 年五年计划，然后在 2019 年结束时，将 2019 年计划实施成果与计划预计成果进行比较，找出偏差，通过偏差分析、环境变化或企业战略调整等因素对原定的五年计划进行必要调整，并编制 2020—2024 年新的五年计划，以此类推。

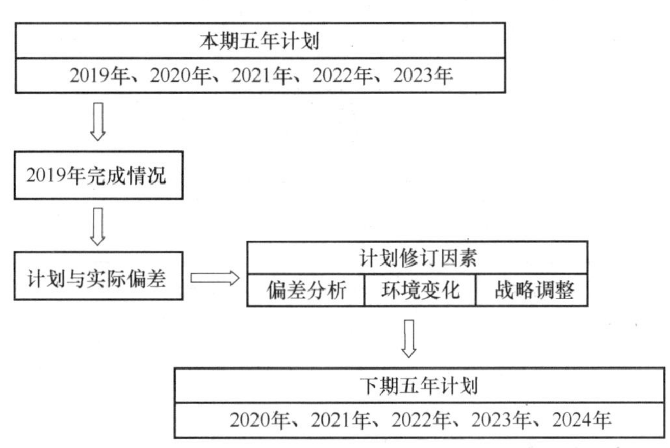

图 4-2　滚动计划法编制五年计划的程序

（3）滚动计划法的特点

1）针对未来多个滚动期（一个月、一个季度或一年）进行计划，近期计划详尽、准确，远期计划粗略、笼统。

2）计划执行一个滚动期后，根据预测目标与实际执行情况的偏差对未来计划进行调整，生成新的计划，并顺延一个滚动期。

3）结合短期、中期和长期计划，使之相互衔接。

4）根据环境变化而不断修订，使计划符合实际，提高计划工作的质量。

5）每个滚动期结束后，修订形成下期新的计划，使计划工作富有弹性，增强组织的应变能力。

6）编制滚动计划工作量大，较为烦琐。

2．网络计划技术

（1）基本思想　网络计划技术起源于 1956 年美国杜邦公司使用的关键线路法（critical path method，CPM）和 1958 年美国海军武器部使用的计划评审法（program evaluation and review technique，PERT），它是通过网络图来制订计划，并根据网络图统筹生产，使组织用最少的资源达成预期目标的一种科学管理方法。网络计划技术一般适用于工程项目的计划与控制。

（2）网络计划技术原理及编制计划的程序　如图 4-3 所示，网络计划技术的基本原理是，把需要完成的项目分为若干子项目，根据子项目的作业顺序排列流程图，形成网络草图，再通过综合平衡，重新规划各子项目之间的关系，修改作业时间，最终形成正式的网络图。也就是，利用网络图对整个项目进行统筹安排，寻找消耗最少资源完成既定目标的最佳方案。

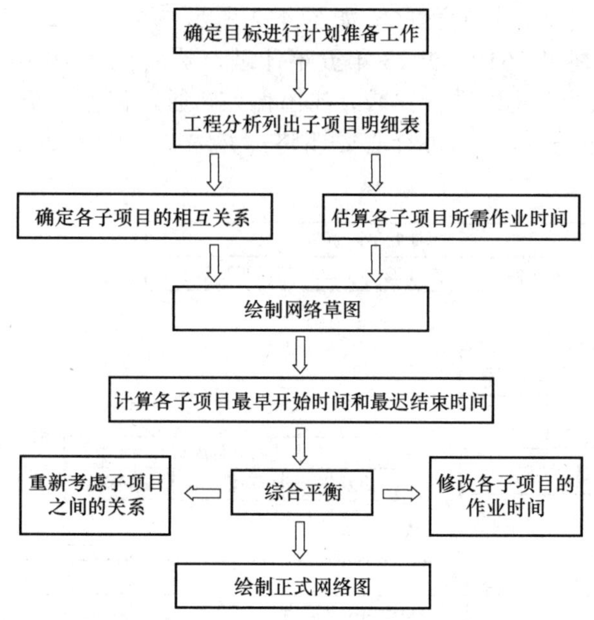

图 4-3 网络计划技术原理及编制计划的程序

（3）绘制网络图的要素

1）箭线：表示一个子项目、作业、活动，箭尾表示工作的开始，箭头表示工作的完成，如图 4-4 所示。

2）节点：表示一个子项目的结束和另一个子项目的开始。节点一般用圆圈表示，圆圈里按顺序编制序号。对于某一个项目来说，紧接在其箭尾节点前的项目是其紧前项目，紧接在其箭头节点后的项目是其紧后项目。如图 4-5 所示，①②③表示节点，子项目 A 是子项目 B 的紧前项目，子项目 B 是子项目 A 的紧后项目。也就是说，想要开始子项目 B 工作的前提条件，是子项目 A 工作已经完成。

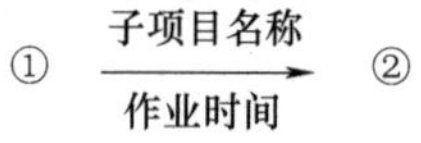

① —子项目名称/作业时间→ ②

图 4-4 箭线案例

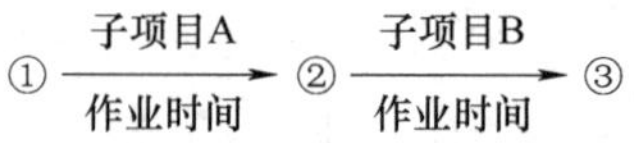

① —子项目A/作业时间→ ② —子项目B/作业时间→ ③

图 4-5 节点案例

3）实箭线：表示需要消耗的时间和资源。

4）虚箭线：仅表示子项目间的先后顺序，消耗时间和资源为 0。

5）线路：是指由起始节点至结束节点，中间一系列首尾相连的节点与所组成的路径。一个网络图里往往有多条线路，其中最长的一条线路被称为关键线路。

（4）绘制网络图的规则

1）一个网络图中，仅有一个总起始点和一个总结束点，线路的顺序从左至右进行，即总起始点在最左边，总结束点在最右边。

2）一个网络图中，任意两个节点之间仅有一条箭线。

3）一个网络图中，尽可能避免箭线的交叉。

4）一个网络图中，不允许出现循环线路。

案例 4-2

某汽车修理厂，需要对一台汽车的发动机进行维修，维修过程包括 8 个子项目，子项目关系见表 4-3。根据各项目关系表，绘制网络图。

表 4-3　汽车发动机维修各项目关系表

子项目	所需时间（天）	紧前项目	子项目	所需时间（天）	紧前项目
A	1	—	E	4	B、D
B	3	A	F	4	E
C	2	A	G	3	E
D	2	C	H	2	G

解： 通过题目给出的项目关系，可以计算出依次完成项目的总工期为 21 天，根据各子项目前后项目关系，绘制网路图如图 4-6 所示。

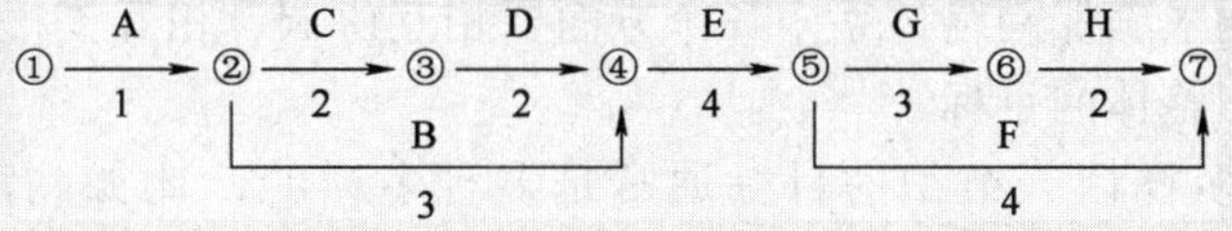

图 4-6　汽车发动机维修网络计划图

由图可得，关键线路为 A→C→D→E→G→H 线路，其中总起始节点为①，总结束节点为⑦，工期可压缩为 14 天，比计划工期节约 7 天。

（5）网络计划技术的特点

1）网络计划技术能够清晰表示各个子项目的完成顺序和相互关系。

2）网络计划技术明确了完成项目的关键环节和线路。

3）网络计划技术能够最优化配置项目的时间进度和各项资源。

4）通过编制网络图，可事先估量在规定时间和有限资源下完成目标的可能性，易于统筹与控制。

4.4　目标管理

4.4.1　目标管理的概念

1. 目标的含义

在管理学原理中，目标是指组织在一定时期内，通过努力争取达到的理想状态或期望成果。组织的目标是计划的基础，每个组织在外部环境和内部条件的基础上确定组织的目标，一般传统组织的目标是追求利润最大化。

2. 目标的性质

（1）目标具有层次性　组织的目标可以由从上至下的三个大的层次目标构成，依次为社会层、组织层和个人层目标，如图 4-7 所示，各层次之间相互影响和衔接，下层目标是保证上层目标可以实现的手段。

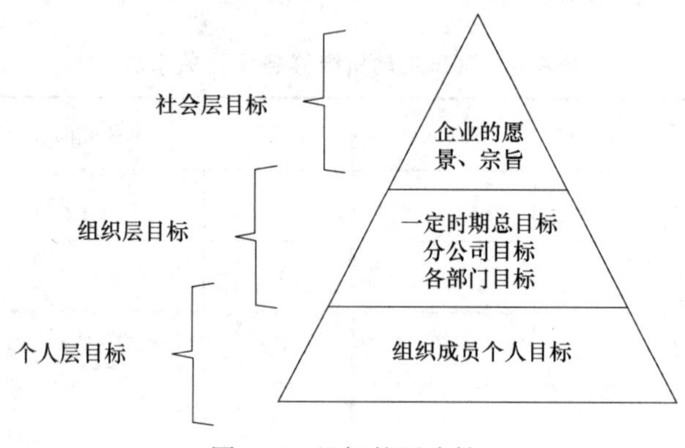

图 4-7　目标的层次性

（2）目标具有网络性　组织的目标很少是线性的，而是各类、各级目标形成相互联系的网络体系，因此要求确保网络体系中各个方面要相互协调、相互支援，而不是制定有利于某方面但影响组织整体的目标。

（3）目标具有多样性　组织的目标通常是多种多样的，比如利润目标、投资回报目标、市场份额目标等。组织目标的多样性，是为了适应内外部环境的需求导致的必然结果。

（4）目标具有可考核性　目标的可考核性指的是目标可以被量化，也就是在一定期限结束后，目标的完成情况可以根据相应的指标进行考核。

3. 目标管理的概念

目标管理是 20 世纪 50 年代美国管理学家德鲁克所创立的，我国在 20 世纪 70 年代引进了这一管理方法。目标管理，是根据组织的使命，由管理者和员工共同制定一定时期内组织的总目标，继而派生次级目标，并依据各目标来开展工作并进行考核评价的一种管理过程。德鲁克认为，有了目标才能明确每个人的工作，因此必须将企业的使命和任务转化为目标㊀。

4.4.2　目标管理的特点

（1）自我参与　在传统组织中，一般由最高层管理者制定组织目标，而目标管理强调的是由管理者和员工共同制定目标，也就是组织的目标是共同协商和自我参与的结果。

（2）自我控制　因为目标的制定者就是执行者，所有成员脱离了传统管理中被要求、被强迫执行的方式，强调他们自我管理和自我控制，以达到既定的目标。

㊀ 赵昌明．浅析目标管理在企业的有效应用[J]．经济师．2019（12）．

（3）注重结果　目标管理以制定目标为起点，以考核目标完成情况为结束。也就是说，目标完成是唯一的工作成果，也是最终评价和考核的依据。

（4）权力下放　目标管理最终促使权力下放，强调责、权、利的三者统一。

4.4.3　目标管理实施的程序

目标管理的程序一般包括目标设置与分解、目标实施控制、目标考核评价三个阶段，如图 4-8 所示。

1．目标设置与分解

首先由高层管理者制定组织的预设目标；其次，由各级管理者重新审查现有组织机构，分解和调整目标，制定建议性的中间目标；再次，由上级对下级的中间目标进行综合分析，与下级管理者反复协商；最后，共同制定各项目标和考核标准。组织总目标确定以后，各级管理者要将其分解为部门、车间或个人等各层次的分目标和目标最小单位。

2．目标实施控制

目标管理强调自我管理与自我控制，为保证组织总目标的顺利完成，各级管理者必须要进行定期检查，对目标进行控制，解决下级工作中的问题，甚至修订原定的目标，以确保目标能够实施。

3．目标考核评价

目标管理注重结果，当预定期限结束时，各部门及个人首先进行自我评估、成员互评和领导评价，然后管理者和成员共同考核目标完成情况，决定奖惩。通过目标考核评价，总结问题、分析原因，共同完善下一个目标管理过程。

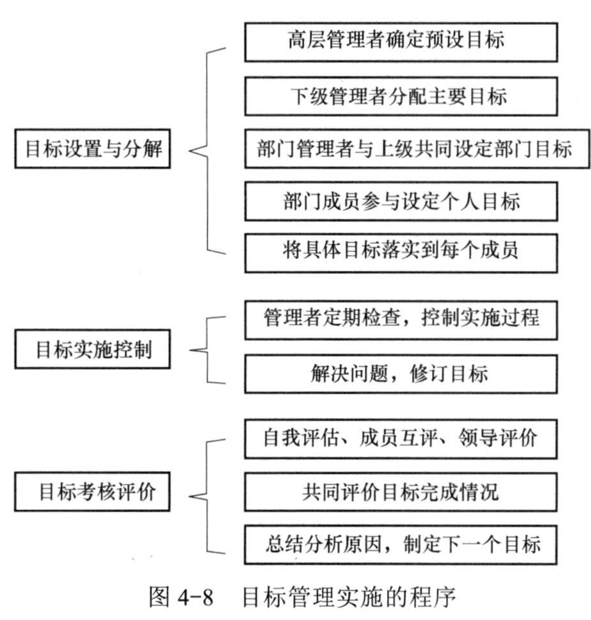

图 4-8　目标管理实施的程序

自我测试

一、单项选择题

1. 在管理的四大职能中，属于首位的是（　　）。
   A. 计划　　B. 组织　　C. 领导　　D. 控制
2. 根据（　　）来划分，可以将计划分为长期计划、中期计划和短期计划。
   A. 计划的职能　　B. 计划的对象
   C. 计划执行的时间　　D. 计划开始的时间
3. 下列关于计划的描述，正确的是（　　）。
   A. 企业目标是追逐利润，因此计划工作只需考虑经济效益
   B. 计划工作至关重要，因此必须面面俱到
   C. 计划与决策没有什么必然的联系
   D. 计划工作在各级管理工作中普遍存在
4. 以下计划不属于职能计划的是（　　）。
   A. 财务计划　　B. 专项计划
   C. 生产计划　　D. 产品研发计划
5. 在编制计划的步骤中，测量机会所处的阶段是（　　）。
   A. 在计划工作开始之后　　B. 在计划工作开始之前
   C. 在制定目标之后　　D. 在方案评价之后
6. 以下属于滚动计划法特点的是（　　）。
   A. 滚动计划法适用于短期计划
   B. 滚动计划编制程序简单、精确
   C. 滚动计划法要求编制者根据环境变化而不断修订计划
   D. 滚动计划中，近期计划粗略笼统，远期计划更为详尽
7. 下列不属于网络计划技术编制要素的是（　　）。
   A. 箭线　　B. 时间
   C. 节点　　D. 线路
8. 组织目标中最高层次的目标是（　　）。
   A. 社会层目标　　B. 组织层目标
   C. 个人层目标　　D. 管理目标
9. 目标的性质不包括（　　）。
   A. 层次性　　B. 网络性　　C. 多样性　　D. 社会性
10. 目标管理的程序中最终阶段是（　　）。
    A. 目标设置　　B. 目标分解
    C. 目标考核评价　　D. 目标实施控制

二、判断题

1. 战略计划就是时间跨度很长的计划。（　　）

2. 编制计划时，只能选择一个备选方案，否则方案不明确，会导致无法完成目标。（　　）

3. 计划工作事关重大，因此，企业高层管理者一定要做好计划工作，中下级管理者不必做计划。（　　）

三、案例分析

某工程的施工计划

某施工公司（乙方）和建设单位（甲方）签订了某工程施工承包合同。合同约定工期为 2 年（730 天）。现已知施工过程包括 9 个工程，具体如下：

工程 A：基础工程，工期 130 天。

工程 B：主体结构，工期为 260 天，紧前工程为基础工程。

工程 C：二次结构，工期为 30 天，紧前工程为主体结构。

工程 D：屋面工程，工期为 40 天，紧前工程为主体结构。

工程 E：设备安装，工期为 40 天，紧前工程为二次结构。

工程 F：室内装修，工期为 250 天，紧前工程为设备安装。

工程 G：室外装修，工期为 140 天，紧前工程为屋面工程。

工程 H：室外工程，工期为 90 天，紧前工程为室外装修。

工程 I：电梯安装，工期为 120 天，紧前工程为主体结构。

案例思考题：

1. 根据网络计划技术编制网络图，并计算工期，确认乙方是否能在约定工期内完成任务。

2. 电梯采购过程中，因甲方要求变更采购方，导致电梯安装推迟了 30 天，试分析乙方能否在约定工期内完成任务。

3. 装修公司因内部人员调整，导致室内装修工程开始时间推迟了 30 天，试分析乙方能否在约定工期内完成任务。

第 5 章　战略管理

学习目标

1. 理解战略管理的含义、特征。
2. 了解战略管理的基本内容。
3. 掌握战略管理的内外环境的分析方法。
4. 能运用“五力量法”对产业环境进行分析。
5. 学会运用 SWOT 法对经营环境进行分析。
6. 具备分析经营环境的能力，能联系实际对竞争环境做出正确选择。

5.1　战略管理概述

5.1.1　战略管理的定义

战略管理是管理学理论的一个重要分支，从 20 世纪 60 年代形成一门学科以来，在企业管理实践中的地位和作用日益突显。战略管理是指组织在一定时期的全局的、长远的发展方向、目标、任务和政策，以及对资源调配做出的决策和管理艺术。它是一个全面的、复杂的管理过程，包括制定、实施、评估、调控和变革的组织或组织全部活动。可以从以下三个方面把握战略管理：

（1）战略管理是一项“综合性的管理活动”　战略管理是为实现组织愿景、使命和战略目标，科学地分析内外部环境条件，制定战略决策，评估、选择并实施战略方案，控制战略绩效的完整的、相互联系的动态过程。

（2）战略管理是一个“持续性的管理过程”　战略管理是保证组织长期稳定和高效可持续发展，它是一个不断循环往复、不断完善、不断创新的螺旋式上升的过程。

（3）战略管理是一门“决策的科学和艺术”　战略管理是一门“决策的科学”，是因为它是反映组织战略管理客观规律的系统化知识；战略管理是一门“决策的艺术”，是因为这门科学的真正价值又在于应用和实践——一旦付诸实践，就必然呈现出不同的模式和效果。

根据其目的要求，战略管理包括了以下五项任务：

（1）提出组织的战略展望　组织应该把未来的生存和发展问题作为制定战略的出发点

和归宿，指明组织的未来业务组成和前进的目的地，从而为组织提出一个长期的发展方向，清晰地描绘组织将竭尽全力所要进入的事业。

（2）建立目标体系　建立目标体系的目的是将组织的战略展望和业务使命转换成明确具体的业绩目标，从而使得组织的进展有一个可以测度的标准，在采取行动时，目标更加明确、集中。

（3）制定战略　制定战略就是确定组织任务，认定组织的外部机会与威胁，内部的优势与弱点，制定可供选择的战略，并选择特定的实施战略，以达到期望的效果。

（4）实施和执行选择的组织战略　战略管理的实质是形成一种强大而又灵活的组织发展态势，为组织提供可以实现自己目标的若干选择方案，以应付可能出现的各种复杂情况，确保有效地实施和执行选择的组织战略。

（5）评价组织的经营业绩　战略管理需要不断完善，因此，评价组织的经营业绩，采取完整性措施，参照实际的经营事实、变化的经营环境、新的思维和新的机会，调整组织的战略方向、组织的目的体系以及组织的战略执行是战略管理的一项重要任务。

案例 5-1

华为的客户中心战略

华为一名大区总裁回来述职时，PPT 做得很精美，汇报也很精彩，但是任总还是很严厉地批评他："PPT 做得精美，但时间都花在做胶片上了，你应该把时间花在客户那里，如果这个 PPT 做给客户看，精美一点没话可说，你做给我汇报，没有必要这么精美。"

当然这是一个很小的插曲，更深层次的是华为的企业文化以客户为中心的战略管理。

那以客户为中心对于整个战略管理的价值是什么？叫作战略能力，就是保证你的方向是正确的，你时时处处为客户着想。你时时刻刻琢磨的是客户，想方设法怎么给客户赚更多的钱。企业的本质是整个业务流程持续地创造价值、创造客户。

5.1.2　战略管理的特征

战略管理是一种管理思想和管理方式，它具有长远性、全局性、动态性、高层次性、竞争性、风险性、适应性和创新性等特征。

（1）长远性　战略管理中的战略决策是对组织未来较长时期内就组织如何生存和发展等进行统筹规划。在迅速变化和竞争性的环境中，组织要取得成功必须对未来的变化采取预应性的态势，这就需要组织做出长期性的战略计划。

（2）全局性　组织战略立足于未来，通过对国内外的政治、经济、技术、文化及行业等经营环境的深入分析，结合自身资源，站在系统管理高度，对组织的远景发展轨迹进行了全面的规划。战略管理必须对组织经营管理的所有方面都具有指导意义，只考虑局部利益的计划不能列入战略管理。

（3）动态性　战略管理活动的重点是制定战略和实施战略，而制定战略和实施战略的关键都在于对组织外部环境的变化进行分析，对组织的内部条件和素质进行审核，并以此为前提确定组织的战略目标，使三者之间达成动态平衡，从而实现战略管理。

（4）高层次性　战略管理的主体是组织的高层管理人员。由于战略决策涉及一个组织活动的各个方面，虽然它也需要组织上、下层管理者和全体员工的参与和支持，但组织的最高层管理人员介入战略决策是非常重要的。

（5）竞争性　战略管理是适应市场需要而产生的，而竞争是市场经济不可回避的现实，也正是因为有了竞争才确立了“战略”在经营管理中的主导地位。面对竞争，组织战略需要进行内外环境分析，明确自身的资源优势，通过设计适当的经营模式，形成特色经营，增强组织的抗风险能力，推动组织长远、健康的发展。

（6）风险性　由于战略管理的环境总是处于不确定和变幻莫测的趋势中，所以任何组织战略都伴随着风险。市场研究深入，行业发展趋势预测准确，设立的远景目标客观，各战略阶段人、财、物等资源调配得当，战略形态选择科学，制定的战略就能引导组织健康、快速的发展。反之，制定的战略就会产生管理误导，甚至给组织带来破产的风险。

（7）适应性　战略管理的适应性主要包括环境适应性和资源适应性。环境适应性指制定发展战略时，要考虑与外界环境的关系，要解决组织与外界环境如何对接以及如何适应的问题。资源适应性就是要知道组织有多少资源，比如，投资的分配、人员的招收和去留、分公司的兼并或出让、有多少资金、多少人才等。在任何一种情况下，战略决策都需要在相当长的一段时间内致力于一系列的活动，而实施这些活动需要有大量的资源作为保证。这就需要为保证战略目标的实现，对组织的资源进行统筹规划，合理配置。

（8）创新性　战略管理的创新性源于组织内外环境的发展变化，因循守旧的组织无法适应时代的发展。组织通过挑战常规逻辑来重塑商业模式，重划市场边界，为客户和组织自身创造新的价值。成功的战略性创新能够催生新的商业模式、新的市场，以及新的客户价值和组织价值。

5.1.3　战略管理的要素和层次

战略管理的作用在于强化组织对经营环境研究的主动性，增强组织应对风险的能力，同时能提高员工对组织的责任心，有利于培育创新型组织。传统的规划是一个单向过程，而组织面临的环境又是不断变化的，这就要求规划必须不断调整来适应变化了的环境。以安索夫为代表的计划学派强调战略规划的动态化。战略管理的要素和层次在战略管理中尤为重要。

1．战略管理的要素

战略管理一般由四个要素构成，即经营范围、成长方向、竞争优势和协同作用。安索夫认为这四种要素可以产生合力，成为组织共同经营的主线。

（1）经营范围　经营范围是指组织从事生产经营活动的领域。组织属于何种特定行业领域，组织在所处的行业领域的市场地位是否占有优势。

（2）成长方向　成长方向又可称为增长向量。它说明组织从现有产品与市场结合向组织未来产品与市场移动的态势。安索夫根据产品与市场的两个维量提出四个可供选择的战略，即：市场渗透、产品开发、市场开发、多种经营或多元化。

（3）竞争优势　竞争优势是指组织通过其资源配置的模式与经营范围的决策，在市场上所形成的与其竞争对手不同的牢固竞争地位，如图 5-1 所示。

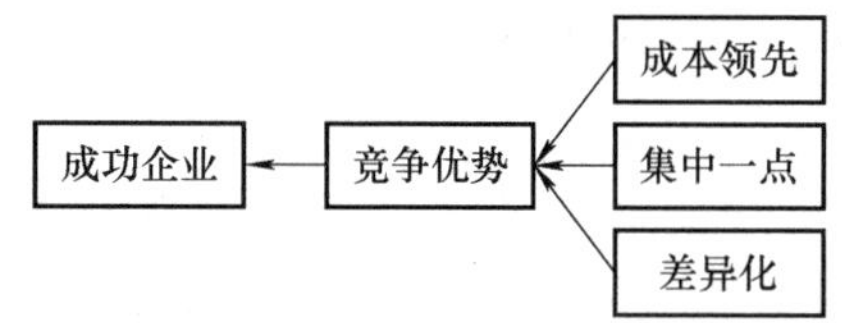

图 5-1　企业竞争优势模型

（4）协同作用　协同作用是指组织从资源配置和经营范围上所能寻求到的各种共同努力的效果。需要注意的是，协同作用的值可以是正值，也可以是负值，因此，组织在制订寻找协同作用的值时避免出现负值的协同作用。

2．战略管理的层次

（1）总体战略　总体战略指对组织内外环境进行深入调查研究的基础上，对市场需求、竞争状况、资源供应、国家政策和社会需求等主要因素进行综合分析后，所确定的统率和指导组织全局和长远发展的谋划和方略。

总体战略按照组织所处的经营态势可分为发展型战略、稳定型战略和紧缩型战略；按照组织经营领域可分为专业化战略和多元化战略；按照组织制定经营战略的主客观条件可分为保守型战略、可靠型战略和风险型战略；按照组织资源配置和增长方式可分为粗放型战略和集约化战略。

（2）经营战略　经营战略指在总体战略指导下，各个战略事业单位制定的部门战略。这类战略主要研究的是决定一个特定市场的产品如何创造价值，包括决定与竞争对手产品的区分、机器的现代化程度、新产品推出和老产品退出、是否成为技术先导组织、如何向顾客传达信息等。具有开发或调整适应战略的资源和能力以及为制定战略奠定基础和条件的功能。这一层次的战略由事业部管理者制定，组织最高领导者审查批准。

（3）职能战略　它是为贯彻、实施和支持总体战略与经营战略而在组织特定的职能管理领域制定的战略。职能战略的重点是提高组织资源的利用效率，使组织资源的利用效率最大化。职能战略一般可分为营销战略、人力资源战略、财务战略、信息战略、生产战略、研究与开发战略、公关战略等。职能战略由职能管理的负责人领导制定，应与总体战略和经营战略保持一致。

三个层次的战略一起构成了组织战略体系。在一个组织内部，组织战略的各个层次之间是相互联系，相互配合的。组织每一层次的战略都构成下一层次的战略环境，同时，低一级的战略又为上一级战略目标的实现提供保障和支持。因此，一个组织要想实现其总体战略目标，必须把三个层次的战略结合起来。

知识链接

日本学者伊丹敬之三要素说

日本学者伊丹敬之三要素说与安索夫不同，他认为，产品市场群、业务活动领域和经营资源群是构成企业战略的三项要素。产品市场群是指组织的产品领域和市场领域，业务活动领域包括组织在整个价值链中应该承担的活动环节，而经营资源群是指组织整合发展所需要的各种资源和能力以及积累资源和能力的方向。伊丹敬之强调，构成组织战略的这三项要素，各自又由范围和重点两项因子构成，如：业务活动领域所涵盖的内容范围中最重要的一项即构成重点。伊丹敬之认为，上述三项要素及其每项因子的当前状态和变化方向是分析和确定企业战略的依据。

市场竞争有术，经营战略有策：人缺我补，增加销售，满足需求；人有我好，优质为上，精益求精；人好我多，四面出击，市场盈门；人多我廉，薄利多销，招徕顾客；人廉我转，华丽转身，另辟蹊径。

5.2 战略分析

5.2.1 宏观环境分析

现代组织的活动日益受到宏观环境的作用和影响。组织要进行战略管理，首先必须全面、客观地分析和掌握宏观环境的变化。宏观环境分析主要是确认和评价经济、科技、社会文化、政治法律等因素对组织战略目标和战略选择的影响。

（1）经济环境因素分析　经济环境因素分析是指对组织运行过程中所处的国内外经济制度、经济结构、物质资源状况、经济发展水平、消费结构和消费水平，以及未来的发展趋势等状况进行分析。一种是由社会经济结构、经济发展水平、宏观经济体制机制、社会购买力、消费者收入水平及其支出模式、储蓄和信贷情况等构成的组织经济环境；另一种是通过经济增长率、就业状况、居民收入、物价水平、通货膨胀率、汇率、利息率等反映的宏观经济运行状况。

（2）科技环境因素分析　科学环境因素分析是指对组织所处的社会环境中的科技要素以及与科技要素直接相关的各种社会现象进行分析。科学技术是第一生产力，人类社会每一次重大进步都离不开重大的科技革命，组织发展在很大程度上也受到科学技术方面的影响。加强科技环境因素分析可以为组织注入强大的动力，带来意想不到的商机，如华为5G催生了一批新兴行业，阿里巴巴成功改变了人们的消费模式。

（3）社会文化因素分析　社会文化因素分析是指对组织所处的社会性质、人们共享的价值观、文化传统、风俗习惯、教育程度、道德伦理、宗教信仰、生活方式、消费模式等方面进行分析。上述因素是人类在长期的生活和成长过程中逐渐形成的，人们总是自觉不自觉地接受这些准则。在“一带一路”，构建人类命运共同体的今天，重视社会文化因素分析会给组织带来意想不到的效果。

（4）政治法律环境因素分析　政治法律环境因素分析是指对组织经营活动具有现实或潜在的作用与影响的国际关系、政治力量、政治制度、政治形势、政府政策以及组织经营活动加以限制和要求的法律法规等因素进行分析。上述因素往往制约、影响组织的运营行为，左右着组织较长期的投资行为。

5.2.2 行业环境分析

行业环境分析是指属于组织外部环境分析中的微观环境分析部分。行业环境分析的目的在于摸清行业的总体情况，把握行业中组织的竞争格局以及本行业与其他行业的关系，有效地发现行业环境中存在的威胁，努力寻找组织发展的机会，理顺竞争优势，进行行业及行业中所处地位的选择。

1．行业生命周期

行业的生命周期指行业从出现直到完全退出社会经济活动所经历的时间。行业的生命周期主要包括四个发展阶段：幼稚期、成长期、成熟期、衰退期。识别行业生命周期所处阶段的主要指标有：市场增长率、需求增长率、产品品种、竞争者数量、进入壁垒及退出壁垒、技术变革、用户购买行为等。

2．行业经济特征

行业经济特征是行业相互区别的标志，主要内容有以下方面：

1）行业性质，即属何种行业，经营哪类产品，服务于怎样的市场需求。

2）行业在国民经济中的地位与作用，主要体现在：该行业的产值、税利、吸纳的劳动者能力、在国民经济中所占比重、与其他行业的关系以及对其他行业的影响和作用、国际竞争力及其出口创汇能力。

3）行业市场规模，指由行业全体买方需求量决定的市场份额。

4）行业角逐的范围，指面对的市场是当地的、区域性的、全国性的，还是全球性的。

5）行业市场增长的速度或行业所处的生命周期。

6）行业内生产厂家的数量及相对规模。

7）行业内买方厂家的数量及相对规模。

8）行业前向整合及后向整合一体化的普遍程度。

9）采用的分销渠道类型。

10）行业推出新材料、新产品、新性能、新工艺等技术革新的周期。

11）行业产品差异化程度。

12）行业中的企业实现采购、制造、运输、营销或广告等方面的规模经济程度。

13）行业必要的资源供应企业的数量多少与相对规模大小。

14）行业中的资源及经验共享程度以及推动组织成本会随着累计产量的效率。

15）行业进入与退出障碍及难易程度。

16）行业的盈利水平所处的位置。

行业的经济特征对组织的战略制定有很大影响，因此对行业的经济特征进行分析有利于组织根据行业特性来制定组织自身的公司战略、经营战略及一系列职能战略，其意义极为重要。

3．行业环境分析的方法

行业环境分析的方法通常有：SCP 分析和五力分析法。

（1）SCP 分析　SCP 分析是一种产业组织分析方法，主要用于对组织所处的产业、行业环境中影响战略的因素进行静态和动态分析。S、C、P 分别代表结构（structure）、行为（conduct）和绩效（performance），如图 5-2 所示。结构是指行业结构，以行业中的竞争者数量、产品的异质性，以及进入和退出行业的成本为衡量标准。行为指行业中具体的组织活动，包括价格接受、产品差异化、协同谋划和利用市场势力等。绩效主要是指在外部环境方面发生变化的情况下，组织在经营利润、产品成本、市场份额等方面的变化趋势。竞争战略的选择由两个根本问题构成：一是产业选择问题，即所选择的行业要有吸引力；二是产业定位问题，即如何保证在该行业中处于有利地位。

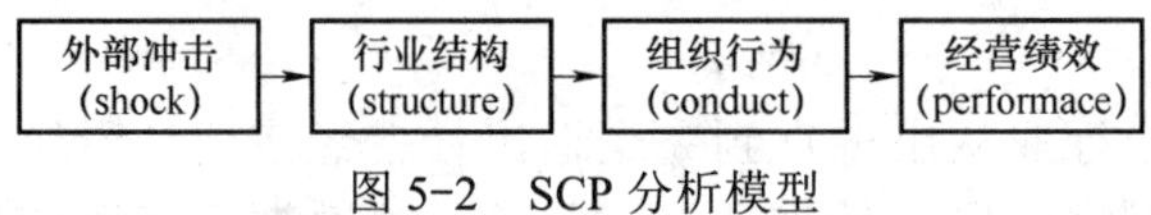

图 5-2 SCP 分析模型

（2）五力分析法 五力分析法又称波特模型分析法，它是美国哈佛大学的迈克尔·波特教授（Michael Porter）于 20 世纪 80 年代初提出的。他认为一个行业存在着五种竞争力量，它们分别是：供应商的议价能力、购买者的议价能力、潜在竞争者进入能力、替代品的替代能力、行业内现有组织间的竞争能力，如图 5-3 所示。五种力量的不同组合变化最终影响行业利润潜力变化。系统地考察这五种竞争力，就可以正确地估计该行业的竞争结构。这五种竞争力简要分析如下：

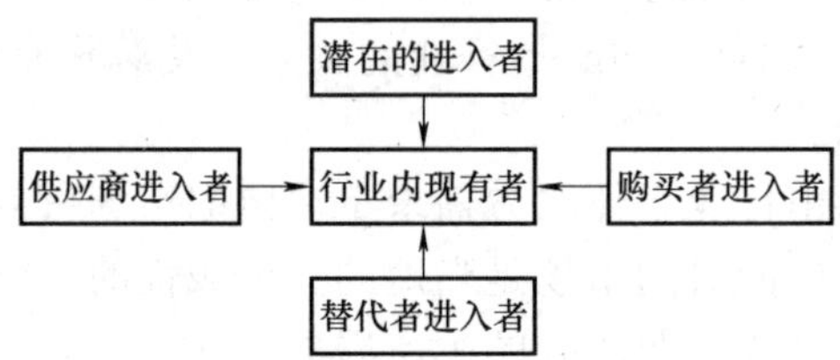

图 5-3 波特五种力量模型

1）供应商的议价能力。供应商主要通过提高投入要素价格与降低单位价值质量的能力，来影响行业中现有组织的盈利能力与产品竞争力。供应商对组织经营具有很大的影响力，特别是组织所需要的资源供应来源十分稀缺时，供方对于买主的潜在讨价还价力量就大大增强。因此，组织一方面要保证与一些主要供应商建立长期稳定的供货关系，另一方面又要防止市场被供方单边垄断。

2）购买者的议价能力。购买者主要通过其压价与要求提供较高的产品或服务质量的能力，来影响行业中现有组织的盈利能力。一般来说，购买者的议价能力越强，组织利润空间越小，其结果是使得组织竞争越激烈。

3）潜在进入者的能力。潜在进入者在给行业带来新生产能力、新资源的同时，也会在现有的市场格局下赢得一席之地，这就有可能会与现有组织发生原材料与市场份额的竞争，最终导致行业中现有组织盈利水平降低，甚至还有可能危及这些组织的生存。潜在进入威胁的严重程度取决于进入新领域的障碍大小与预期现有组织对于进入者的反应情况。如果进入障碍大，原有组织激烈反击，潜在的进入者就很难进入该行业，进入者的威胁就小。

4）替代品的替代能力。替代品是指那些与本行业的产品有同样功能的其他产品。替代品价格如果比较低，它投入市场就会使本行业产品的价格上限只能处于较低的水平，这就限制了本行业的收益。一般来说，替代品价格越低、质量越好、用户转换成本越低，其所能产生的竞争压力就越强。

5）行业内现有组织间的竞争能力。作为组织整体战略一部分的各组织竞争战略，其目标都在于使得自己的组织获得相对于竞争对手的优势。这种竞争采用的手段主要有价格战、广告战、开发新产品以及提升售后服务水平、增强核心竞争力等。

上述五力共同决定市场的竞争强度以及利润率，因此五力分析在战略管理中有着重要的意义。

5.2.3 内部环境分析

组织内部环境主要指组织所拥有的资源和核心能力。进行组织内部环境分析，目的在于认清组织自身的优势和劣势，挖掘组织内部潜力，为组织正确制定经营战略、编制经营计划提供科学依据。

1. 组织资源

组织资源是指组织向社会提供产品或服务的过程中所拥有或控制的，能够实现组织战略目标的各种要素的集合。根据投入要素的形态，一般可分为有形资源、无形资源和人力资源三大类。

（1）有形资源　有形资源主要是指财务资源和实物资源，它们是比较容易确认和评估的一类资产，一般可以通过目前的会计方式来计算其价值。财务资源是组织物质要素和非物质要素的货币体现，具体表现为已经发生的能用会计方式记录在账的、能以货币计量的各种经济资源，包括资金、债权和其他权利。实物资源主要是指在使用过程中具有物质形态的固定资产，包括厂房车间、机器设备、工具器具、生产资料、土地、房屋等各种组织财产。在分析评估有形资产的战略价值时必须注意能否用较小的有形资产获得同样的产品或用同样的资源获得更大的产出，同时还要谋划好如何才能使现有资源更有效地发挥作用。事实上，同样的有形资产在不同能力的组织中体现的战略价值不同。

（2）无形资源　无形资源是指组织在长期经营实践中逐步积累起来的，虽然不能直接转化为货币，但却同样能给组织带来效益的资源，包括技术资源、信誉等。技术资源不仅包括形成产品的直接技术和间接技术以及生产工艺技术、设备维修技术、财务管理技术、生产经营的管理技能，还应包括市场活动的技能、信息收集和分析技术、市场营销方法、策划技能以及谈判推销技能等市场发展的技术和技能。信誉主要包括品牌的知名度、美誉度、品牌重购率、组织形象等。信誉对组织维系顾客忠诚、开拓新市场、推广新产品等具有重要作用。另外，时空资源、信息资源、文化资源、管理资源等也是组织必须重视的无形资源。

（3）人力资源　人力资源指的是组织中能够体现在组织员工身上的能够为组织创造价值的能力，包括员工的专业技能、创新能力、解决问题的能力、管理者的管理能力等。人力资源是组织第一资源。一个具有创造性和高度内聚力的组织具有更大的竞争优势，在技术飞速发展和信息化加快的知识经济时代，人力资源在组织中的作用越来越突出。

2. 组织核心能力

1990 年，美国著名管理学者普拉哈德和哈默尔提出了核心竞争力的概念。他们认为，随着世界的发展变化，竞争加剧，产品生命周期的缩短以及全球经济一体化的加强，组织的成功不再归功于短暂的或偶然的产品开发或灵机一动的市场战略，而是组织核心竞争力的外在表现。

（1）核心能力的概念　核心能力是指组织长期或持续拥有某种竞争优势的能力。第一，它是一种竞争性能力，具备相对于竞争对手的竞争优势；第二，它是组织其他能力的统领，处在核心地位，是组织独特的资源或者核心理念、产品所形成的带给客户特殊价值的商品或体验；第三，它是组织特有的能力，不为个别人所拥有、不为其他组织所能模仿、不为其他竞争力所替代；第四，它能长期起作用，一般不随环境的变化而发生质变；第五，具有品牌延展性，能保证组织多元化发展的成功。核心能力是以知识、技术为基础的综合能力，是支持组织赖以生存和稳定发展的根基。

（2）核心能力的构成要素　核心能力是一个复杂和多元的系统，它包括组织如下能力：

1）战略决策能力。战略决策能力取决于组织领导层的战略意识和战略分析能力。在战略意识中，最主要的是高瞻远瞩的眼光和追求超越的精神。

2）应变能力。应变能力是指组织在恰当的时间内对重要事件、机会和外部威胁做出有意识的反应以获得或保持竞争优势的能力。客观环境时刻都在发生变化，组织决策者必须具有对客观环境敏锐的感应能力，审时度势，保持经营战略随着客观环境的变化而变化。

3）研究开发能力。研究与开发是指为增加知识总量，以及用这些知识去创造新的应用而进行的系统性创造活动。它包括基础研究、应用研究和技术开发。

4）创新能力。在以社会变迁节奏加快和产品周期逐渐缩短为特征的商业竞争中，创新是保持长期竞争优势的动力源泉，创新能力是一个组织核心能力和旺盛生命力的体现。

5）科技成果转化能力。只有将创新意识或技术成果转化为可行的工作方案或产品，提高效率和效益，创新和研究才有价值、有意义。转化能力在实际应用中表现为其综合、移植、改造和重组的一些技巧和技能。

6）组织协调能力。它涉及组织的组织结构、规章制度、组织文化和信息系统等因素，它的重要性在于通过提供一个环境或者“平台”，将组织的技术、知识、能力等有机地联系在一起形成合力或协同效应，最终形成组织的核心能力。

3. 组织内部环境分析的方法

组织内部环境分析的方法常用的有两种，价值链分析法和 SWOT 分析法。

（1）价值链分析法　价值链分析法是哈佛大学商学院教授迈克尔·波特于 1985 年提出的。波特指出：“每一个组织都是在设计、生产、销售、发送和辅助其产品的过程中进行种种活动的集合体。所有这些活动可以用一个价值链来表明。”组织的价值创造是通过一系列活动构成的，这些活动可分为采购、生产、物流、销售、服务等基本活动和包括技术开发、人力资源管理、财务和组织基础设施等辅助活动。这些互不相同但又相互关联的生产经营活动，构成了一个创造价值的动态过程，即价值链。

价值链分析法视组织为一系列的输入、转换与输出的活动序列集合，每个活动都有可能相对于最终产品产生增值行为，从而增强组织的竞争地位。组织通过信息技术和关键业务流程的优化是实现组织战略的关键。组织通过在价值链过程中灵活应用信息技术，发挥信息技术的使能作用、杠杆作用和乘数效应，可以增强组织的竞争能力。

案例 5-2

农夫山泉价值链

农夫山泉是国内天然水行业的佼佼者之一。由于农夫山泉、康师傅、屈臣氏、娃哈哈、乐百氏、可口可乐、雀巢和依云等数十个国内外品牌，决定了中国天然水行业竞争激烈程度，不仅如此，产品还包括了矿泉水、纯净水和蒸馏水等众多类型。

业内人士都知道，天然水行业的生产成本非常低廉，一瓶天然水的售价普遍在 1～1.5 元，但它的生产成本往往仅有 0.5 元左右。尽管如此，降低成本依然是不少企业的战略重心。例如，在采用用料更省的轻量罐装瓶，或者采用吹瓶和罐装一体化的工艺生产过程等。这些方法固然将原本已经很低的生产成本降得更低，但这并没有抓住天然水行业价值链的核心环节，因为天然水企业的核心竞争力并不在于成本优势。

农夫山泉独辟蹊径。首先，它把主打产品定位在矿泉水而不是纯净水。因为它意识到随着消费者认识的提高，人们对于饮用水的要求已从干净这个概念上升到健康的层次，富含微量矿物元素的矿泉水恰恰符合这种趋势。其次，农夫山泉在市场推广上打出了“农夫山泉有点甜”的广告创意，恰好符合东方文化上把泉水“甘甜”等同于水质良好且有益健康的心理暗示，因此其销量和品牌认可度大为提升。可以说，农夫山泉是正确理解了天然水行业价值链的核心。

（2）SWOT 分析法　此法又称为态势分析法。SWOT 四个英文字母分别代表：优势（strength）、劣势（weakness）、机会（opportunity）、威胁（threat）。SWOT 分析是一种对组织内部的优势、劣势因素和组织外部的机会、威胁的分析。

优势：有利的竞争态势；充足的资金来源；良好的组织形象；雄厚的技术力量；规模较大；产品质量上乘；市场份额大；具有成本优势等。

劣势：管理混乱；经营不善；服务意识不到位；资金短缺；设备破旧；研究开发滞后；关键技术受制于人；产品质量差；市场竞争力弱等。

机会：新产品；新市场；新需求；市场壁垒解除；竞争对手失误等。

威胁：新的竞争对手；替代产品增多；经济衰退；市场紧缩；行业政策变化；客户偏好改变；突发事件等。

SWOT 分析法具体步骤为：

1）在某些领域内组织可能面临来自竞争者的威胁，或者在变化的环境中出现不利的趋势，在这种状况下要分析组织会有哪些劣势，需要尽快把这些劣势消除掉。

2）利用哪些机会，组织因势利导得到真正的优势。

3）某些领域中可能有潜在的机会，对这些领域中的劣势加以改进。

4）对目前有优势的领域进行调控，以便在潜在的威胁出现的时候力挽狂澜。

SWOT 方法的重要贡献就在于用系统的思想将这些似乎独立的因素相互匹配起来进行综合分析，使得组织战略计划的制订更加科学、全面。由于它具有直观、使用简单等优点，该方法自形成以来，已成为战略管理的重要分析工具。

5.3 战略的制定、实施与控制

5.3.1 战略制定

战略制定是指确立组织的目标任务，把握组织的外部机会与威胁和内部优势与劣势，制定可供选择的战略方案，以及选择最优的战略实施方案。

1. 战略制定的程序

战略的制定是组织的决策机构动员各方面的力量，按照一定的程序和方法，为组织选择适宜的经营战略的过程。战略制订的一般程序如下：

1）研判组织现行的战略。要制定新的战略，必须对现行战略进行研判，在认清现行战略存在缺陷的基础上，制订适宜的新战略方案。

2）分析组织外部环境。调查、分析和预测组织外部环境是组织战略制定的基础。通过环境分析，认清组织所面临的主要机会和威胁，洞察现有和潜在竞争对手的意图和未来的动向，掌握未来一段时期社会、经济、政治、文化等的发展动向，在权衡组织由此而面临的机遇和挑战基础上所形成的战略方案。

3）估量组织自身实力。组织通过定性和定量的方法估量本组织的自身实力，明确自身的优势与劣势，扬长避短，创新出适合本组织的战略方案。常用的方法是SWOT分析法。

4）拟订备选战略方案。根据组织的发展要求、经营目标和运行规律，依据组织所面临的机遇和机会，充分发挥概括力、想象力和创造力，列出所有可能达到经营目标的战略方案。

5）评比备选战略方案。根据可接受的适宜标准和准则对拟订的备选方案评比出优劣。评比战略方案的目的是确定各个战略方案的有效性。

6）确定战略方案。在评比战略方案的基础上，选择一个最满意的战略方案作为正式的战略方案。有时，为了增强战略的适应性，组织往往还选择一个或多个方案作为后备战略方案。确定战略方案应遵循择优、民主协调和综合平衡的原则。

需要指出的是，组织的战略制定出来以后，还必须将战略构想、计划转变成行动。在转化过程中，必须注意战略的制度化、可操作性，并易控制与评估。

案例5-3

吉利收购沃尔沃战略

近年来，吉利的车好卖了，形象也开始转变，好感度在提升，势头在往上走。有人说，这都与吉利收购沃尔沃有关。这是事实，没有沃尔沃就没有吉利的今天。尤其是领克问世后，就能更加清晰地看到收购沃尔沃的成果体现，并成功地反哺在吉利身上得到了回报。诸多车型的推出，都与原沃尔沃的技术支持有关，领克就是最好的产物。在吉利研究院，来自沃尔沃的技术嫁接随处可见，人们在对吉利刮目相看的同时，再次肯定了吉利收购沃尔沃是正确的。

而当初舆论一边倒当作蛇吞象的资讯，吉利凭什么能做成？这是市场与技术融为一体的并购。它的意义远不止是找到自尊，而是开辟了一条改变汽车命运的新途。

吉利拿下沃尔沃，仔细分析，并不神秘，靠的是中国市场的支撑，体制的优越和机制的灵活。此举意味着汽车合资思维的终极，以拿来主义的勇气和胆略，为中国汽车业的发展提供了新的经验。事实证明，通过这一并购，沃尔沃得到了新生，吉利获得了生机，汽车自主有了向上的可持续性。

2．战略制定的方式

制定战略规划的方式有四种：

第一种是自上而下逐级制定的方式。它的优点是组织高层管理人员能够牢牢地把握住组织的经营方向，并能对下属部门的各项行动实施有效控制；缺点在于束缚了下属部门的手脚，不利于发挥中下层管理人员的积极性和创造性。

第二种是自下而上先民主后集中的方式。在制定战略时，组织最高管理层不做硬性规定，由各部门提交战略方案，然后综合上述方案加以协调和平衡，进行必要的修改后进行确认。它的优点在于能集思广益，充分发挥各部门和各级管理人员的积极性和创造性，有广泛的群众基础，在实施过程中也易贯彻和落实；缺点是各部门的方案较难协调，对组织整个战略的系统性和完整性会产生影响。

第三种是上下结合的方式。由组织最高层和下属部门的共同参与，经过各级管理人员的沟通和磋商，制定出适宜的战略。它的优点在于可以产生较好的协调效果，制定出的战略也更有操作性。

第四种是委托咨询机构制定方式。由负责、守信、权威的咨询机构制定，组织成立战略制定小组与咨询机构合作制定避免风险。

3．战略制定的要求

战略制定对组织未来一段时间乃至长远都会产生重大影响，可谓牵一发而动全身，必须慎之又慎。在战略制定时，必须做到：第一，要有前瞻性，要预测到未来规划期内社会、经济、科技、环境、人口、市场诸多方面的重大变化的影响，考虑相应对策，从而使战略有一定的适应性。对于可能出现的情况应有预案和应对措施。第二，战略制定必须从组织的全局出发，在制定战略的过程中，投资项目要从组织的全局来统一筹划。第三，组织战略制定应划分为若干战略阶段和设定一些战略控制点，渐进式地逼近终极目标，战略方案设计要有弹性。第四，要立足于组织现有基础，战略目标既不能定得太高，也不能定得太低，适度目标是“可望可及”，组织在艰苦努力经过几个“惊险的一跳”后跃迁到高阶目标。第五，制定战略事先要小心论证，聚集组织全体员工的共同愿望，当然主要反映组织领导层的未来设想，必要时可邀请社会有关专家参加战略制定或咨询论证。第六，战略制定要坚持系统性原则，进行多角度思维，组织战略体系一经确定或批准，则具有长期指导性、持久性、一贯性和严肃性。除非遇到不可抗力事件或未预测到事件的严重影响，一般不宜对发展战略频繁修改或调整。

5.3.2 战略实施

1．战略实施的阶段

战略实施是一个自上而下的动态管理过程。战略目标在组织高层达成一致后，再逐层传递，并在各项工作中得以分解和落实。组织的战略实施一般有四个相互联系的阶段：

（1）战略动员阶段 战略的实施需要得到组织全体员工理解、支持、配合和参与，因此，应向广大员工讲清楚组织内外环境的变化给组织带来的机遇和挑战、旧战略存在的各种弊病，新战略的优点以及存在的风险等，让大多数员工能够认清形势，认识到实施战略的必要性和迫切性，树立信心，打消疑虑，全身心投入到实现新战略中去。

（2）战略部署阶段 战略部署阶段即将组织战略分解成若干个战略实施阶段，每个战略实施阶段都由分阶段的目标，相应的有每个阶段的政策措施、部门策略以及相应的方针等。各分阶段目标应有时间节点，需要统筹规划、全面安排，同时注意各个阶段之间的衔接。对于近期阶段的目标方针尽可能详细一些，而远期阶段的目标方针则可以概括一些。

（3）战略运作阶段 组织战略的实施运作就是通过各级管理者的素质、价值观念、组织机构、组织文化、资源结构与分配、信息沟通、控制及激励制度等因素使战略真正进入到组织的日常运营活动中去，并成为制度化的工作内容。

（4）战略的控制与评估阶段 建立控制系统、监控绩效和评估偏差、控制及纠正偏差三个方面是这一阶段主要工作。

2．战略实施的基本原则

组织在战略实施过程中，常常会遇到许多在制定战略时未估计到或者不可能完全估计到的问题。因此，在战略实施中必须遵循以下三个基本原则：

（1）适度合理性的原则 由于受到组织外部环境及内部条件诸多不确定因素影响，加上信息、决策时限以及认识能力等客观因素的限制，因此只要基本达到了主要战略的预定目标，就应当认为这一战略是成功的。当局部和整体利益之间会发生一些矛盾和冲突时只要不损害总体目标和战略的实现可采取的必要的折中和妥协，以寻求各方面都能接受的解决办法。

（2）统一指挥的原则 组织的高层管理者所拥有的信息和资源决定了战略的实施应当在其统一领导与指挥下进行。只有这样，资源的分配、组织机构的完善、组织文化的构建、信息的沟通及控制、激励制度的建立等各方面才能相互协调和平衡，才能使组织为实现战略目标而卓有成效地运行。

（3）权变原则 组织战略的制定是基于一定的环境条件的假设，权变的观念应当贯穿于战略实施的全过程。从战略的制定到战略的实施，要求识别战略实施中的关键变量，并对它做出灵敏度分析，提出这些关键变量的变化超过一定的范围时，原定的战略就应当调整，并准备相应的替代方案，在足够了解和充分准备的前提下，让组织保持充分的应变能力。

3．战略实施的主要任务

组织战略实施是借助于中间计划、行动方案、预算和一定的程序，实现组织的战略和政策的行动过程。战略实施任务如下：

1）制订战略实施计划。

2）建立与战略相匹配的体制机制。

3）配置相匹配的战略资源。

4）确认与战略相一致的标准和运作程序。

5）价值链的优化以及业务流程的再造。

6）配套有利于战略实施的激励、沟通与协调机制。

7）营造和培育与战略实施同步的组织文化。

8）加强对战略实施的调控，确保预期目标的实现。

案例 5-4

京东方依据市场做好战略实施调整

从市场调查来看京东方需要进行战略调整：①要重视现在的战略缺陷并予以解决，务必及时减产保价，市场占有率进一步上升容易重蹈大同集团中华映管战略失误的覆辙，现在三星 LCD（liquid crystal display，液晶显示器）停产，将订单转给京东方和华星，此时京东方若不抓住机遇，及时减产保价，那么两年后就是第二个大同，因为 2021 年三星 QLED（quantum dot light emitting diodes，量子点发光二极管）一旦量产，则京东方就会陷入困境，这就类似大同集团 2017 年还业绩大好，2019 年就倒闭了。②调查显示，京东方落后于华星的致命软肋就是缺乏下游品牌出海口，目前海信、TCL 都已是全球头部终端商，创维和长虹也是二线，市值都很低，且股权分散，这就给京东方提供了战略机遇，如果没有自有品牌做支撑，现在投资 OLED（organic light-emitting diode，有机发光二极管）和 QLED 就会失败或者血本无归。因此京东方如果不抓住现在的战略机遇期布局，就会重蹈大同集团覆辙。

5.3.3　战略控制

战略控制是指在组织战略管理者及参与战略实施者根据战略目标和行动方案，对战略实施状况进行全面的评审，及时发现战略差距，分析产生偏差的原因，纠正偏差的活动。

1．战略控制的特征

组织的战略控制是一个动态过程，它具有三个方面的特征：

（1）渐进性　战略是在组织内部的一系列决策和一系列外部事件逐步得到发展，在高层管理者有了对行动的新的共同看法之后逐渐形成，因此，高层管理者经常有意识地采用渐进的方法来进行战略控制。谨慎地、有意识地以渐进的方法对战略控制过程加以处理，使战略决策与新出现的必要的信息相吻合，是组织目标得以实现的重要举措。

（2）交互性　现代组织面临的环境控制因素的多样性、不确定性和相互依赖性，这就决定了组织必须与外界信息来源进行高度适应性的互相交流，并对战略进行适时地调整和修正。

（3）系统性　有效的战略一般是从一系列的制定战略的子系统中产生的。从理论上讲，整体战略和局部战略是一致的，但在具体问题上，或者可能存在着一定的不一致性。这就要求从整个系统出发对这些不一致性的冲突进行调节。如果把战略控制仅仅看作单纯的技术、管理业务工作，就不可能取得预期的效果。

2．战略控制的原则

（1）适时控制原则　战略控制要有时效性。组织战略实施中对产生的偏差只有及时采取措施加以纠正，才能避免偏差的扩大，或者防止偏差对组织不利影响的扩散。纠正偏差的最理想时机是在偏差未产生前，就预防偏差产生的可能性，采取必要的防范措施，防止偏差的产生。

（2）适度控制原则　适度控制是指战略控制的范围、程度和频度要恰到好处。既要避免控制过多，又要防止控制不到位。正确运用好全面控制和重点控制，控制费用应与控制产生的效益相匹配。

（3）客观控制原则　客观控制原则是指组织的战略控制必须是客观的、符合实际的。客观的控制来源于对组织经营活动状况及其变化的客观了解和评价，这种判断和评价的正确程度取决于衡量工作成效的标准是否客观和恰当，因此，组织还必须定期检查过去规定的标准符合实际要求。

（4）弹性控制原则　组织的战略控制应能根据实施过程中的变化做出灵活性或弹性的调整。

3．战略控制过程的步骤

战略控制过程可分为制定效益标准、衡量实际效益、评价实际效益以及纠正偏差四个步骤。

（1）制定效益标准　根据预期的战略目标和战略方案制定出应当实现的效益标准。效益标准是战略控制的依据，一般由定量和定性两个方面的评价标准所组成。经过一系列的评价，找出成功的关键因素，并据此作为组织实际效益的衡量标准。

（2）衡量实际绩效　这是指依据标准检查工作的实际执行情况与预期的目标相比较。衡量实际绩效需要收集和处理数据，进行具体的职能控制，并且监测环境变化所产生的信号，以便采取相应的措施。

（3）评价实际效益　组织要用实际的效益与计划的效益进行比较评价，确定两者的差距。有了偏差之后，首先要分析偏差的性质，即偏差是否在可接受的范围之内，然后分析形成偏差的原因。

（4）纠正偏差　分析形成偏差原因目的是采取纠正措施和实施权变计划。对于因工作失误造成的偏差，主要通过加强管理和监督以确保工作与目标的接近和吻合；如果目标和战略不切合实际，则主要按实际情况修改目标和战略；若属于环境出现重大变化导致战略失去了客观依据，则需要考虑重新制定战略。

案例 5-5

保健公司的多元差异化战略

2016 年，保健公司开始涉足抗菌手套、口罩产业。创业之初，由公司董事、研发团队负责人、公司市场部经理等在内的管理层举行碰头会，经研究一致认为，目前市场上的手套、口罩种类有限，但品牌众多，保健公司要想在几近成熟的市场中分得一杯羹，必须走差异化之路。公司总经理与其他管理层人员一起对战略的事实问题进行了探讨，决定由现有的研发团队对比 N95 型手套、口罩研发一种新型的微尘过滤纤维；由营销部门负责收集目前市场上各式手套、口罩的资料，因为他们对市场相对熟悉；由市场部经理首先拟订营销计划并与合作商家进行谈判，为产品销售铺路。保健公司的产品性能优良、外形新颖且类型较多，能够取得比现有市场中更多的产品优势，此外，保健除了过硬的产品质量，还大力发展自己的品牌信誉，重点突出绿色环保的品牌理念，并且在 logo 设计方面也突出这一特点，获得了良好的企业形象。为了保证预定战略目标与实际效果进行比较，检测偏差程度，企业制定了规章、准则等形式规范和限制企业中各级管理者与员工的行为，以保证管理活动不违背或有利于企业战略目标的实现。

4. 战略控制的主要方法

战略控制方法有多种，从控制时间方面，战略控制方法主要有事前控制、事中控制和事后控制。从控制的业务方面，战略控制可以分为五种，即财务控制、生产控制、销售规模控制、质量控制、成本控制。从控制的手段方面，战略控制有预算、审计、经营审核、统计分析、专题报告和分析、现场观察等。

自我测试

一、单项选择题

1. 某国际快餐公司宣布在中东开设连锁店，只出售牛肉汉堡、鸡肉汉堡和鱼肉汉堡。这说明该国际快餐连锁公司在战略分析中考虑了（　　）。

A. 政治和法律因素　　B. 经济因素

C. 社会和文化因素　　D. 技术因素

2. 迈克尔·波特教授提出了著名的“五种力量模型”，这五种基本竞争力量是潜在进入者、产业内现有组织间的竞争、供应商、购买者和（　　）。

A. 替代品　　B. 互补品　　C. 新产品　　D. 老产品

3. 战略管理专家安索夫认为，组织战略由四个要素构成，即产品与市场范围、增长向量、协同作用和（　　）。

A. 核心能力　　B. 竞争优势　　C. 组织使命　　D. 外部环境

4. 并不是组织的所有资源、知识和技术都能形成持续的竞争优势，都能发展成为核心能力。核心能力的特征包括价值性、异质性、不可模仿性、难以替代性以及（　　）。

A. 独立性　　B. 扩展性　　C. 创新性　　D. 实用性

二、判断题

1. SWOT 分析的目的是找到内部资源和外部环境相匹配的战略。（　　）

2. 稳定型战略包括扭转战略、剥离战略和清算战略。（　　）

3. 新兴行业在技术和战略上都存在着不确定性，不存在什么竞争规则，因此早期进入风险很大，组织不应早进入。（　　）

三、案例分析

案例 1　钱总的困惑

钱总毕业于国内某知名大学的机械自动化专业，是液压机械专业方面的工学硕士。毕业以后，他到北京某研究所工作，其间因业绩突出而被破格聘为高工。在大众创业的背景下，钱总和几个伙伴创办了一家公司，主要生产液压配件。公司的资金主要来自几个个人股东，包括钱总本人、他曾经的助手小孙，以及他原来的下属小赵和小李。他们都在新公司各司其职。钱总任总经理，负责公司的全面工作，小赵负责市场销售，小李负责技术研发，小孙负责采购、生产调度等。目前，公司业务红火，但也存在诸多问题，这使钱总感到压力较大。

第一，市场竞争日趋激烈，在公司的主要市场上，钱总感受到了强烈的挑战。

第二，有两个外部股东向钱总提建议，希望公司能帮助国外组织做一些国内的市场代理和售后服务工作。这方面的回报不低，这使钱总等其他核心成员颇为心动，但现在仍举棋不定。

第三，由于公司近两年发展迅速，股东们的收入有了较大幅度的增加，当初创业时的那种拼搏奋斗精神正在消退。例如，甲先生要求大家每天必须工作满12小时，有人开始表现出明显的抵触情绪，勉强应付或者根本不听。

公司的业绩在增长，规模在扩大，钱总的压力也越来越大。他不仅感到应付工作很难，而且对目前的公司状况有点不知所措，不知该解决什么问题，该从何处下手。

案例思考题：

为使钱总的公司更上一个台阶并进入良性循环，你有何建议？

案例2 大浦乡村宾馆的困境

大浦乡村宾馆位于江南明珠城市一个度假村内，十几年来，一直以精美的山珍海鲜和良好的设施著称。大浦乡村宾馆近年来业务没有扩展，利润也在下降。宾馆建筑已经出现老化迹象。宾馆有30间客房、一间能容纳80人的餐厅、一间能容纳100人的会议室、一间面对湖泊的酒吧还配有三个娱乐场。财务方面，上一年度宾馆营业额仅为660万元。就其客房数字而言，这个数字让宾馆汪经理闷闷不乐。

很显然，餐饮是大浦乡村宾馆的强项。附近旅馆的游客也常到大浦乡村宾馆就餐，许多常客来自远离20公里外的城市。度假村除了大浦乡村宾馆还有两家宾馆。这两家宾馆很新，规模也比大浦乡村宾馆大，经营效益很好。大浦乡村宾馆周围地区气候温和，4—10月是旅游旺季。大浦乡村宾馆终年营业，但每年的11月到3月期间很少有旅客住在宾馆。

案例思考题：

1. 影响大浦乡村宾馆的环境因素有哪些？
2. 大浦乡村宾馆可以考虑采取什么战略举措来应对目前面临的状况？

第6章　组织

学习目标

1. 了解组织的概念与作用。
2. 掌握组织结构设计原则。
3. 掌握组织结构的基本形式，以及每一种组织结构形式所适用的组织特征。
4. 能够分析不同组织的组织结构特征，能够根据组织运行具体情况进行组织结构设计。
5. 了解组织文化概念，掌握组织文化内容与结构。
6. 了解组织变革的意义、原因，掌握组织变革的种类。
7. 理解组织变革的动力和阻力，掌握组织变革的程序。

6.1　组织概述

6.1.1　组织的概念

哈德罗·孔茨指出："为了使人们能为实现目标有效地工作，就必须设计和维持一种职务结构，这就是组织管理职能的目的。"组织是由特定群体（组织成员）构成，在特定的社会环境中，为了达到某一特定目标，通过责权分配、层级结构所构成的一个有机体。

组织包括两层含义，静态的组织和动态的组织。静态的组织是组织结构，是由特定群体构成的集合体，比如学校、医院、家庭。动态的组织是组织工作，是指为了达到某一特定目标，按照一定的程序，对一些事物进行安排和处理的活动或行为。从组织的两层含义可以看出，在管理活动中，组织是一种管理主体，同时又是管理客体、管理对象。

6.1.2　组织的特征

（1）目的性　目标是组织存在的前提。组织成员的共同努力最主要是完成组织的目标。例如企业组织的目的是在满足消费者需求和社会需求的基础上达到利益最大化。

（2）整体性　组织在很大程度上能够克服个体能力的局限，实现个人无法完成的目标。在组织内部存在多个部门、岗位，组织要求局部服从整体，使整个组织的利益最优。同时，组织必须设置各种规章、制度，规范组织成员的行为，使整个组织形成一个有效的利益共同体。

（3）分工和协作　组织成员或各个组织部门通过分工完成特定的组织职能工作，又通过相互协作发挥组织整体的力量。例如在企业内部，为实现利润最大化目标，划分人事、财务、营销等部门，这些部门又是相互协调与配合的。

6.1.3　组织的分类

根据不同的标准组织可以分成不同的类型。

1）根据组织的基本性质不同，分为营利性组织和非营利性组织。营利性组织以经济利益为导向，在社会生活中存在大量的营利性组织，如超市、银行、酒店、工厂等。非营利性组织以社会利益为导向，主要提供社会服务，履行社会职能，如政府机关、军队以及高校等。

2）根据组织的形成方式不同，分为正式组织和非正式组织。正式组织是在特定的目标导向下，经过规划设计形成，分配角色和任务，制定各种规章制度实现组织目标的一致性。而非正式组织是指人们在共同工作中所形成的靠感情和非正式规则联结的群体。

案例 6-1

《西游记》中的取经“组织”

观音菩萨组建的取经“组织”，其成员都是具有各自的角色。唐僧是科班出身，具有坚定的思想信念和深厚的专业功底，是“当家人”。孙悟空虽凶泼刁顽，大闹天宫，犯下弥天大罪，但经教育培训、高手指点，练就了火眼金睛，精通七十二变。猪八戒原为天蓬元帅，因生活作风问题被逐出天宫，到了人间仍不思改悔，贪吃好色；沙僧曾是天界卷帘大将，因犯天条被发配人间“劳改”，但他为人厚道，擒妖捉怪身手不凡。就连白龙马也能在关键时刻挺身现形，与妖怪对阵。观音将这样一群“人”通过“组织”，形成各有所长、优势互补的专业化群体，他们历经九九八十一难，最终取回真经。

6.2　组织结构设计

6.2.1　组织结构

1. 组织结构概念

组织结构（organizational structure）是指组织的基本架构，表现组织内部各部分排列顺序、空间位置、聚散状态、联系方式以及各要素之间相互关系的一种模式。组织结构是组织成员为了实现共同的目标，相互之间进行分工协作，在职务范围、责任、权利方面形成的结构体系。

2. 组织结构设计

组织结构设计是一个动态的复杂的过程。组织设计的影响因素主要包括：组织目标与任务；组织环境与战略及其所处的发展阶段；生产条件与技术状况；组织规模；人员结构与素质。组织结构设计一般会在以下三种情况下发生：

1）新建立的组织。

2）企业出现重大战略调整或者原有的组织结构不能满足现有的业务开展。

3）组织结构内部进行的局部调整。

3．组织结构设计原则

组织结构设计必须遵循一定的原则，具体原则如下：

（1）目标导向原则　组织设计是为实现组织的战略任务和经营目标服务的，这是最基本的原则。

（2）专业分工原则　组织管理工作量大、专业性强，设置不同的专业部门，有利于提高管理工作的质量与效率。在合理分工的基础上，各专业部门只有加强协作与配合，才能保证各项专业管理的顺利开展，达到组织的整体目标。

（3）统一指挥原则　法约尔最早提出该原则。他认为在组织内部、上下级之间要形成一条纵向的连续的等级链。任何下级不能越级报告，任何上级不能越级指挥。

（4）合理管理幅度原则　管理幅度是指一个管理者能够直接指挥和管理的下属数量。管理幅度的大小取决于多种因素，如管理者能力、下属素质、工作经验、生产特点、工作性质等。一般来说，在组织内部，管理幅度与管理层次呈反比。最适当的管理幅度并无一定的法则，一般是 3～15 人。高层管理约 3～6 人；中层管理约 5～9 人；低阶层管理跨距约 7～15 人。

（5）责权利相结合原则　责权利三者之间不可分割，是协调、平衡和统一的。权力是责任的基础；责任是权力的约束，有多大的权力就要承担多大的责任；利益的大小决定了管理者是否愿意担负责任以及接受权力的程度，对额外的责任必须给予额外的利益。

（6）集权、分权相结合原则　集权与分权是相对的概念，不存在绝对的集权和分权。绝对的集权意味着没有下层管理者；职权的绝对分散意味着没有上层的主管人员。为使组织结构有效地运转，还必须确定集权、分权的程度。

（7）有效授权原则　授权指上级委授给下属一定的权力，使下属在一定的监督之下，有相当的自主权和行动权。有效授权应注意因事设人、视能授权；明确授权事项，适度授权，不越级授权。

6.2.2　组织结构形式

常见的组织结构类型有：直线制、职能制、直线职能制、事业部制、矩阵制以及一些新型的组织结构形式。

1．直线制组织结构

直线制组织结构（图 6-1）是组织发展初期的最简单的一种组织结构形式。这种组织结构没有职能机构，从最高管理层到最基层实行垂直领导。这种组织结构的优点是结构简单，管理人员少、职责权力明确，上下关系清楚，但组织结构缺乏弹性，主管人员独揽大权、任务繁重，一旦决策失误，就会造成较大损失。因此这种组织结构形式一般适用于发展初期的小型组织。

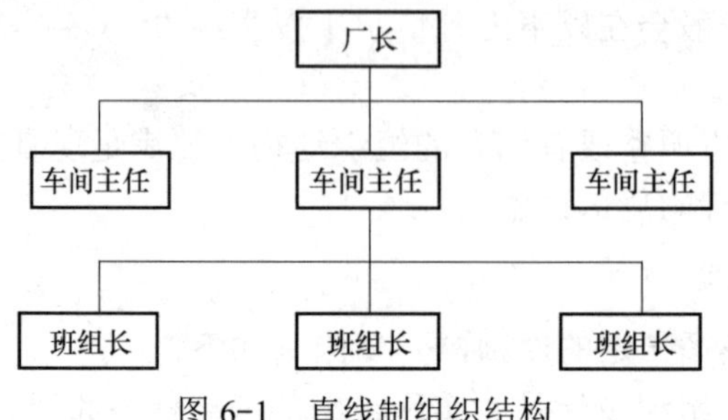

图 6-1　直线制组织结构

2. 职能制组织结构

职能型组织结构（图 6-2）的特点是，组织内除直线主管外还相应地设立一些机构，承担某些职能管理的业务。下级直线主管除了接受上级直线主管的领导外，还必须接受上级各职能机构的领导和指示。这种组织结构形成多头领导，容易造成管理的混乱。这种组织结构在现实中应用较少。

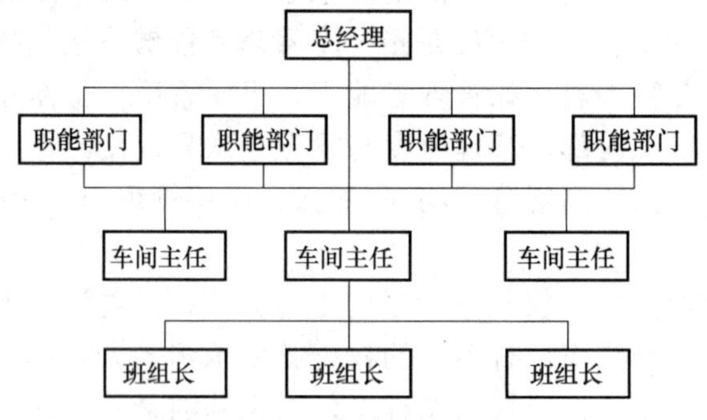

图 6-2　职能制组织结构

3. 直线职能制组织结构

直线职能制组织结构（图 6-3）以直线为基础，在各级行政主管之下设置相应的职能部门（如销售、人事、财务等部门）从事专业管理。下级机构既受上级部门的管理，又受同级职能管理部门的业务指导和监督。各级行政领导人逐级负责，高度集权。这种组织结构的优点在于既保证了组织的统一指挥，又有利于专业化的管理。但部门之间的协调相对比较困难。直线职能制组织结构比较适合产品单一、规模较大的组织。

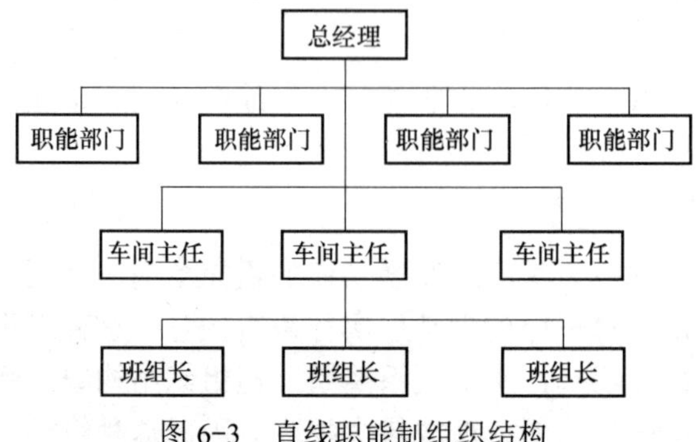

图 6-3　直线职能制组织结构

4. 事业部制组织结构

事业部制组织结构（图 6-4）最早是由美国通用汽车公司总裁斯隆于 1924 年提出的，因此也被称为“斯隆模型”，是一种高度集权下的分权管理体制。这种组织结构是在直线职能制组织结构的基础上，在总公司领导下设立多个独立核算，分散经营的事业部。事业部制使得组织高层管理者摆脱了日常管理事务，有利于集中精力作好战略决策和长远规划，同时有利于培养专业管理人才。但是由于机构重复，造成组织资源浪费，同时，组织层级较多，组织内部沟通协调难度大。事业部制适用于规模庞大、品种繁多、技术复杂的大型企业。

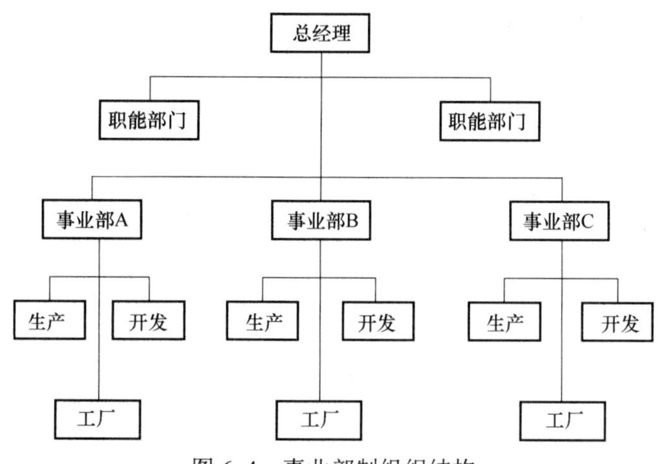

图 6-4　事业部制组织结构

5. 矩阵制组织结构

矩阵制组织结构（图 6-5）是在直线职能制结构的基础上，再加上一套横向领导系统，是一种“临时性”的机构。矩阵制组织结构既有按职能划分的垂直领导系统，又有按项目划分的横向领导系统。一位员工可以同时属于某个职能部门和项目小组。它的优点是加强了各职能部门的横向联系，具有较大的机动性和适应性；其缺点是，由于矩阵制是实行纵向、横向的双重领导，容易发生由于意见分歧而造成工作中的扯皮现象和矛盾；组织关系较复杂，对项目负责人的要求较高。

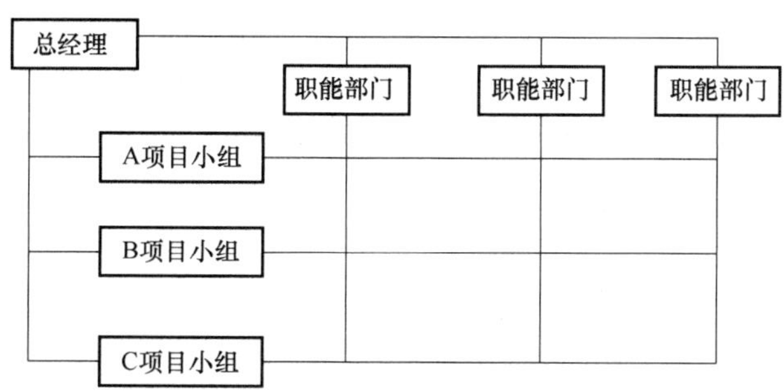

图 6-5　矩阵制组织结构

矩阵制组织结构的特点，决定了这种形式适用于设计、研制等创新性质的工作。例如军工企业、航天航空企业、研究开发部门、工程建设企业、广告公司等以完成工程项目为主的企业采用这种组织结构形式，效益比较明显。

6. 虚拟组织

虚拟组织（图 6-6）是一种区别于传统组织的以信息技术为支撑的人机一体化组织。其特征以现代通信技术、信息存储技术、机器智能产品为依托，实现传统组织结构、职能及目标。在形式上，没有固定的地理空间，也没有时间限制。组织成员通过高度自律和高度的价值取向共同实现在团队共同目标。其实质是：“可以租借，何必拥有。”

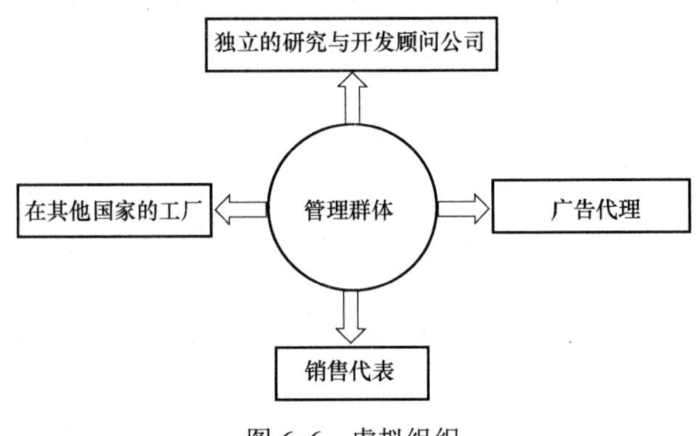

图 6-6 虚拟组织

案例 6-2

耐克的创新组织结构

耐克公司在 1972 年创建时规模很小，但在此后短短的 30 年里，耐克公司凭借独到的虚拟经营策略，后来居上，成为世界上最畅销的体育用品品牌，缔造了在商界急速发展的神话。耐克公司本身不生产任何产品，公司总部只是将设计图样交给负责承包的生产厂家，让他们严格按图样进行生产，然后贴上耐克的牌子，再将产品通过公司的行销网络销售出去。耐克公司没有堆积如山的原材料，也没有庞大的运输车队，甚至没有一间厂房、一条生产线和一个生产工人。耐克公司所拥有的是非凡的品牌、卓越的设计能力、合理的市场定位以及广阔的营销网络，有了这些在传统企业眼中“虚”的东西，就可以选择市场上最好的制鞋厂家作为供应商，按照自己的设计和要求生产耐克运动鞋。并且，因为没有有形资产的束缚，耐克公司随时可以根据市场环境和公司战略的需要转换生产基地。这种模式充分体现了虚拟经营的优势。耐克公司不用一台生产设备，却缔造了一个遍及全球的体育用品王国。

7. 无边界组织

无边界组织是通用电气的前任 CEO 杰克·韦尔奇首创的概念。他提出无边界公司应该将各个职能部门之间的障碍全部消除，工程、生产、营销以及其他部门之间能够自由流通，完全透明。无边界组织并不是没有边界的组织，而是边界模糊性和渗透性强的组织，它的优点在于边界更易于信息、资源及能量的渗透扩散，强调速度、弹性、整合和创新。无边界组织的技术基础是计算机网络化，形式多样，具有不固定性。

6.3　组织文化

6.3.1　组织文化概念与结构

1．组织文化概念

组织文化（organizational culture）是指组织在长期的实践活动中所形成的并且为组织成员普遍认可和遵循的具有本组织特色的价值观念、团体意识、行为规范和思维模式的总和。组织文化不是抽象的，它总是通过一定的具体载体而表现出来，如组织制度、组织形象、模范人物、仪式等。

2．组织文化结构

组织文化具体包括物质层文化、制度层文化以及精神层文化，如图 6-7 所示。

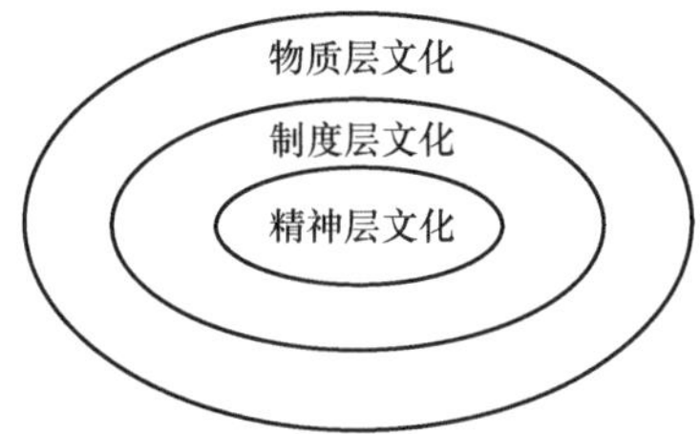

图 6-7　组织文化结构图

（1）物质层文化　这是组织文化的表层，是由员工创造的产品和各种物质设施设备等构成的外在文化，主要由组织成员的行为和生产与工作的各种活动，以及这些行为与活动的各种物质文化形态所构成，包括企业的产品、厂容厂貌、技术设备和企业标识等，是组织文化最直观、最易于被感知的部分。

（2）制度层文化　这属于组织文化的中间层，是约束企业和员工行为的规范性文化。主要由各种管理模式、决策方式、规章制度、员工行为准则等组成，制度文化是意识形态转向实物文化的中介，因此又称中介文化。

（3）精神层文化　这是组织文化的核心层，是企业在长期的生产经营、管理服务实践过程中所形成的文化观念和精神成果。主要由作为组织指导思想与灵魂的各种价值观与企业精神所组成，包括核心价值观、经营哲学、管理理念、愿景目标、企业精神、道德观念等。

6.3.2　组织文化的内容与功能

1．组织文化的内容

组织文化包括以下四方面内容，如图 6-8 所示。

（1）组织价值观　组织价值观就是组织内部管理层和全体员工对该组织的生产、经营、服务等活动以及指导这些活动的一般基本信念、看法或基本观点。组织价值观是组织文化的核心。

（2）组织精神　组织精神指在组织价值观的指导下经过精心培养而逐步形成的并为全体组织成员认同的思想境界、价值取向和主导意识。组织精神是组织文化的灵魂。

（3）组织道德　组织道德是指调整组织内部员工之间、组织与员工之间以及本组织与其他组织之间关系的行为规范的总和。组织道德是组织文化的基石。

（4）组织形象　组织形象是指社会公众和组织成员对组织、组织行为与组织各种活动成果的总体印象和总体评价。组织形象则是组织文化的外在标志。

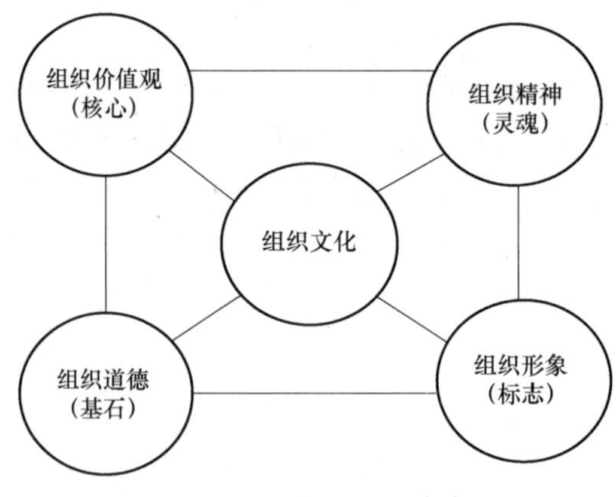

图6-8　组织文化的内容

2. 组织文化的功能

组织文化作为一种自组织系统，具有许多独特的功能。

（1）导向功能　这种功能往往在组织文化形成的初期就已经存在，并将长期地引导员工矢志不渝地为实现组织的目标而努力。

（2）凝聚功能　组织文化是一种“软性”的协调力和黏合剂，形成巨大的向心力和凝聚力。组织文化以大量微妙的方式来沟通组织内部人们的思想，使组织成员在统一的思想和价值观指导下，产生对组织目标、道德规范、行为准则、经营观念等的“认同感”。

（3）激励作用　组织文化能够满足员工的精神需要，调动员工的精神力量，使他们产生归属感、自尊感和成就感，从而充分发挥他们的巨大潜力。

（4）规范功能　组织文化能够规范、统一组织的外部形象，规范公司的组织制度，让员工行为规范化，可以让组织的全体员工产生一致的精神信仰，把个人和组织的发展目标进行有效的结合。

（5）协调功能　组织文化可以强化成员之间的合作、信任和团结，培养亲近感、信任感和归属感，从而促进组织内部各个部门之间、个体与个体之间、个体与群体之间、群体与组织之间、员工与组织之间的有机配合。

6.3.3　组织文化建设

一个组织在其生存和发展的历程中，与之相伴的组织文化也呈现出一种规律性的变化。这一历程中，组织文化建设需要通过设计、培养、分析和强化四个环节实现。

（1）组织文化设计　组织发展初期，组织文化的形成与其管理者和创始人的经营思想、管理艺术、个人品格以及与组织对过去成功经验的总结有直接关系。如松下电器公司董事长松下幸之助、海尔集团首席执行官张瑞敏在其组织文化的形成过程中，起着非常重要的作用。

(2) 组织文化培养　组织文化的设计以后，就应在组织范围内进行广泛宣传和反复灌输，进行有意识地培养锻炼和实践，同时也需要组织管理者的身体力行，并且要求组织管理层必须思想统一，一致行动。

(3) 组织文化分析　组织文化的发展过程也是组织文化不断积累的过程。这种积累可能会出现两种可能。其一是正向积累，也就是健康优良的组织文化自我完善过程；其二是反向积累，也就是不良组织文化恶性发展并逐渐衰败的过程。为了克服组织文化的这种负向积累，组织文化需要不断地进行创新和改革，因此需要适时分析组织文化以更迭负向文化。

(4) 组织文化强化　经过组织文化的分析，应该对优秀的组织文化进行整合，传承正向文化，变革创新，合理吸纳，沉淀集合，最终融合成自己的组织文化传统。

由此可见，组织文化是组织员工在共同的实践中不断创造培育出来的，从初期的设计到定型再到强化，需要经历一个漫长的反复积累、反复强化的过程。

6.4 组织变革

6.4.1 组织变革概述

1. 组织变革的概念

组织变革（organization change，OC），是指组织依据外部环境变化和内部状况的变化，及时调整并完善自身的结构和功能，以提高生存和发展能力的过程。变革是组织实现动态平衡的发展阶段。任何组织，无论过去如何成功，都必须随着时间和环境的变化而不断调整自我，与内外环境相适应，以适应未来组织的发展要求。

2. 组织变革的种类

(1) 根据变革的内容分类　根据变革的内容，组织变革可以划分为四种类型：

1）战略性变革：指组织对其长期发展战略或使命所做的变革。

2）结构性变革：组织需要根据环境的变化适时对组织的结构进行变革，并重新在组织中进行权力和责任的分配，使组织变得更为柔性灵活、易于合作。

3）流程主导性变革：指组织紧密围绕其关键目标和核心能力，充分应用现代信息技术对业务流程进行重新构造。这种变革能对组织结构、组织文化、用户服务、质量、成本等各个方面产生重大的影响。

4）以人为中心的变革：指组织通过对员工进行培训、教育等引导，使他们能够在观念、态度和行为方面与组织达成一致。

(2) 根据变革的程度分类　组织变革按照变革的程度分为渐进性变革和根本变革

1）渐进性变革是组织按预定目标，通过多次渐进改变调整现有观念价值、成员行为，从而将组织管理推向更高水平的过程。这种方式的变革对组织产生的震动较小，而且可以经常性地、局部地进行调整，直至达到目的。

2）根本变革是指在短期内对组织系统进行彻底的改变。此类变革如能成功，其成果具有彻底性。

6.4.2 组织变革的动力和阻力

1. 组织变革的动力

推动组织变革的因素主要有外部环境因素和内部环境因素。

（1）外部环境因素

1）社会政治经济环境的变化。国家的经济政策、发展战略和创新思路等社会政治因素，对于各类组织形成强大的变革推动力。同时，国家产业结构的调整、经济发展布局和产业发展战略的梯度转移等，也是组织变革的推动力。

2）科学技术的发展。科学技术的迅速发展及其在组织中的应用，如新发明、新产品、自动化、信息化等，使得组织的结构、组织的运行要素等都发生了巨大变化，这些变化也会推动组织不断地进行变革。

3）管理理论与实践的发展。管理的现代化、新的管理理论和管理实践，都要求组织变革过去的旧模式，对组织要素和组织运行过程的各个环节进行合理的协调和组织，从而对组织提出变革的要求。

（2）内部环境因素　组织变革的内部原因包括组织目标、组织结构、组织职能、组织员工等的不断调整，具体如下：

1）组织目标的选择与修正及组织战略发生变化。组织的目标并不是一成不变的，当组织目标在实施过程中与环境不协调时，需要对目标进行修正。这就会促使组织进行变革。

2）组织结构与职能的调整和改变。组织会根据内、外环境的要求对自身的结构进行适时的调整与改变，如管理幅度和层次的重新划分、部门的重新组合、各部门工作的重新分配等。同时，组织在发展的过程中，会抛弃原来不适用的职能并不断承担新的职能，如社会福利事业、防止公害、保护消费者权益等。这些均会促使组织进行不断的变革。

3）组织员工的变化。随着组织的不断发展，组织内部员工的知识结构、心理需要以及价值观等都会发生相应的变化。现代组织中的员工更注重个人的职业发展和管理中的平等自主。组织员工的这些变化必将带动组织的变革。

4）技术条件的变化。如组织实行技术改造，引进新的设备要求技术服务部门的加强以及技术、生产、营销等部门的调整。

5）组织成长要求。企业处于不同的生命周期时对组织结构的要求也各不相同，如小企业成长为中型或大型企业，单一品种企业成长为多品种企业，单厂企业成长为企业集团等。

2. 组织变革的阻力

组织变革作为战略发展的重要途径，总是伴随着不确定性和风险，并且会遇到各种阻力。组织变革阻力是指人们反对变革、阻挠变革甚至对抗变革的制约力。常见的组织变革阻力可以分为三类。

（1）组织因素　组织中抵制变革的因素随处可见，主要有组织结构惯性、组织的变革点、组织已有的专业知识、组织已有的权利关系、组织已有资源的分配等。

（2）个体因素　变革中的个体阻力来源于人类的基本特征，如知觉、个性和需要，习惯，对未知的恐惧等。

（3）群体因素　组织变革的阻力还会来自群体方，主要有群体规范和群体内聚力等。群体规范具有层次性，边缘规范比较容易改变，而核心规范由于包含着群体的认同，难以变化。同样，内聚力很高的群体也往往不容易接受组织变革。

6.4.3　组织变革的过程

组织变革是一个过程，1951 年心理学家库尔特 • 卢因（Kurt Lewin）从变革的一般特征出发，总结出组织变革的三个基本阶段。

第一阶段：解冻。

解冻就是促使人们改变原有的态度和观念并消除那些支持这些态度或行为的因素，输给他们一些新观念。任何一个组织内部都存在着力图保持现状、抵制变革的势力。人们在一个熟悉的环境中感到舒适，受到的压力较小。由于变革意味着有些人将失去这种舒适感和预知感，所以他们要抵制。因此就要有一个解冻的过程作为实施改革的前奏，使人们认识现实总是有缺点，是可以改进的，原有的某些观念随着环境的变化是应该更新的，不能满足于现状。使人们对改革有所准备，将妨碍改革的因素降至最少，鼓励人们接受新的观念，乐意接受变革。

第二阶段：改变。

经历了解冻过程，对变革做好准备之后，具体的变革活动就可以开始实施了。变革必须包含一个由现行的行为方式和组织结构向新的行为方式和组织结构转变的过程。正是在这个过程中，变革行动实地进行了。

第三阶段：固结。

变革发生后，组织和员工都有一种退回到原有习惯和行为模式之中的趋势。为了避免这种情况，必须保证新的行为模式和组织结构不断得到加强和巩固，为此需要对继续保持新态度与新行为方式的职工予以支持和奖励。这种巩固和加强新的行为模式的过程称为固结。没有这一过程，变革只是一种对组织和成员仅有短暂影响的活动。

人们往往倾向于认为变动的过程就是改革的全部，但如果我们把变革视为三个阶段的一个过程就应该认识到根本性的变革只有在前有一个解冻过程，后有一个固结过程的条件下才能完成。

自我测试

一、单项选择题

1. 把生产要素按照计划的各项目标和任务的要求结合成为一个整体，把计划工作中制定的行动方案落实到每一个环节和岗位，以确保组织目标的实现，这是管理的（　　）。

A. 计划职能　　B. 组织职能　　C. 领导职能　　D. 控制职能

2．矩阵式组织的主要缺点是（　　）。

A．分权不充分　　B．多头领导

C．对项目经理要求高　　D．组织稳定性差

3．管理幅度是指一位管理人员（　　）。

A．直接管理的下属数量　　B．所管理的部门数量

C．所管理的全部下属数量　　D．B和C

4．某总经理把产品销售的责任委派给一位市场经营的副总经理，由其负责所有地区的经销办事处，但同时总经理又要求各地区经销办事处的经理们直接向总会计师汇报每天的销售数字，而总会计师也可以直接向各经销办事处经理们下指令。总经理的这种做法违反了（　　）原则。

A．权责对等　　B．统一指挥

C．集权化　　D．职务提高、职能分散

5．在各组织中，管理层次要受到（　　）的影响。

A．组织成员　　B．组织规模

C．管理幅度　　D．组织层次

6．组织的设计必须考虑人的因素即（　　）。

A．有利于人的能力的提高　　B．有利于人的发展

C．有利于个性的发挥　　D．有利于个人潜能的发挥

7．下列哪类企业最适合采用矩阵式组织结构（　　）。

A．纺织厂　　B．电视剧制作中心

C．医院　　D．学校

8．关于组织文化的特征，下列说法不正确的是（　　）。

A．组织文化的中心是人本文化

B．组织文化的管理方式以柔性管理为主

C．组织文化的核心是组织精神

D．组织文化的重要任务是增强群体凝聚力

二、判断题

1．组织变革的阻力是直接的、公开的。（　　）

2．组织变革的阻力是消极的，应该坚决予以杜绝。（　　）

3．直线型企业组织结构是一种古老的组织形式，对于任何企业，其效率都比矩阵制组织结构差。（　　）

4．非正式组织对组织目标的实现存在负面影响，因此应该尽量避免组织内部非正式组织的形成。（　　）

5．事业部制本质上是一种集权制组织结构。（　　）

6．分工是社会化大生产的客观要求，有利于生产力的提高，因此分工越细组织效率越高。（　　）

7．组织文化的形成与变化是一个组织内部的事情，与外部环境无关。（　　）

三、案例分析

浪涛公司的组织结构

浪涛公司是一家成立于 1990 年的生产经营日用清洁用品的公司，由于其新颖的产品、别具一格的销售方式和优质的服务，其产品备受消费者的青睐。在公司总裁的带领下发展迅速。然而，随着公司的发展，公司总裁逐步发现，一向运行良好的组织结构，现在已经不能适应该公司内外环境变化的需要。

公司原先是根据职能来设计组织结构的，财务、营销、生产、人事、采购、研究与开发等构成了公司的各个职能部门。随着公司的壮大发展，产品已从洗发水扩展到护发素、沐浴露、乳液、防晒霜、护手霜、洗手液等诸多日化用品上。产品的多样性对公司的组织结构提出了新的要求。旧的组织结构严重阻碍了公司的发展，职能部门之间矛盾重重，在这种情况下，总裁总是亲自做出主要决策。因此，在 20**年总裁做出决定，即根据产品种类将公司分成 8 个独立经营的分公司，每一个分公司对各自经营的产品负有全部责任，在营利的前提下，分公司的具体运作自行决定，总公司不再干涉。但是重组后的公司，没过多久，公司内又涌现出许多新的问题。各分公司经理常常不顾总公司的方针、政策，各自为政；而且分公司在采购、人事等职能方面也出现了大量重复。在总裁面前逐步显示出公司正在瓦解成一些独立部门。在此情况下，总裁意识到自己在分权的道路上走得太远了。于是，总裁又下令收回分公司经理的一些职权，强调以后总裁拥有下列决策权：超过 10 万元的资本支出；新产品的研发；发展战略的制定；关键人员的任命等。然而，职权被收回后，分公司经理纷纷抱怨公司的方针摇摆不定，甚至有人提出辞职。总裁意识到了这一举措大大地挫伤了分公司经理的积极性和工作热情，但他感到十分无奈，因为他实在想不出更好的办法。

根据上述案例回答下列问题：

1．浪涛公司组织结构调整前的组织结构是（　　）。

A．直线制　　B．职能制　　C．矩阵制　　D．事业部制

2．浪涛公司由于产品多样性需求重组后的组织结构是（　　）。

A．直线制　　B．事业部制　　C．职能制　　D．矩阵制

3．对于公司总裁从分权到集权的做法，你认为最合理的评价是（　　）。

A．他在一开始分权是对的，公司发展到一定程度后，通常都会要求组织结构进行调整

B．他在一开始就不应该分权，分权通常都会导致失控

C．他的分权和组织结构调整的思路是正确的，但是在具体操作上有些急躁

D．他后来撤回分公司经理的某些职权的做法是对的，避免了一场重大危机

4．总裁在设立8个独立的分公司时，你认为其最大的失误是（　　）。

A．没有考虑矩阵结构等组织结构

B．没有周密地考虑总公司和分公司的职权职责划分问题

C．根本就不应该设立独立的分公司

D．既没有找顾问咨询，也没有和分公司经理进行广泛的沟通

5．你认为本案例最能说明的管理原则是（　　）。

A．管理幅度原则　　　　B．指挥链原则

C．集权与分权相结合的原则　　　　D．权责对等原则

6．如果你是总裁的助理，请就如何处理好集权与分权的关系向总裁提出你的建议。

第 7 章　人力资源管理

学习目标

1. 熟悉人力资源及人力资源管理的概念及内容。
2. 了解人力资源规划的内容。
3. 认识工作分析的作用、过程，工作说明书的编写。
4. 掌握员工选拔与培训的基本方法。
5. 掌握绩效管理和薪酬管理的方法和策略。

7.1　人力资源管理概述

7.1.1　人力资源的基本概念

1. 人力资源的含义

人力资源是指在动态环境下，特定的社会系统或组织中为社会创造价值、推动整个经济和社会发展的具有体力劳动和智力劳动能力的人的总称。人力资源包括数量和质量两个方面。

2. 人力资源的基本特征

与其他资源相比，人力资源具有能动性、角色两重性、时效性、再生性和社会性等特征。

（1）能动性　人力资源在被开发的过程中，有思维与情感，能对自身行为做出抉择，能够主动学习与自主地选择职业，能够发挥主观能动性，有目的、有意识地利用其他资源进行生产，推动社会和经济的发展。人力资源还具有创造性思维的潜能，能够在人类活动中发挥创造性的作用，既能创新观念、革新思想，又能创造新的生产工具、发明新的技术。

（2）角色两重性　人力资源既是生产的承担者，又是生产物的享受者；或者说，它既是生产者，又是消费者。

（3）时效性　作为生物有机体的个人，其生命是有周期的，他才能的发挥也有最佳期和最佳年龄段。如果其才能未能在这一时期充分利用开发，就会导致人力资源的浪费。

（4）再生性　人力资源的再生性是基于人口的再生产和劳动力的再生产，通过人口总体内个体的不断更替和“劳动力耗费→劳动力生产→劳动力再次耗费→劳动力再次生产”

的过程得以实现。同时，人的知识与技能陈旧、老化也可以通过培训和再学习等手段得到更新，这就要求人力资源的开发与管理注重终身教育，加强后期的培训与开发。

（5）社会性 人处在一定的社会之中，是以社会的存在为前提条件的，人力资源的形成、配置、利用、开发是通过社会分工来完成的。

7.1.2 人力资源管理的基本概念

1. 人力资源管理的含义

人力资源管理是指组织为了获取、开发、保持和有效利用在生产经营活动中必不可少的人力资源，通过运用科学、系统的技术和方法进行各种相关的计划、组织、领导和控制活动，以实现组织既定目标的过程。

2. 人力资源管理的基本职能

（1）获取 人力资源管理工作第一步就是获取人力资源。它主要包括人力资源规划、工作分析、员工招聘和录用。人力资源管理部门必须根据环境制订人力资源规划，明确组织中工作岗位的需求，提出人员补充计划，对有资格的求职人员提供均等的就业机会，采用招聘、选拔、录用及配置等活动，为组织获取所需的人力资源。

（2）保持 保持主要是指建立并维持有效的工作关系。它包括群体认同、文化融合、信息沟通、人际关系和谐、矛盾冲突的处理和化解。

（3）开发 开发是提高员工能力的重要手段。它包括组织和个人开发计划的制订、新员工的工作引导和业务培训、职业生涯设计、继续教育、员工的有效使用以及工作丰富化等。通过教育、培养、训练，促进员工知识、技巧、能力和其他方面素质的提高，不断保持和增强员工在工作中的竞争地位，最大限度地实现个人的价值和人力资源对组织的贡献率。

（4）奖酬 奖酬是人力资源管理的核心。它主要包括制订公平合理的薪酬方案、提供福利与服务、经济性和非经济性报酬分配、各种激励的运用等。

（5）调控 调控是指对员工适时合理、公平的动态管理的过程。它包括员工的绩效考核和素质评估，在此基础上决定员工的晋升、调动、奖惩、离退、解雇等。

3. 人力资源管理的基本内容

（1）人力资源规划 人力资源规划是指把组织人力资源战略转化为中长期目标、计划和政策措施，包括对人力资源现状分析、未来人力资源供需预测与平衡，计算人力资源净需求、人力资源计划方案。

（2）工作分析与设计 工作分析是对组织中每个工作职位的性质、结构、责任、流程，以及胜任该职位工作人员的素质、知识、技能等，在调查分析所获取相关信息的基础上，编写出职务说明书和岗位规范等。

（3）员工招聘与选拔 员工招聘与选拔是指根据人力资源规划和工作分析的要求，为组织招聘、选拔所需要人力资源并录用安排到一定岗位上的过程。它是人力资源管理的核心业务之一，由招募、甄选及录用等一系列活动组成。

（4）员工培训与职业发展 员工培训是组织人力资源开发的重要手段，它包括对员工的知识、技能、心理素质等各方面的培训。员工职业发展是指鼓励和关心员工的个人发展，帮助员工制订个人发展规划，以进一步激发员工的积极性、创造性。

（5）绩效管理　指组织各级管理者和员工为了达到组织的目标共同参与绩效计划的制订、绩效辅导与沟通、绩效考核与评价、绩效结果运用、绩效目标提升的持续循环过程。

（6）员工薪酬管理　薪酬管理是组织人力资源管理的一个极为重要的方面，它主要包括对基本薪酬、绩效薪酬、奖金、津贴以及福利等薪酬结构的设计与管理等。

（7）劳动关系管理　劳动关系管理就是协调和改善组织与员工之间的劳动关系，进行组织文化建设，营造和谐的劳动关系和良好的工作氛围，保障组织经营活动的正常有序开展。

7.1.3　人力资源规划的基本概念

1．人力资源规划的概念

人力资源规划是一项系统的战略工程，它是在组织发展战略和经营规划的指导下，科学预测组织在未来环境变化中人力资源的供给和需求情况，制定必要的人力资源获取、利用、保证和开发策略，有效地配置资源，确保在特定的时间和岗位上获得适当数量、质量和种类的人力资源。

2．人力资源规划的作用

1）有利于制定战略目标和发展规划。人力资源规划是各项人力资源管理实践的起点和重要依据，它是组织发展战略的重要组成部分，同时也是实现组织战略目标的重要保证，是其他各项人力资源管理活动的纽带。

2）有利于人力资源的供给与需求平衡。人力资源规划能加强组织对环境的适应能力，通过分析组织环境发展变化，及时预见在未来可能出现的人力资源过盈或不足的潜在问题，及时进行补充或调整。

3）有利于有序进行人力资源管理活动。人力资源规划为管理活动提供可靠的信息和依据，进而保证管理活动的有序化，减少不必要的人力成本，把用人成本控制在合理的范围内。

4）有利于调动员工的积极性和创造性。借助合理的人力资源规划，员工能够有更多的机会预见到自己的职业发展前景，能有更多的机会参加有利于提升自身素质和能力的培训，这样客观上调动了员工在工作中表现出主动性和创造性。

3．人力资源规划的内容

（1）总体规划　说明制定人力资源规划的意义和作用，规划的期限和范围，并阐述组织人力资源规划的总原则、总方针、总目标和总指导思想。

（2）职务编制计划　根据组织的性质、功能和特点，设置并陈述组织结构、职务设置、职务描述和职务资格等要求。

（3）人员配置计划　根据组织中长期目标、劳动生产率、技术设备工艺要求等状况，配置并陈述组织每个职务的人员数量、人员职务变动以及职务人员空缺数量等。

（4）人员需求计划　通过总体规划、职务编制计划、人员配置计划得出人员需求计划。

该需求计划包括职务名称、人员数量、计划到岗时间等。

（5）人员供给计划　人员供给计划主要陈述供给的方式、人员内部和外部流动政策、人员获取的途径和获取的措施等。它是人员需求计划的对策性计划。

（6）人员使用和晋升计划　人员使用和晋升计划是指组织制定人员的晋升、解聘、补充政策，规定人员聘用、晋升时间，发布转换工作岗位情况等。

（7）培训开发计划　确定规划期内拟培训的目标、内容、人员对象、模式、方法及培训费用的投入等。其内容包括组织的培训政策、培训需求、培训内容、培训方式和培训评估等。

（8）费用规划　费用规划是对组织人力资源管理费用的整体规划，包括人力资源费用的预算、核算、结算以及人力资源费用控制等。

4. 人力资源规划的程序

（1）有关信息资料收集　人力资源规划需要收集的信息包括组织内部信息和组织外部环境信息。组织内部环境信息主要包括组织的战略计划、战术计划、行动方案、本组织各部门的计划、人力资源现状等。其中，组织现有人力资源信息主要有员工调整情况，员工的经验、能力、知识、技能等要求，员工培训、教育等情况。组织外部环境信息主要包括宏观经济形势和行业经济形势、技术的发展情况、行业的竞争性、劳动力市场、人口和社会发展趋势、政府的有关政策等。

（2）人力资源需求预测　人力资源需求预测的主要工作是对组织现有的职位进行分析，从而较为准确地预测出未来所需要的人力资源的数量、质量和结构。其主要内容有：现实人力资源需求预测，未来人力资源需求预测，未来人力资源流失预测，得出的人力资源需求预测结果。

（3）人力资源供给预测　首先应从组织内部人力资源供给情况和人员变动情况进行预测，其次预测组织外部人力资源供给，然后将组织内部人力资源供给预测数据和组织外部人力资源供给预测数据汇总，得出组织人力资源供给的总数。

（4）确定人力资源净需求　在对员工未来的需求与供给预测数据的基础上，将本组织的人力资源需求预测数与在同期内组织本身可供给的人力资源预测数进行对比分析，从比较分析中可测算出各类人员的净需求数。

（5）编制人力资源规划　根据组织的战略目标及本组织员工的净需求量，编制人力资源规划，包括总体规划和各项业务计划。同时要注意总体规划和各项业务计划及各项业务计划之间的衔接和平衡，提出调整供给和需求的具体政策和措施。编制的人力资源规划一般包括：规划的时间段、计划达到的目标、情景分析、具体内容、制定者、制定时间。

（6）实施人力资源规划　人力资源规划的实施是一个动态过程，应及时进行审核、执行、控制等。审核是对人力资源规划的质量、水平和可行性进行的评价工作；执行就是落实规划的内容和要求；控制的对象涉及人力资源管理的方方面面，包括人员、预算、进度、信息等，有效控制的手段是检查、监督和纠正偏差。

（7）人力资源规划评估与反馈　组织人力资源规划付诸实施后，要根据实施的结果对人力资源规划的各个环节进行评估，发现问题及时总结，并将评估的结果反馈给相关部门和人员，以修正人力资源规划，使其更符合实际，更好地促进组织目标的实现。

7.2 工作分析

7.2.1 工作分析的基本概念

1. 工作分析的含义

工作分析又称职务分析、工作岗位分析，是指对各类岗位的性质、任务、职责权限、岗位关系、劳动条件和环境，以及员工承担本岗位的任务应具备的资格条件所进行的系统研究，并制定职务说明书和工作规范（任职资格）的过程。

职务说明书是以书面形式描述有关工作的任务、职责、工作中所使用的设备和工作条件等信息的文件。

工作规范是用来说明对承担该项工作的员工所必须具有的特定技能、工作知识、能力、身体条件和个人特征的基本要求。

工作分析的主要内容包括职务说明书与工作规范。

2. 工作分析的作用

工作分析是组织人力资源管理的一项基础工作，其作用如下：

1）有助于整个组织确立明确的职责和工作范围，从而奠定组织结构和组织设计的基础。

2）有助于组织改进工作设计、优化劳动环境，提高工作效率。

3）有助于组织招聘、选拔、任用合格的人员。

4）有助于制订有效的人力资源规划，是组织进行各类人才供给和需求预测的重要前提。

5）有助于建立客观、公正的价值考评体系，是员工晋升、获取报酬的依据。

6）有助于加强对员工的培训和员工个人的职业生涯规划。

7）有助于组织规范管理，从整体上提高组织的管理水平。

3. 工作分析的原则

（1）系统原则　在对某一工作进行分析时，应从总体上把握该工作的特征及对人员的要求，明确该工作在整个组织中所处的地位，注意区分该工作与其他工作的关系。

（2）动态原则　根据战略调整、环境的变化以及业务的变动，适时地对工作分析的结果进行调整。

（3）目的原则　在工作分析中既要明确工作分析的目的，又要随着工作分析的目的不同，确定工作分析的侧重点。

（4）经济原则　工作分析应围绕工作分析的目的采用合理的方法。

（5）职位原则　工作分析的出发点应从职位出发，分析职位的内容、性质、关系、环境以及人员胜任特征，从而确定完成这个职位工作的从业人员需具备的资格与条件。

（6）应用原则　应用原则是指工作分析的结果，即职位描述与工作规范。工作分析一旦形成工作说明书后，无论是人员招聘、选拔培训，还是考核、激励，都需要严格按工作说明书的要求来做。

7.2.2 工作分析的步骤

工作分析的实施是一个完整的过程，组织在进行工作分析时必须确定搜集什么信息，如何搜集信息，怎样整理、分析所搜集的信息，最后将信息整理成文件。工作分析一般按照以下步骤进行：

1）成立工作分析的工作组。一般包括人力资源专家、内部主管及工作人员。工作组的任务包括：对工作人员进行工作分析技术的培训，编制工作计划，明确工作分析的范围和主要任务，确定工作分析的目标和设计职位调查方案。

2）调查与工作相关的背景信息。背景信息涉及组织生产运营状况、组织机构和管理系统图、各部门工作流程图、各岗位办事细则以及质量体系论证资料等。

3）收集工作分析的信息。其主要方法是运用访谈、问卷、实地观察等进行职位调查，收集有关工作活动、职责、工作特征、环境和任职要求等方面的信息。

4）整理和分析所获取的工作信息。这一阶段是工作分析的关键环节，主要任务包括：①剔除无效的访谈信息和调查问卷，按照编写职位说明书的要求对各个职位的工作信息进行分类；②把初步整理的信息让在职人员以及他们的直接主管进行核对；③归纳和总结出工作分析的必需材料和要素；④分析发现有关工作和有关工作人员的关键成分；⑤修改并最终确定所收集的工作信息的准确性和全面性，作为编写职位说明书的基础。

5）编写职位说明书。职位说明书由工作说明书和工作规范书两部分组成。工作说明书就是对有关工作职责、工作活动、工作条件以及工作对人身安全危害程度等工作特性方面的信息所进行的书面描述。工作规范书则是全面反映工作对从业人员的品质、特点、技能以及工作背景或经历等方面要求的书面文件。工作说明书和工作规范书可以分成两份文件来写，有时也可以合并在一份工作说明书之中。

7.2.3 工作分析的方法

在进行工作分析过程中，需要收集大量工作分析信息，有定性分析，也有定量分析，各有利弊，这里简单介绍六种定性工作分析的方法。

（1）观察法 观察法是工作分析人员通过直接观察，把有关工作的各部分内容、特点、方法、程度、目的等信息以文字或图表的形式记录下来的方法。观察法可分为直接观察法、阶段观察法、工作表演法。观察法比较适用于对体力工作者和事务性工作者。

（2）访谈法 访谈法是工作分析人员通过与工作承担者进行面对面的交谈来获取有关信息资料的方法。访谈法可分为个别访谈、集体访谈、管理人员访谈。此法不能单独用于信息收集，只适合与其他方法一起使用。

（3）试验法 试验法是指分析人员通过亲身实践获取工作要求的第一手资料，一般分实验室试验法和现场试验法。这种方法可以了解工作的实际情况以及在体力、环境、社会方面的要求，特别适用于短期内可以掌握的工作。

（4）问卷调查法 问卷调查法是工作分析中最常用的一种方法，它是根据工作分析的目的、内容等编写结构性调查表，由工作执行者填写后回收整理，提取出工作信息的一种方法。问卷调查的形式要求选定的员工当场或在一定时间内填写，以此来收集有关工作信息的方法。这种方法成败的关键在于问卷设计的质量。

（5）典型事件法　典型事件法又称为关键事件法，是对执行工作者实际工作中具有代表性的工作行为进行描述。典型事件包括以下四个方面：①导致事件发生的原因和背景；②员工特别有效或多余的行为；③关键事件的后果；④员工自己能否支配或控制上述后果。关键事件的信息可以是静态信息，也可以是动态信息。

（6）工作日志法　工作日志法又称写实分析法，是按时间顺序详细记录工作过程，然后经过归纳提炼，取得所需工作信息的一种提取方法。这种按从事某项工作的员工按时间顺序记录在一段时期内所从事的各项工作活动或任务以及所耗费的时间等各种细节来了解员工实际工作的内容、责任、权力、人际关系及工作负荷，可以获得一个比较完整的工作图景。

由于上述每一种方法都有各自的优缺点，为了获得更为真实、完整的资料，通常将上述方法组合使用。

7.2.4　工作说明书的编写

工作说明书作为组织重要的文件之一，是指用书面的形式对组织中各类职位的工作性质、任务、责任、权限、工作内容和方法、工作环境和条件，以及本职务任职人资格条件进行陈述。员工通过阅读工作说明书，可以确切地知道自己应做什么、怎么做以及应履行何种职责。工作说明书的编写无固定模式，一般包括以下内容：

（1）工作标识　工作标识主要包括工作名称、所属部门或班组、工作地位、工作编号和编写日期、编写人与审核人，以及文件确认时间等项目。

（2）工作概要　对工作内容、目的、要求、范围等作简短概述，使员工对该项工作有概括性的了解。

（3）工作职责　工作职责是关于工作责任和工作任务的详细罗列，包括所要完成的工作任务、职位责任、所使用的工具以及机器设备、工作流程、与其他人联系、所接受的监督以及所实施的监督等。

（4）工作权限　工作权限是指界定工作承担者的权限范围，包括决策的权限、对其他人员实施监督权、对下属任用的权限以及审批财务经费和预算的权限等。

（5）工作的绩效标准　工作的绩效标准是指组织员工完成某些任务或工作量所要达到的标准或要求。

（6）工作规范　工作规范主要说明担任此职务的人员应具备的基本资格和条件，包括所需的最低学历和专业方面的要求、年龄和性别要求、工作经验、健康状况、运动的灵活性、感觉器官的灵敏度、观察能力、学习能力、解决问题的能力、语言表达能力、人际交往能力等。

（7）工作环境　工作环境是指工作场所的软硬环境，硬环境包括工作地点的温度、湿度、光线、噪声程度、安全条件和地理位置等，软环境包括工作团队中的人数、完成工作所要求的人际交往的数量和程度、各部门之间的关系、工作现场内外的文化设施、社会习俗等。

7.3 员工的招聘、培训与开发

7.3.1 员工招聘

1. 员工招聘的来源与方法

员工招聘是指组织为了发展的需要，根据人力资源规划和工作分析的要求，寻找、吸引符合岗位条件又有意向的人员来应聘，经过甄选予以录用的过程。组织在员工招聘中必须符合国家有关法规、政策和组织利益，坚持公平原则，确保录用人员的质量。员工招聘分为组织内部招聘和外部招聘。

（1）内部招聘　组织现有员工是组织管理岗位的最大招聘来源。内部职员既可自行申请适当位置，又可推荐其他候选人。内部招聘主要有内部晋升、工作轮换和返聘原职工等形式。

1）内部晋升。组织的一些比较重要的岗位需要招聘人员时，让内部符合条件的员工从一个较低级的岗位晋升到一个较高级的岗位的过程就是内部晋升。内部晋升给员工提供了发展的机会，能培养员工的奉献精神，激励员工奋发向上，对增强组织的凝聚力非常有利。由于人员选择范围小，易造成近亲繁殖，使组织缺少活力。

2）工作轮换。当组织中需要招聘的岗位与员工原来的岗位层次相同或略有下降时，把员工轮换到同层次或下一层次岗位上去工作叫作工作轮换。工作轮换过程中实行能上能下，适当流动，可留住人才，自动淘汰多余的人。工作轮换应尽可能事前征得被调用者的同意，用人之所长，轮换后更能有利于工作。

内部招聘最常用的方式是职务招聘海报。由于内部选拔费用低廉，手续简便，人员熟悉，因此，当招聘少数人员时常常采用此方法。

（2）外部招聘　外部招聘指所需要招聘的人员来自组织的外部。外部招聘的优点在于：能给组织带来新观念、新思想、新技术和新方法；因与组织成员无裙带关系，因而能较客观地评价组织工作，容易发现组织存在的问题；已受过训练的员工，满足组织对人才的急需。外部招聘常见的方法有：

1）广告招聘。广告招聘是应用很广泛的一种方法。广告一方面将有关工作的岗位要求和雇员应该具备的资格等信息提供给潜在的申请人，另一方面让申请人获得组织优势等相关信息。一份优秀的招聘广告应充分显示出组织对人才的吸引和组织的自然魅力。招聘广告的内容包括组织简介、岗位名称、招聘名额、职位描述及要求、联系方式等信息。

2）人才招聘会。这是为聚集用人单位的招聘人员和求职者而设计的现场招聘活动，是一种用来吸引大量求职者来应聘的招聘方法。用人单位可花一定的费用在交流会上摆摊设点，应征者前来咨询应聘。这种渠道的特点是时间短、见效快。

3）人员推荐。人员推荐是指将有关工作空缺的信息告诉相关人员，请他们向组织推荐潜在的申请人。由于是熟人推荐，所以招聘应聘双方在事先已有了解，可节约不少的招聘程序和费用。尤其是对关键岗位、专业技术人员等常用此法。

4）校园招聘。校园招聘是指由组织派人到学校招聘应届毕业生中的求职者。最常见、最节省的校园招聘方法是派人到学校开设就业讲座，介绍组织的情况和政策，让毕业生了解更多的组织信息，吸引毕业生应聘。招聘人员在向学生详细介绍组织情况时，最好发放组织简介的宣传手册。

5）委托各种职业介绍机构招聘。职业介绍机构作为一种就业中介组织，借助这些机构，组织和求职者均可获得大量信息，同时也可传播各自的信息。这种招聘方法具有选择面大、工作量小的特点。猎头公司是一种特殊的就业中介组织，专门为组织选拔中高级管理人员和技术能手服务。

6）网上招聘。网上招聘具有信息传播范围广，速度快，成本低，供需双方选择余地大，且不受时间、空间的限制，因而被广泛采用。然而，网上招聘往往会因过多的应聘者，从而需要花费更多的时间进行筛选。部分网站存在信息发布滞后，更新缓慢、信息失真等缺点。

2. 员工招聘的一般程序

员工招聘包括制订招聘计划、发布招聘信息、应聘者提出申请、甄选应聘人员、发出录用通知书、评估招聘效益。

（1）制订招聘计划　此阶段是在人力资源计划的基础上制订招聘计划，内容包括：①确定本次招聘目的；②描述应聘职务和人员的标准和条件；③明确招聘对象的来源；④确定传播招聘信息的方式；⑤确定招聘组织人员、参与面试人员、招聘的时间和新员工进入组织的时间；⑥确定招聘经费预算等。

（2）发布招聘信息　指利用各种传播工具发布岗位信息，鼓励和吸引人员应聘。在发布招聘信息时应注意信息发布的范围、时间以及招聘对象的层次性。

（3）应聘者提出申请　应聘者在获取招聘信息后，向招聘单位提出应聘申请。应聘者应提供以下个人资料：应聘申请表；个人简历，主要说明学历、工作经验、技能、成果、个人品格等信息；各种学历的证明包括获得的奖励证书；身份证。

（4）甄选应聘人员　对应聘人员进行选拔，包括如下环节：审查申请表→初筛→与初筛者面谈、测试→第二次筛选→选中者与主管人员或甄选专家面谈→确定最后合格人选→通知合格入选者做健康检查。此阶段要做到客观、公正，尽量避免面谈中各种主观因素的干扰。

（5）发出录用通知书　招聘单位与入选者正式签订劳动合同，并向其发出上班试工通知的过程。通知中通常应写明入选者开始上班的时间、地点与报到部门。

（6）评估招聘效益　这是招聘活动的最后阶段。对本次招聘活动做总结和评价，并将有关资料整理归档。评价指标包括招聘成本的核算和对录用人员评估。

3. 测试、选拔和录用

招聘测试是指运用科学、有效的测试方法能保证组织招聘录用到所需要的人选，并将其安排到组织最合适的岗位上。常用的员工招聘测试的方法有：笔试、面试、心理测试、情景模拟测试等。

（1）笔试　笔试是指通过纸笔或计算机测验的形式，对应聘人的基本知识、专业知识、管理知识、综合分析能力和文字表达能力进行衡量的一种方法。笔试的类型有广度测试、结构测试和深度考试，依次分别是百科知识、相关知识和业务知识测试。通常笔试合格者才能取得面试和下一轮测试的资格。

（2）面试　面试是通过主试与被试双方面对面地考察、交谈等双向沟通方式，了解应聘者的素质状况、能力特征及求职动机的一种人员甄选技术。通过供需双方的正式交谈，组织能够客观地了解应聘者的业务知识水平、外貌风度、工作经验、求职动机、人际交往与沟通技巧、应变能力、分析判断能力、个人兴趣爱好、与职位匹配性等信息，应聘者也能进一步了解组织的信息。

（3）心理测试　随着社会化大生产的发展，社会分工越来越精细，工作本身对人的素质和心理适应性的要求越来越高，这就要求在人员和工作之间选择最佳匹配。单凭个人经验的选拔方法无法对人的心理素质进行科学准确的评估。心理测试主要包括：职业能力倾向测试、个性测试、价值观测试、职业兴趣测试和情商测试等。

（4）情景模拟测试　情景模拟测试是根据被试者可能担任的岗位，编制一套与该岗位实际情况相似的测试项目，将被试者安排在模拟的、逼真的工作环境中，要求被试者处理可能出现的各种问题，用多种方法来测试其心理素质、实际工作能力、潜在能力等综合素质。情景模拟测试主要形式有公文筐测验、无领导小组讨论、角色扮演和管理游戏等。

人员选拔就是从应聘者中遴选出组织需要的员工的过程。由于这一步将直接决定最后所录用的人选，因而是招聘过程中最关键的一步，也是技术性最强的一步。在这一过程中需要运用到上述提到的测试方法。

员工录用过程主要包括：录用决策、背景调查和体检、通知录用者、办理录用手续、签订试用合同、新员工培训、正式录用。

7.3.2　员工的培训与开发

1. 员工培训与开发的概念

员工培训与开发是指组织根据发展和业务的需要，通过学习、训练等手段旨在改变员工的价值观、工作态度和工作行为，提高员工的工作能力、知识水平，从而促进组织效率的提高和组织目标的实现。

2. 员工培训与开发的原则

员工的培训与开发必须制定基本原则，并以此为指导，确定合适的训练计划，激励受训者。具体原则如下：

（1）学以致用原则　员工培训与开发应当有明确的目的性和针对性，要从实际工作的需要出发，充分考虑工作岗位的特点，结合员工的年龄、知识结构、能力结构、思想状况等因素，务求做出全面的规划，决定培训与发展的内容。

（2）专业知识技能与组织文化并重原则　员工培训与发展的内容，除了文化知识、专业知识、专业技能的提高外，还应包括社会主义核心价值观等方面的提升。而后者又要与组织文化、职业道德等结合起来，以便培养员工的工作态度，使员工在各方面都能够符合组织的要求。

（3）全员培训与重点提高相结合原则　全员培训就是有计划、有步骤地对在职的所有员工进行培训，这是提高全体员工素质的必经之路。一般要按职级的高低安排培训的先后顺序，自上而下，先培训与开发对组织兴衰有着重大影响的管理干部和技术骨干，来增强领导素质，继而培养有前途的梯队人员，再者培训基层员工。

（4）培训效果的反馈与强化原则　培训效果的反馈与强化是不可缺少的重要环节。前者是指在培训后对员工进行检验，其作用在于巩固员工学习的技能、及时纠正错误和偏差。后者则是指由于反馈而对接受培训人员进行的奖励或惩罚。其目的一方面是为了奖励接受培训并取得绩效的人员；另一方面是为了加强其他员工的培训意识，使培训效果得到进一步强化。

3. 培训需求分析

培训需求分析通常在组织、业务和员工三个层次上进行。

（1）组织分析　对组织层面的分析主要是对照组织的目标和资源，对人力资源的培训和需求的必要性和适当性做出正确的判断，确定组织的培训框架、目标和实施步骤。培训要与组织的目标和战略、组织绩效、组织结构、内外部环境等内容联系起来。

（2）业务分析　组织的业务是不断发展的，随着科学技术的发展，组织的产品会不断升级换代，技术含量不断提高，员工所在的工作岗位也会随之变化，以适应新的趋势。通过探讨组织未来几年内业务发展方向及变革计划，对岗位要求、工作绩效、工作环境等进行重新评估，以确定业务重点，并配合组织整体发展策略，运用前瞻性的观点，将新开发的业务，事先纳入培训范畴。

（3）员工分析　员工分析的重点就是解决哪些员工需要培训以及培训什么内容。不同的员工有不同的培训需求，对于组织大多数员工的培训需求，应当放在优先考虑的地位。培训可以缩小和弥补员工实际工作绩效与标准工作绩效的差距。尽管员工的实际工作绩效已经达标，但因组织的工作需要，安排员工接受高一层次的培训，也是员工分析时应加以考虑的。

4. 员工培训的形式

组织培训的具体形式是多样化的，常见的员工培训形式有：

（1）传统讲授法　培训师通过语言的表达系统地向受训者讲授知识、传授技能，期望受训者能够记住消化其中重要的理念和特定的知识技能。其优点在于运用起来方便，便于培训者控制整个过程，其缺点是单向信息传递，反馈效果差。

（2）视听技术法　通过现代多媒体技术对员工进行培训。其优点是运用视觉与听觉的感知方式，直观鲜明，易被学员接受，但缺少互动环节，且制作和购买的成本高，内容易过时。

（3）案例分析法　通过向培训对象提供相关的背景资料，让其寻找合适的解决方法。这一方式可以有效地训练学员分析解决问题的能力，且使用费用低。

（4）角色扮演法　授训者在培训师设计的工作情景中扮演其中的角色，其他学员与培训教师在学员表演后作适当的点评。由于信息传递多向化，反馈效果好，实践性强，费用低，因而多用于人际关系能力的训练。

（5）问题讨论法　一般有小组讨论与研讨会两种方式。小组讨论法的特点是信息交流方式为多向传递，学员的参与性高。研讨会多以专题演讲为主，学员与演讲者进行互动交流，特点是信息可以多向传递，反馈效果较好。问题讨论法多用于巩固知识，训练学员分析、解决问题的能力与人际交往能力，但运用时对培训师的要求较高。

（6）网络培训法　网络培训法是一种新型的计算机网络信息培训方式。这种培训方式信息量大，新知识、新观念传递优势明显，使用灵活，符合分散式学习的新趋势，节省学员集中培训的时间与费用。

5. 员工职业发展管理

员工在组织中的职业发展途径通常有以下两种选择：一种是根据职业发展的领域可分为专业技术型与行政管理型，另一种是根据职业发展的方向可分为纵向型、横向型与核心型。纵向型发展是指组织内员工个人工作职位纵向的晋升，横向型发展是指员工在组织内各平行职能部门间的工作轮换，核心型发展是指员工由组织外围逐步向组织核心方向发展。

从组织的角度而言，员工职业发展的管理包括以下内容：

（1）制订组织的职业计划　组织的人力资源部门在充分了解员工个人在成长发展的方向和兴趣的基础上，把组织发展的需要同增强员工的满足感统一协调起来，制订出组织的职业计划。

（2）评价员工个人能力和潜力　组织能否恰当评价每个员工个人的能力和潜力是组织职业计划的关键。传统的方法是通过对员工的绩效考核与评价来测定的，现在逐渐采用心理测试和评价中心等先进的科学方法来测评员工的个人能力和潜力。

（3）引导员工制订和实施职业生涯规划　组织应有效地对员工进行职业指导，帮助他们选择合适的岗位，让员工在个人目标与组织内存在的机会之间达到更好的结合。

（4）提供员工职业发展平台　组织为员工提供职业发展机会，或委以重任，或多岗位历练，或授以艰苦复杂工作，使其在实际工作中积累经验，增长才干。

（5）疏通员工职业通道　员工职业发展的障碍既有来自职业自身，又可能产生于个人生物周期的问题，甚至来自家庭等社会因素。因此，帮助员工疏通职业通道，解决问题实际问题是非常有必要的。

7.4　绩效管理与薪酬管理

7.4.1　绩效管理

1. 绩效的含义

绩效是指员工在工作过程中以个人知识、技能等的投入，通过一定的方式、方法取得相应的结果，体现出员工对组织的贡献和价值。绩效具有多因性、多维性和变动性的特点。员工个人绩效的优劣及形成是多种因素综合作用的结果，而不是由某个单一的因素能够决定的。因此，必须从多维度或多方面分析考查员工的工作绩效。员工个人的绩效随着时间的推移和主客观条件的变化也会发生变化。

2．绩效管理的概念

绩效管理是指管理者与员工之间为了达到组织目标，共同参与绩效计划制订、绩效沟通辅导、绩效考核评价、绩效结果应用、绩效目标提升的持续改进的循环过程。绩效管理的目标在于改进提升组织的绩效水平，提高员工的能力和素质，促进管理和业务流程的优化。

绩效管理是一个完整的、循环的和持续的系统，当组织目标和岗位职责确定后，就进入绩效计划、绩效实施、绩效考核、绩效反馈与改进流程中，同时绩效管理的结果将被应用在薪酬激励、职务晋升、岗位调整、培训开发等。

绩效考核是指组织根据既定的员工绩效目标，收集与员工绩效相关的各种信息，借助一定的方法，定期对员工完成绩效目标的情况进行考查、评价和反馈，从而促进员工绩效目标的实现并促进组织整体绩效目标的实现的管理活动。

3．绩效计划的制订

绩效计划是管理者和员工共同参与、确定的考核期内员工应该完成哪些工作以及工作标准等具体内容的过程。

（1）计划准备阶段　绩效计划是由组织高层管理者在内的领导小组与部门共同讨论、部门主管与员工共同协商而制订的。为了使上述活动达到预期的效果，事先必须准备好相应的信息。这些信息包括：①组织的战略目标、年度经营计划等组织信息；②生产、销售等业务部门和财务、人力资源等支持部门的目标和任务；③员工的工作描述与上一绩效期间的评估结果。

（2）计划沟通阶段　绩效计划是双向的沟通过程，沟通的主要任务是管理者和员工经过充分的交流，对绩效计划期内部门与员工的工作目标、任务及标准达成共识的过程。绩效考核领导小组注重指导和协调，多听取部门和基层意见。管理者与员工的沟通应在平等的基础上，注意倾听被考核者意见。沟通的主要内容包括绩效标准、绩效目标、绩效权重以及绩效考核的频度。

（3）审定和确认阶段　经过充分沟通，管理者与员工在绩效目标、标准和权重方面达成一致，绩效计划就初步形成，下一步就进入审定和确认阶段。确认时应做到：员工清楚知道自己的目标与组织的整体目标是密不可分的；员工的工作描述已反映本绩效期内主要的工作内容且按照现有的组织环境进行了修改；主管已与员工就主要工作任务及其重要程度、工作权限、可能遇到的困难和障碍达成了共识；主管与员工签订了工作指标、标准、结果等内容的协议书。

4．绩效考核方法

常见的绩效考核方法有：

（1）图尺度考核法　采用图尺度表填写打分的形式进行考核。它一般从德、能、勤、绩四个方面作为考核项目，且赋予不同的权重，再将评价项目分为若干等级予以量化，建立考核尺度和量表。这种考核方法由于对被考评者是同一尺度考核且可量化，方便易行，在绩效考核中应用较为普遍。

（2）分级排序法　分级排序法可分为简单排序法和交替排序法。简单排序法就是在全体被考核员工中挑选出绩效最优秀者列于首位，再找出次优者位列第二，依此类推，直至最差的一个放在末尾。交替排序法就是分别挑选、排列的“最优的”与“最劣的”，然后挑选出“次优的”与“次劣的”，依此类推，直到将所有的被考核员工排列完为止，从而以优劣排序作为绩效考核的结果。其优点是操作简单，缺点是人为因素太大。

（3）员工比较法　此法是一种相对标准的度量方法，通过综合各度量的内容，对员工按优劣系统排序。员工比较法可分为配对比较法和人物比较法。前者是指把每一位员工和其他员工一一配对进行比较，后者是指考评前，先确定一名员工，以其各方面的工作标准为参数，对其他所有被考核者在每一个要素下进行考评。

（4）强制分布法　强制分布法是指按正态分布曲线规定的比例将被考核者分配到各个绩效类别中去。此法是根据事物“两头小，中间大”的规律，先确定好各等级在总数中所占的比例。这种方法可以避免难分优劣或滥评优秀的现象发生。

（5）关键事件法　关键事件法是指考评者在较长的一段时间内，通过观察，不间断地用“工作日志”的方式记录下员工在工作中表现出来的有关工作成败的“关键性”行为和行为结果来对其绩效水平进行绩效考核的方法。这种方法要求记录情况具体、客观，在考核时点上与该员工进行面谈，根据记录共同讨论来对其绩效水平做出考核。

（6）行为锚定法　这是基于对被考核者的工作行为进行观察、考核评定绩效水平的方法。它为每一职位的各考核维度都设计出一个评分量表，并有一些典型的行为描述性说明词与量表上的评分标准相对应和联系（即锚定），对依次被考核者的绩效进行考核。

（7）目标管理法　目标管理法是指各级管理者和员工一起讨论、共同制定工作目标，在实施过程中主管给予员工指导并互相探讨完成工作目标情况，在评价阶段主管和员工共同检查目标是否达到，并在此基础上提出下一轮的目标。

（8）360°考核法　360°考核法又称为全视角考评法，最早被英特尔公司提出并加以实施运用。员工通过自己、上级、同事、下属、客户等不同主体来了解其工作绩效，知晓各方面的意见，清楚自己的长处和短处，达到改变行为、提高绩效的目的。这种方法的优点是评估比较全面，评价比较客观，同时通过反馈可以促进工作能力，也有利于团队建设和沟通。

（9）平衡计分卡　平衡计分卡是以组织战略为导向，通过财务、客户、内部业务流程、学习与增长四个方面及其业绩指标的因果关系，全面管理和评价组织综合业绩。它是由美国哈佛商学院的卡普兰和诺顿教授创建的一套组织绩效评价体系。

5．绩效反馈与结果应用

（1）绩效反馈　绩效反馈是绩效管理过程的一个重要环节。它是由管理人员就被考核者在考核周期内绩效情况进行反馈，一同回顾和讨论考评的结果，在肯定成绩的同时，指出工作中的不足，提出加以改进的方法。绩效反馈是提高绩效的保证，架起考评双方沟通的桥梁，排除目标冲突，提高绩效管理系统的有效性。

（2）绩效面谈　是指在员工确认其绩效考评结果签字后，主管就员工在绩效期内工作存在的问题与其进行交谈，帮助其解决问题，以便制订下一步绩效改进计划。绩效面谈前要准备充分，把握好面谈时机；注意营造良好的沟通环境，面谈开始前要做好铺垫；面谈应以表扬为主，批评为辅，提出对未来展望；反馈时应强调具体行为，只针对工作本身而不针对个人；反馈要确保对方全面准确理解。

（3）绩效效果评估　绩效管理处于不断完善的过程考核，因此必须对整个管理过程进行有效评估。一个绩效管理系统可以采用绩效信度、效度、可接受度以及完备性四个标准来评价。绩效信度是指考核结果反映绩效状况的准确度，信度要求主要体现在再测信度和考核者信度。绩效效度是指绩效管理系统对于绩效有关的所有内容进行评价的程度。绩效可接受程度是指被考核者对绩效管理系统的认可和接受程度。绩效完备性则是指绩效管理系统适用不同考核目的的能力。

（4）绩效管理结果运用　绩效管理的目的是改进绩效、推进工作、提高效率。绩效管理结果的应用要结合组织管理资源的实际情况，充分考虑组织文化的负载能力，使之与薪资收入、职位晋升匹配，兑现奖惩。同时将考评信息与资源配置、岗位设置、管理损耗、工作问题以及人才信息等进行整合，为组织决策、管理运转和人才的培养使用，提供重要的信息支持。绩效考评的结果用于分配环节，主要用于晋升与调配、薪酬激励、培训管理等，如何运用考评结果，会直接影响考核的激励作用。用于管理环节，则主要用于不同人才的使用方向，对于顶尖人才，组织要绝对授权；对于业绩不佳者，应适当提醒，同时提供有针对性的发展支持；对表现尚可者，可以保留现有职位；对于表现平平但有潜力者，应适当施压，激发其进取力。用于淘汰环节，主要是激励先进，鞭策落后。

7.4.2　薪酬管理

有效的薪酬制度对于员工的工作态度、行为和绩效会产生积极影响。薪酬制度在设计和推行上，需要与组织的经营战略相互配合才能有效。薪酬管理对组织发挥自己的竞争优势，实现战略目标，吸引、留住和用好人才具有重要的作用，也是人力资源管理中最复杂的环节。

1. 薪酬的含义

薪酬是指员工为组织工作所获取的各种形式的酬劳，即组织对员工提供的劳务和所做的贡献而付出的报酬。薪酬分为货币性薪酬和非货币性薪酬两大类。货币性薪酬包括直接货币薪酬、间接货币薪酬和其他货币薪酬。其中，直接薪酬包括基础工资、绩效工资、奖金、各种津贴、股权、红利等；间接薪酬包括养老保险、医疗保险、失业保险、工伤保险、住房公积金、服务等；其他货币性薪酬包括带薪休假、法定假日、病事假等。非货币性薪酬体现在工作、环境和组织特征方面。其中，工作本身包括工作趣味性、工作成就感、工作有挑战感等；环境方面包括和谐的人际关系、领导者的关怀与器重、舒适的工作条件等；组织特征方面如组织在业界的声望和品牌、组织发展带来的机会和愿景等。

2. 基本工资制度

基本工资制度也称工资等级制度。在组织薪酬管理实践中，根据薪酬支付依据的不同，有岗位工资、职务工资、技能工资、绩效工资、工龄工资、薪级工资等薪酬构成元素。选择并确定工资制度形式体现着组织的价值导向。

（1）岗位工资制　岗位工资制是依据任职者在组织中的岗位确定工资等级和工资标准

的一种工资制度。岗位工资制的理念是：不同的岗位将创造不同的价值，因此，不同的岗位将给予不同的工资报酬；同时组织应该将合适的人放在合适的岗位上，使人的能力素质与岗位要求相匹配。岗位工资制鼓励员工通过岗位晋升来获得更多的报酬。岗位工资制的特点是员工只能根据目前的职位取得报酬，职位变化报酬也随之变化。职位通常与员工的资历、能力相联系。

（2）技能工资制　技能工资制是根据员工所拥有的与工作相关的技能与知识水平来决定员工报酬的一种工资制度。技能等级不同，薪酬支付标准不同。技能工资制的特点是员工的基本报酬是基于技术而不是资历来支付的，工资增长，先要证明其要求精通掌握的技术。

（3）绩效工资制　绩效工资制是根据员工的表现或绩效来决定员工报酬的一种工资制。绩效工资制的核心在于建立公平、合理的绩效评估系统。绩效工资制适用范围很广，可以应用在任何领域。计件工资制、提成工资制也都是绩效工资制。这种工资制最能体现收入与贡献挂钩的经济利益原则，有利于个人和组织绩效提升，实现薪酬内部公平和效率目标，降低人工成本。

（4）结构工资制　结构工资制是综合岗位、技能、绩效三种工资制的特点来决定员工工资的一种薪资制度。它是目前较为合理的、兼顾面较广的工资制度。实施这种工资制度的难度在于制定工资标准的复杂程度。

此外，还有对组织董事长、总经理等高管实行经营者年薪制。它是以年度为单位确定经营者的基本收入，并视经营成果评分来浮动发放风险收入的工资制度。

3．薪酬管理的内容与一般流程

薪酬管理的内容包括：薪酬总额管理、薪酬水平管理、薪酬制度管理以及薪酬的日常管理。薪酬总额管理是指薪酬总额的计划与控制及其调整。薪酬水平管理来自两个层面，一是组织内部各类员工的薪酬水平管理，二是与市场、行业平均水平相比组织整体薪酬水平管理。薪酬制度管理包括薪酬结构管理和薪酬的支付形式管理，薪酬制度管理指确定每个员工的薪酬构成项目以及各项目所占的比例，薪酬的支付形式管理是指确定薪酬计算方式，如计时制、计件制，生产总额，销售总量等。薪酬的日常管理主要是指薪酬调查、统计，调查结果分析，薪酬计划的制订，员工薪酬计算及调整等。

薪酬管理一般由以下环节组成：①明确薪酬管理的原则和目标；②组织结构设计，编写岗位说明书；③岗位评价；④地区与行业薪酬调查；⑤确定组织薪酬水平；⑥制定员工薪酬结构；⑦薪酬评估与成本控制；⑧实现薪酬目标。

4．薪酬管理的目标与原则

薪酬管理的目标是吸引和留住组织需要的优秀员工，激发员工提高工作所需要技能和能力的积极性，鼓励员工高效率地工作。薪酬管理应该坚持以下基本原则：

（1）战略导向原则　组织的薪酬管理不仅仅是一种制度，它更是一种机制，这就需要将薪酬体系构建与组织发展战略有机结合起来，让它在实现组织发展战略方面发挥重要作用。薪酬的作用是通过制订合适的薪酬策略来实现的，薪酬策略包括薪酬水平策略、薪酬结构策略、薪酬构成策略、薪酬支付策略、薪酬调整策略等。

（2）公平合理原则　组织在进行薪酬设计时一定要注重公平，这里的公平包括分配公平、过程公平和机会公平三个层次。分配公平有自身公平、内部公平、外部公平三个层面。只有实现内部公平和外部公平，才能让员工满意。薪酬制度本身的设计就是为了实现过程公平，在薪酬设计和薪酬分配过程中要体现过程公平。机会公平是最高层次的公平，组织在薪酬决策前应该与员工互相沟通，考虑员工的立场等。需要指出的是，公平是相对的，绝对的公平是不存在的。

（3）适度激励原则　组织内部各类、各级职位之间的薪酬标准要有所区别，适当拉开距离。适度激励主要体现在激励内容和激励方式要符合个体实际情况，在激励内容上，一方面，应该详细分析基本收入与绩效收入的比例关系，在基本收入满足员工生活基本需要前提下，应加大绩效工资、奖金等激励薪酬的比重；另一方面，注重发挥精神激励的重要作用。

（4）有利竞争原则　组织设计薪酬时必须考虑同行业薪酬市场的薪酬水平和竞争对手的薪酬水平。对关键的管理人员和核心技术人员的薪酬水平要高于竞争对手，对一般员工的薪酬标准可以略高于市场行情。

（5）经济合理原则　薪酬设计必须充分考虑组织自身的发展特点以及支付能力，平衡组织的近期和中长期发展，平衡股东和员工利益的关系。在进行薪酬设计时要进行人工成本测算，将人工成本控制在一个合理范围内，寻找到最佳平衡点。

（6）合法守规原则　薪酬设计要遵守国家法律法规和地方政策规定，反对不正当竞争，这是薪酬设计最基本的要求。特别是有关国家的强制性规定，组织在进行薪酬设计中是不能触碰的，比如，最低工资制度、节假日加班工资支付、员工养老保险等福利问题，组织必须遵守。

5．薪酬制度设计的程序

（1）工作分析　工作分析是薪酬制度设计的基础。组织管理层要在明确经营战略目标的前提下对岗位和人员进行分析，明确职能和职位关系，形成岗位工作说明书。

（2）岗位评价　岗位评价重在解决薪酬的对内公平性问题。它有两个目的：①比较组织内部各个职位的相对重要性，得出职位等级序列。②为进行薪酬调查建立统一的职位评估标准，使不同职位之间具有可比性，为确保工资的公平性奠定基础。

（3）薪酬调查　薪酬调查重在解决薪酬的对外竞争力问题。组织在确定工资水平时，需要参考当地人力资源市场的工资水平和同行业及竞争伙伴的薪资水平。

（4）薪酬定位　在分析有关薪酬数据后，根据组织状况选用不同的薪酬水平。这一程序包括薪资总额的计算、薪资标准的确定以及薪酬体系和薪酬结构的选择。薪资总额的计算通常要考虑市场行情、组织的支付能力和员工的基本生活费用。合适的薪酬体系和薪酬结构的选择是保证薪酬制度得以顺利实施的关键环节。

（5）设计薪酬制度　通过上述程序，确定本组织薪酬的基本管理办法，使之规范化、制度化，最终形成的文件就是薪酬制度。

（6）薪酬制度的实施和修正　在实施薪酬制度过程中，及时沟通、必要宣传或培训是保证薪酬制度成功实施的重要因素之一。人力资源部可以利用薪酬制度问答、员工座谈会、满意度调查、内部刊物等形式，充分介绍薪酬制度制定的依据。为保证薪酬制度的生命力，组织还要对薪酬的定期调整进行规定。

自我测试

1．下列哪一项不属于工作说明书的基本内容？（　　）

A．工作职责　　B．工作环境

C．工作中的晋升　　D．工作权限

2．一名员工的绩效，除了产量指标完成情况外，质量、原材料消耗率、能耗、出勤，甚至团结、服从纪律等硬性、软性方面的表现，都需要综合考虑，逐一评估，这体现了绩效的（　　）特点。

A．多因性　　B．多维性　　C．动态性　　D．不确定性

3．失业保险所属的员工福利类型是（　　）。

A．组织福利　　B．法定福利　　C．生活福利　　D．有偿假期

二、判断题

1．人力资本关注的是收益问题，人力资源关注的是价值问题。（　　）

2．工作分析作为一种活动，其主体是工作岗位，客体是工作分析者。（　　）

3．甄选工作在整个招聘过程中已经越来越居于核心地位，应该借助于多种甄选手段来公平、客观地做出正确的决策。（　　）

4．在现代组织中，员工的知识水平和技能已不再是影响工作绩效的唯一重要因素，员工的态度、观念对组织生产力及组织效益的影响日益加强。（　　）

5．关键事件技术是通过设计一定的表格，专门记录工作者工作过程中那些特别有效（成功）与特别无效（失败）的工作行为，可以作为将来确定任职资格的一种依据。（　　）

三、案例分析

案例 1　京东科技集团招聘

京东科技集团在刚刚起步时，曾在媒体发布向社会招聘高级技术管理人才的广告，在一周内就有 300 余名专业技术人员前来报名，自荐担任集团的经理、部门主管、总工程师等。公司聘请了人力资源管理方面的专家组成招聘团，并由总裁亲自参加。随后，招聘团对应聘者进行了笔试、面试等选拔测试，挑选出一批优秀的人才。这次向社会公开招聘人才的尝试，给集团带来了新的生机和活力，使其迅速发展成为当地知名的公司。随着知名度的迅速提高，该集团开始从组织内部寻找人才。集团决策层认为：寻找人才是非常困难的，但是组织内部机构健全，管理上了轨道，大家懂得如何做事，单位主管有知人之明，有伯乐人才自然会被挖掘出来，基于这个思想，每当人员缺少的时候，该集团公司并不是立即对外招聘，而是先看本集团公司是否可以互通有无进行人才交流，只要是本部门需要的人才，经双方部门领导同意就可以向人力资源部提出调动申请。

案例思考题：

1．在起步阶段京东科技集团为什么采用外部招募的方式？

2．随着企业知名度的提高，京东科技集团为什么优先从组织内部寻找人才？

案例 2　华联公司的绩效管理

华联公司是一家大型连锁企业，公司的管理人员和员工共有近千人。到了年底，公司又开始了一年一度的绩效考评，考评结果与奖金挂钩。人力资源部将一些考评表发放到各个部门的经理，部门经理在规定的时间内填完表格，再交回人力资源部。老袁是营业部的经理，他拿到人力资源部送来的考评表格，表格主要包括了对员工工作业绩和工作态度的评价。其中，工作业绩一栏分为五档，每一档只有简短的评语，如超额完成工作任务、基本完成工作任务等。年初，由于种种原因，老袁并没有将员工的业绩目标清楚地确定下来，因此对业绩考评时，无法判断谁超额完成任务，谁没有完成任务。工作态度就更难填写了，平时没有收集和记录员工的工作表现，到了年底，他仅对近一两个月的事情有一点记忆。由于人力资源部又催得紧，所以老袁只好在这些考评表上勾勾圈圈，再加一些轻描淡写的评语，交给人力资源部。想到这些绩效考评要与奖金挂钩，老袁感到如此做有些不妥，他决定向人力资源部建议重新设计本部门营业人员的考评方法。

案例思考题：

1．该公司绩效管理存在哪些问题？

2．针对上述问题，你认为该公司应如何改进？

第8章 领导

学习目标

1. 领会领导的概念和内容；了解领导的作用。

2. 掌握领导者的类型和领导者应具备的基本素质；了解领导集体的构成。

3. 掌握领导特质理论、领导行为理论和权变理论的主要内容；了解领导艺术及其技能培养。

8.1 领导概述

8.1.1 领导的含义

1. 领导的概念

什么是领导？领导是指导和影响群体或组织成员的思想和行为，使其为实现群体或组织目标而做出努力和贡献的活动过程。

知识链接 8-1

《斯托格蒂尔手册》与西方的领导定义

①领导是群体过程的中心；②领导意味着人格及其影响；③领导是劝导服从的艺术；④领导是影响力的运用；⑤领导就是一种行动或行为；⑥领导就是一种说服的形式；⑦领导意味着一种权力关系；⑧领导就是一种互动中逐渐形成的效果；⑨领导是一种分化出来的角色；⑩领导意味着结构的创始；⑪领导就是一种实现目标的手段。

2. 领导者

领导者是一个被委派到某一职位上，具有职权、责任和义务来完成组织目标与目的的人，如市长、厂长等。大多数的组织都面临着一个不断寻求具有必要的能力来有效地进行领导的人才的问题。领导人是能把别人吸引到自己周围的人。领导人就是别人想要跟随的人，是能够得到别人的信任和忠诚的人。一个组织的领导人就是以计划、组织、监督、控制、沟通信息、委派任务和承担责任来实现组织目标的人。据国外的研究结果表明，职工积极性的发挥 40%是由领导者的才能所诱发出来的，而 60%是由其他因素（社会压力、自身为了保住工作需要、获取高报酬等）诱发的。

3．被领导者

被领导者是指领导者所辖的个人和组织、团体。在组织活动中，被领导者的角色定位表现在服从领导、支持领导以及监督领导等方面。改善领导者与被领导者的关系是提高领导效率的重要条件。在组织活动中领导者往往处于主动地位，领导者应当主动与下属沟通，关心下属的生活、工作，团结大多数，与下属建立良好的信任关系，勇于接受下属的批评和监督。

4．领导者的责任

领导者的责任首先表现为运用自己拥有的职权，保证组织目标的实现。为达到这一目标，领导者必须承担相应的政治责任、法律责任和社会责任，同时还要满足组织成员个人的合理需要。领导者的职权越大，所承担的责任越重。

5．领导者的服务

领导的本质是服务。领导者必须树立服务的思想，应该代表国家利益、人民利益，为社会服务，为人民服务，为下属服务。

8.1.2　领导的内容

1．权力或影响力的形成和运用

这是有关领导工作的最狭义的概念。一个领导者获得影响力的途径是多样的。法定权力、奖赏权力和强制权力等统称为职位权力（或制度权力），而与个人因素相关的专家权力、感召和参考权力统称为个人权力。正式组织中的有效的领导者应该是兼具职位权力和个人权力的领导。领导工作构成的第一部分就是权力的形成和运用。权力是一个人对他人施加影响的基础，或者说权力是一个人主动影响他人行为的潜在能力。

2．激励

领导者要诱导和激发员工朝着目标行动，就要了解人的需要、愿望，这些构成了人的动机。人的动机都建筑在某些未满足而要求得到满足的需要的基础之上。可以说，管理者越是懂得什么东西在激励员工，以及这些激励如何发挥作用，那么他们就越有可能成为有效的领导者。

3．沟通

沟通是领导者和被领导者进行交往的不可或缺的活动。沟通是人与人之间传达思想感情和交流情报信息的过程。领导者正是通过沟通掌握信息、了解员工感受，为制定恰当的决策奠定了基础。

4. 营造组织气氛，建设组织文化

组织气氛亦称组织的氛围、气候等，就是组织成员对组织内部环境所感觉到的某种特性或特质。它不是组织中某一成员的偶尔的感觉，而是组织内所有成员共有的总的感觉，如对组织结构和程序规则的感觉，对领导风格的感觉，对工作评价手段和奖惩制度的感觉等。领导者不仅要对各种各样的激励因素做出反应，而且常常需要利用所创造的组织气氛和组织文化去激发或抑制某些激励因素，使员工保持高昂的士气和良好的工作意愿。

8.1.3 领导的作用

在带领、引导和鼓舞下属为实现组织目标而努力的过程中，领导的作用如下：

1. 指挥作用

领导者必须高瞻远瞩，目标明确，指挥有方，为下级指明目标及达到目标的途径，从而充分利用所有成员的力量达到组织的目标。指挥作用包括根据组织内外部条件制定组织目标，进行重大决策，合理地使用人、财、物等资源保证目标的实现，以及实现目标的方式和步骤等。

2. 协调作用

在实现组织目标的过程中，不同的人认识出现分歧、行动偏离目标的现象不可避免，因此需领导者协调人们的关系和行动。协调作用包括建立科学的管理体系，提高管理的科学性和有效性，把组织的各级目标与组织的最高目标统一起来，使组织成员能够为着一个共同的目标发挥自己的作用。

3. 激励作用

领导者需要运用行政的、经济的和思想政治工作手段调动组织成员的积极性，激发下级实现组织目标的热情，提高被领导者的行为效率。

4. 控制作用

领导者不光要鼓励下级为组织目标努力，同时也要控制和评定下级的工作表现。在组织活动过程中，领导者能够及时获取较为全面的信息，通过对活动效果和组织目标的比较，迅速发现组织中存在的问题，建立有效的控制标准来衡量工作是否开展成功，保证组织活动按照组织目标的要求实施。

5. 沟通作用

沟通是领导者和下属进行交往的不可或缺的活动。领导的沟通作用，可以使领导者的命令、指示下达至下属并得到执行，同样，领导者也可以及时了解下属的需要及反应，使双向信息的交流有效开展。

案例 8-1

百鸟朝鸭

有这么一个小故事：鸭成了百鸟的头儿。这天，百鸟都来朝拜，鸭头戴着王冠高高地坐在王位上，嗓音嘶哑但不失威严地说："听说各位都挺有本领，本王今天倒要亲眼看一看，会飞的、会跑的、会唱的、会跳的，谁有什么绝活儿，都拿出来露一露。本王任人唯贤，决不埋没人才！"三通鼓响，只见善飞的腾空而起，善跑的绝尘而去，会唱的引吭高歌，爱跳的舒臂劲舞。转瞬间，鸭王的身边，只剩下一群不知所措的鸭民，一个个伸头缩脑，面面相觑。

一声锣鸣，百鸟纷纷回到鸭王身边，左右两行，一字儿排开。鸭王清了清嗓子说："为人之道，须脚踏实地，温文尔雅，谦虚平和，老成持重。而你等之辈，善飞的好高骛远欠踏实，善跑的性情急躁欠平和，善舞的行为不检欠文雅，善歌的言语轻佻欠稳重，德才兼备的么……"鸭王没有往下说。因为它发现，自己的身边又只剩下鸭民了。

管理启示：所谓领导者，其实就是承认、聚合众人的优点，而后帮助下属实现他们的目标，在这个基础上，最终实现自己的宏伟目标的人。而身无特长又没有"海纳百川"胸怀的鸭子，即便是当上了百鸟的头儿，还是无法欣赏自己臣民的长处，也就无法建立起自己的领导权威，更别说会有什么作为了。

【问题】鸭王作为领导者有哪些不妥之处？

8.2 领导者与领导集体

8.2.1 领导者的类型

领导类型的划分，可以有不同的分类方法，根据领导方式的不同，可以将领导划分为以下五种：

1. 集权型领导

集权型领导是指以专制、独裁为特征的领导。这类领导者通常认为权力来自他们所处的地位和担负的职务，认为职工的本性是懒惰消极的，不愿接受约束，并害怕承担责任，因此，不能予以信任，必须严加管理。

2. 民主型领导

这类领导者强调领导的权力由企业职工群体赋予，认为被领导者是勤奋的、勇于负责的，在受到激励后，能够主动协调个人行为与工作的关系，具有自我控制能力。他主张将权力定位于职工群体手中，使之享有充分的民主权利，鼓励职工自行决策，实现自主管理。

3．任务型领导

这种类型的领导把完成工作任务作为一切活动的中心，注重建立严密的劳动组织和严格的劳动纪律，强调指标和效率，欣赏紧张有序、快节奏的工作气氛，并将全部精力和注意力集中于工作任务本身，一定程度上忽视对职工利益、要求和工作情绪等方面的关心。

4．关系型领导

这类领导强调人是企业各项工作的中心，高度重视对职工的关心、体谅和支持，注重满足职工的各种物质和精神需要，强调维持良好的群体关系的重要性；注意建立多方位的沟通渠道，利用各种机会与下级保持密切接触；同时在经营管理中主张宽松，以形成融洽、友善的群体气氛。

5．兼备型领导

这类领导兼有以上各种领导类型的特点，既强调权力的适当集中，以保证指挥的统一和企业组织的整体性，又注重必要的分权，使职工的主动性、创造性得到发挥。同时，把完成工作任务与满足职工需要放在同等重要的地位，既注重工作效率，又重视对人的关心；既有严格的管理，又维持良好的人际关系。

值得指出的是，以上五种类型的领导，在现实活动中企业领导者往往并不单纯是某种典型方式，由于个人风格不同、性格不同，部分由于先天的原因，部分由于选择的结果，具体的领导方式通常是几种方式配比组合形成的个性化的领导，由此在集权和民主、关心任务与关心人等极端方式之间，形成一系列中间化、混合型的领导类型。

8.2.2 领导者的素质

领导者的素质就是一个人担当领导者后其生存和发展所必须借助的、来自于先天和后天而凝结于该主体内部的质和量，应该包括作为一个普通人的一般素质和充当一个领导者的特殊素质，总体上包括思想素质、科学文化素质、身体心理素质和组织管理素质四大方面。

1．思想素质

领导者应有强烈的事业心、责任感和创业精神；有良好的思想作风和工作作风，能一心为公，不谋私利，谦虚谨慎，戒骄戒躁，不文过饰非，严于解剖自己，深入基层，善于调查研究，工作扎实细致，有布置、有检查，实事求是，不图虚名；艰苦朴素，与群众同甘共苦，不搞特殊化，品行端正，遵守规章制度和道德规范；有较高的情商，具有影响他人的魅力，平等待人，和蔼可亲，不计较个人恩怨，密切联系群众，关心群众疾苦，多为群众办好事，不拉帮结派。

2．科学文化素质

科学文化素质是领导者的力量源泉，是增添领导才能和领导魅力的基础性个体特质，也是开展领导工作的基础性条件。具备良好的科学文化素质是从事现代领导工作最起码的要求，是领导者适应复杂多变的环境所应具备的主要条件。领导工作本身就是一项脑力多于体力的工作，随着全球化、信息化和知识经济时代的到来，对领导者的科学文化素质提出了更高的要求，包括以下七个方面：

1）要学习和掌握多方面的知识和技能。为培养多方面的能力，所要学习的知识主要包括三个方面：一是文化科学的基础知识和市场经济的基础知识；二是与管理工作密切相关的专业技术知识；三是管理工作和领导工作的软科学知识。

2）要不断自学、参加学历教育或专业培训。要通过不断自学、参加学历教育或专业培训，提高自己的知识水平，并掌握学习新知识、获取新信息、开发自己潜能的方法。勤于学习，不断充实自己，是领导者自身可持续发展的主要前提。

3）要注意在实践中运用各种科学知识并善于创新，及时总结经验。在实践中运用各种科学知识并善于创新，善于及时总结经验，这样既能推动实践发展、出成绩，又能推动理论发展、出成果。

4）要尊重科学，相信科学，运用科学，提高决策的科学性和管理的有效性。

5）要懂得使用“外脑”，建立专家智囊团要懂得使用“外脑”，建立专家智囊团，以弥补自己知识结构的不足。另一方面，在组织领导班子时，也可考虑领导者之间的知识结构的互补。

6）懂得运用多种渠道获得知识信息资讯，如各种报纸、杂志、图书，国际互联网，人际交往，特别是国际互联网，要掌握上网的技术。

7)要重视自己组织内的管理人员和员工的再教育和再培训,提高他们的科学文化素质,创建学习型组织。

3．身体心理素质

身体心理素质是领导者的健康保证，拥有健康就拥有了希望。领导工作是压力大、难度大、强度大、头绪多、节奏快、时间长、忙不完的工作，领导者必须具备比一般人更好的身体心理素质。身体素质是指良好的体质状况和健康程度，更重要的是要懂得如何获得和保持良好的体质和健康状况。心理素质是一个人认知、情感、意志和个性的品质及其对自己心理状况的调节能力。良好的心理素质主要包括认知正常、思维超群、情感深沉、情绪可控、意志坚定、积极能动、成就动机高、追求卓越、自信、律己、勤奋、忠诚、能应对挫折、调节心理等方面。

4．组织管理素质

组织管理素质是领导者业务能力的关键，主要表现在以下十个方面：

1）高瞻远瞩、描绘远景。一个领导者要实现其领导的使命，就必须站得高、看得远，有全球视野，有历史眼光，洞察国内外政治、经济、科技等发展趋势，看到别人看不到的东西。能规划未来、描绘远景，确立自己和组织的发展方向和使命，为组织及员工树起一面前进的鲜明旗帜，感召和凝聚他们为共同的远景目标而同舟共济、努力奋斗。

2）科学决策、制订战略。有了远景，还要对实现远景的路径、步骤、目标、重点、资源等做出选择，这就需要根据组织的实际和环境的变化，拟订多种方案，做出科学决策，制订战略。

3）统筹组织、用人授权。领导者必须调动一切力量和资源，设计组织结构、设置工作岗位、选用合适人员、明确职责职权、分配各种资源、建立运行规章，其中的关键是使用授权的能力，因为人是一切事业成败的关键。

4）有效沟通、善于协调。在组织内部组织成员包括上级、同级和下级，是由不同专业、不同个性的人组成的，他们不可避免地有自己的想法，有自己的个人目标，这些个人想法或目标，未必都与组织的目标相一致，可能存在不同程度的冲突，这就需要进行有效的沟通，力求使组织成员的个人目标与组织目标统一起来，协调好方方面面的利益。在组织外部，领导者也需要与有关部门进行沟通和协调，争取各方面的支持。沟通贯穿于管理的各种活动之中，是十分重要的能力。

5）自我激励、激励下属。在实现目标的过程中，肯定会碰到各种各样的困难，面对困难，领导者要能自我激励、积极乐观，有不怕困难的勇气和胆识，并激励下属克服困难、风雨同舟。另一方面，随着专业分工细化，越发强调每个职工各负其责，并进行一定程度上的自我管理，因此领导者要能激励下属发挥自己的潜能，创造性地完成工作。

6）有效交往、建立团队。领导者可以说绝大多数时间都在跟组织内外的各种人打交道，特别是和组织内部的上级、同级和下级打交道，能否有效地同他们交往，建立一支精诚团结、同心同德的团队是十分重要的。特别是领导班子的团队建设，完全靠命令来维持正式工作关系是不够的，需要靠人际关系的艺术，结成有多种感情的团队才行。否则，有可能导致内讧或各自为政，力量耗散而事倍功半。

7）统驭有术、指挥有方。正确对待和合理使用自己的权力，懂得根据不同的情景、任务和个体，选择不同的有效的领导方式，发挥自己的影响力，指挥有方。

8）刚柔相济、控制得当。领导者要及时掌握在执行过程中的反馈信息，发现问题，及时纠偏。既要对照规章进行监督检查，赏罚分明，又要讲究管理艺术，理解、爱护和帮助下属，将心比心，力求刚柔并济、控制得当。

9）双赢导向、谈判有术。在组织的发展过程中，作为组织的负责人的领导者经常代表组织与供货商、销售商、合作伙伴、竞争对手等进行业务谈判，在谈判中，不可避免地各自从维护自身利益出发，理想化地要价过高，如果持有一方的获益来自另一方的代价即我赢你输的观念谈判，往往会丧失双方均可能获益的谈判机会。因此，应该以双赢为导向，寻求第三种共同接受的都获益的方案。

10）勇于变革、创新发展。当今时代，科技飞速发展、市场变化多端、消费需求提升等促使一个组织要不断地根据环境的变化做出变革。另一方面，一般组织也有一个从创业、发展、成熟到衰退的周期，为获得可持续发展，领导者就必须勇于变革，勇于创新，使企业焕发生机，不断发展。

案例 8-2

一幅画的启示

某金融公司副总经理齐女士，是一位杰出的经理人，她从不打官腔，也不为难部属，对于犯错的部属，也不会疾言厉色，总是婉转的规劝，使部属能够心悦诚服地改正错误。在部属心目中，她是一位难得的好上司，因为她有容忍部下犯错的雅量，不断地训练部属，而且能够发觉部属的优点与潜能，并予以有效的诱导与激发。她这种领导部属的方法，是受了一幅画的影响。

在她的小孩念小学之时，有一天她去参加学校的家长会。老师带着她参观孩子们所画的图画，她看到了一幅取名为“妈妈带我去逛街”的图画，上头除了许多条腿之外，什么也没有。齐女士看了这幅画，心中十分纳闷，为什么逛街的画上，只有腿而没有别的东西呢？老师笑着解释说：“小朋友个子小，在逛街时所看到的当然只有许多大人的腿了。”这件小事给了她很大的启示。如果你要小孩看清街上的情景，就得把他抱到与大人相同的高度；同样地，你要部属能够达成工作目标，就得容忍部属的错误，并竭尽所能训练他们、帮助他们，使他们逐渐地进步与成长，否则部属就会像那小孩一样，永远只看到别人的腿了。一幅小朋友的画，带给了齐女士很大的启示，并塑造了她领导部属的风格。

【问题】齐女士作为一位领导者，具备了哪些素质？你认为齐女士是什么风格的领导者？这种领导风格有什么优点？

8.2.3 领导集体的构成

组织中的领导者并非一个人，而是由一群人组成。领导班子的结构一般包括：年龄结构、知识结构、能力结构、专业结构等。

1. 年龄结构

不同年龄的人具有不同的智力、不同的经验。因此，寻求领导班子成员的最佳年龄结构是非常重要的。领导班子应该是老、中、青结合，向年轻化的趋势发展。一个领导集体中应有一个合理的老、中、青比例，有一个与管理层次相适应的平均年龄界限。在不同管理阶层中，对年龄的要求，对年轻化的程度，应有所不同。

2. 知识结构

知识结构是指领导班子中不同成员的知识水平构成。领导班子成员都应具有较高的知识水平。没有较高的文化知识素养，就胜任不了管理现代化企业的任务。在现代化企业中，大量的先进科学技术被采用，在复杂多变的经营环境中，为了使企业获得生存，求得发展，企业领导人员必须具备广博的知识。随着我国社会经济的发展，员工的文化水准在不断提高，各类组织的各级领导者都在向知识型转变。领导的效能不仅与领导者的知识有关，而且与他运用知识的能力有密切的关系。这种运用知识的能力对于管理好一个企业是非常重要的。

3. 能力结构

能力是一个内容十分广泛的概念，它包括决策能力、判断能力、分析能力、指挥能力、组织能力、协调能力等。每个人的能力是不相同的。有的人善于思考分析问题，提出好的建议与意见，但不善于组织工作；有的人善于组织工作，但分析问题的能力较差。因此，企业领导班子中应包括不同能力类型的人物，既要有思想家，又要有组织家，还要有实干家，这样才能形成最优的能力结构，在企业管理中充分发挥作用。

4. 专业结构

专业结构是指在领导班子中各位成员的配备应由各种专门的人才组成，形成一个合理的专业结构，从总体上强化这个班子的专业力量。在现代企业里，科学技术是提高生产经营水平的主要手段。因此，领导干部的专业化，是搞好现代企业经营的客观要求。以上所述的领导班子的结构仅是主要方面的。此外，还有其他一些结构，如性格结构等也是需要注意的。按照这些要求形成的领导集体将是一个结构优化、富有效率的集体。

案例 8-3

鹦鹉的身价

一个人去买鹦鹉，看到一只鹦鹉前标着：此鹦鹉会两门语言，售100元。另一只鹦鹉前则标着：此鹦鹉会4门语言，售200元。该买哪只呢？两只都毛色光鲜，非常灵活可爱。这人转啊转，拿不定主意。突然，他发现一只老掉了牙的鹦鹉，毛色暗淡散乱，标价400元。这人赶紧将老板叫来：这只鹦鹉是不是会说8门语言？店主说：不。这人奇怪了：那为什么又老又丑，又没有能力，会值这个价呢？店主回答：因为另外两只鹦鹉叫这只鹦鹉为老板。

管理启示：真正的领导者，不一定自己能力有多强，只要懂信任，懂放权，懂珍惜，就能团结比自己更强的力量，从而提升自己的身价。相反，许多能力非常强的人却因为过于追求完美，事必躬亲，认为什么人都不如自己，最后只能做最好的公关人员、销售代表，却成不了优秀的领导者。

【问题】结合故事谈谈领导的作用和素质？

8.3 领导理论与艺术

8.3.1 领导理论

领导理论是研究领导本质及其行为规律的科学，西方领导理论的研究主要集中在领导行为模式的研究上。领导理论其实就是关于领导的有效性的理论，它是管理学理论研究的热点之一。影响领导有效性的因素以及如何提高领导的有效性是领导理论研究的核心。

1．领导特质理论

特质，狭义是指个性特质；广义包括生理、心理、行为和观念的所有特征。最初的特质理论认为："领导能力是天生的"。有些人所具有的特殊形象或特殊个性使其成了领导，如身高、相貌等外貌特征（两耳坠肩、两手过膝）。

知识链接 8-2

斯托格蒂尔的六类领导特质

1）身份特性，如精力、身高、外貌等。这方面迄今的发现还是很矛盾的，不足以服人。

2）社会背景特性，如社会经济地位、学历等。这方面的发现也缺乏一致性和说服力。

3）智力特性，如判断力、果断力、知识的深度和广度、口才等。研究确实发现成功的领导者在这些方面较突出，但相关性还较弱，说明还需要考虑一些附加因素。

4）个性特征，如适应性、进取性、自信、机灵、见解独到、正直、情绪稳定、不随波逐流、作风民主等。

5）与工作有关的特性。有些特性已经被证明具有积极的结果，例如高成就需要、愿承担责任、有毅力、首创性、工作主动、重视任务的完成等。

6）社交特性。研究表明，成功的领导者具有善交际、广交游、积极参加各种活动、愿意与人合作等特点。

传统的领导特质理论受到了许多人的批评，现代领导特质理论认为先天的素质只是人的心理发展的生理条件，素质是可以在社会实践中得以培养与提高的。因此，他们主要是从满足实际工作需要和胜任领导工作所需的要求方面来研究领导者应具有的能力、修养和个性。

2．领导行为理论

领导特质理论注重的是领导者的个性特点对领导有效性的影响，领导行为理论则把重点放在研究领导者的行为风格对领导有效性的影响上，其中较典型的理论有：勒温的三种领导方式理论、管理方格理论和中国的CPM（character performance maintenance，品德绩效维系理论）理论。

（1）勒温的三种领导方式理论　关于领导方式的研究，最早是由心理学家勒温进行的。认为有三种。

1）专制型领导方式。它是指领导者习惯以力服人，即以权力和强者命令让下属服从的领导方式。其特点是：领导者独断专行，从不考虑下属意见，所有决定都由自己一人做出；领导者从不把任何消息告诉下属，下属没有任何资格参与决策，只能察言观色，奉命行事；领导者主要靠行政命令、纪律约束、训斥和惩罚进行管理；领导者事先安排一切工作的程序和方法，下级只有服从；领导者很少参加群体和社会活动，与下属保持相当的心理距离。

2）民主型领导方式。它是指通过以理服人、以身作则来实施领导过程。其特点是：所有的决策都是在领导者的鼓励和协作下由群体讨论决定，因此是领导者和下属共同智慧的结晶；工作安排尽量照顾个人的能力、兴趣、爱好；安排工作不具体，让下级有相当大的工作自由空间，以发挥他们的潜力和创造性；与下属谈话多采用商量、建议和请求的口吻；领导者积极参加群体组织的各种社会活动，上下级关系亲密无间，无任何心理距离。

3）放任自流式的领导方式。这是一种极不负责任的领导方式。其特点是领导者实现工作无布置、事后无检查，权力完全交给下属，一切顺其自然，没有任何章程来约束下属的行为。

放任自流式领导方式效果最差；工作效率最低；只能完成社交目标而完成不了工作任务。

专制式领导方式虽能完成工作任务，但下属成员没有责任感，情绪消极，士气低落，易争吵，即人际关系恶化。

民主式领导方式工作效率很最高，不但能完成组织目标，而且下属成员关系融洽，工作积极、主动且富有创造性，人际关系好；但受领导人素质和工作任务限制。

（2）管理方格理论　美国得克萨斯大学的布莱克和穆顿提出了关于培养领导方式的管理方格理论。这一研究充分概括了前述两项研究关于员工导向和生产导向维度，将领导者按他们的绩效导向行为（称为对生产的关心）和维护导向行为（称为对人员的关心）进行评估，给出等级分值，然后把分值标注在两个维度的坐标界面上，并划分成9个等级，从而在整个界面上生成81种不同的领导类型，如图8-1所示。

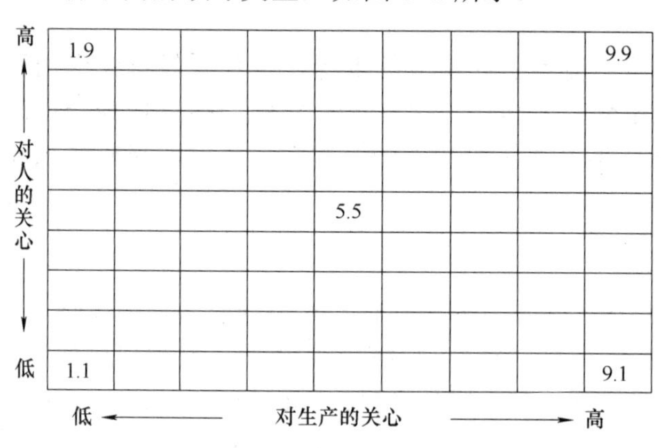

图8-1　管理方格图

1.9型领导方式：特别关心员工，持这种方式的领导者认为，只要员工精神愉快，生产自然会好。这种管理的结果可能很脆弱，一旦和谐的人际关系受到破坏，生产业绩会随之下降。该方式亦称乡村俱乐部型管理。

9.1型领导方式：只注重任务的完成，是一种专权式的领导，下属只能奉命行事，可能会失去创造性或进取精神。亦称任务型管理。

5.5 型领导方式：既不过分重视人的因素，也不过于重视任务因素，努力保持和谐与妥协。亦称中庸之道型管理。

1.1 型领导方式：表示领导者付出最小的努力完成工作。亦称贫乏型管理。

9.9 型领导方式：表示领导者协调和综合管理相关活动提高效率与士气。亦称团队型管理。

案例 8-4

方格理论的管理实践

某饮料公司总经理张浩和其下属王军进行了一次谈话，王军说："张总，我们现在的情况离预算稍低一些，我想，我们可以在余下的时间里保持预算水平。"王军说："半年达到，恐怕时间来不及。毕竟我接手的是一种很糟糕的局面。"张浩还是笑笑说："我是不是给你很多的钱？我和你争论应该怎样花掉它们吗？我打扰你了吗？所以，不要告诉我目标应该是什么。半年时间达到预算水平，年终时也要达到预算水平。"王军说："假如我做不到呢？"张浩说："那么你就收拾好办公室回家吧。"

根据领导方格理论，以上对话中的张浩属于何类领导者？

（3）中国的 CPM 理论　中国科学院心理所的凌文辁等发现除了 P（performance，绩效）和 M（maintenance，维持）两因素外，中国人对领导的期望还包括一个重要的方面：德，即个人品德 C（character and moral），将其定义为对待公与私的态度或如何处理公与私的关系，并据此提出了 CPM 理论。P 和 M 因素反映着领导的共性，而 C 因素则反映领导的个性，即文化特异性。基于这样的假设，他们编制了 CPM 领导问卷，并且通过实验研究验证了最初的假设。

凌文辁等人还在 CPM 领导模式的基础上，对中国人的内隐领导理论（implicit leadership theory）进行了研究，并开发了中国人内隐领导问卷（Chinese implicit leadership scale，缩写为 CILS）。内隐领导理论是人们内心关于"领导者应该是什么样的"问题的概念化。与基于行为论的外显领导理论不同，内隐领导理论立足于人格特质。内隐理论将领导内容分为 4 个维度，即个人品德、目标有效性（goal effectiveness）、人际能力（interpersonal competence）和多面性（versatility）。这一模式与 CPM 领导理论有着类似的结构，前 3 个维度分别对应 C、P、M 这 3 个因素，第 4 个维度"多面性"的内容也包含在 P 因素和 M 因素中。CPM 理论的研究结果表明，在对领导行为的评价上，中国和西方的模式是不同的，CPM 理论模式更符合中国的文化背景。

3．领导权变理论

管理者的领导行为不仅取决于个的品质、才能，还取决于环境，因此领导行为应随环境因素变化而变化，研究成果中以费德勒权变理论和路径—目标理论最为典型。

（1）费德勒权变理论　伊利诺大学的费德勒从 1951 年开始，首先从组织绩效和领导态度之间的关系着手进行研究，经过长达 15 年的调查试验，提出了"有效领导的权变模式"，即费德勒模型。他认为任何领导形态均可能有效，其有效性完全取决于是否与所处的环境相适应。他把影响领导者领导风格的环境因素归纳为三个方面：职位权力、任务结构和上下级关系。

职位权力指的是与领导者职位相关联的正式职权和从上级和整个组织各个方面所得到的支持程度，这一职位权力由领导者对下属所拥有的实有权力所决定。领导者拥有这种明确的职位权力时，则组织成员将会更顺从他的领导，有利于提高工作效率。

任务结构是指工作任务明确程度和有关人员对工作任务的职责明确程度。当工作任务本身十分明确，组织成员对工作任务的职责明确时，领导者对工作过程易于控制，整个组织完成工作任务的方向就更加明确。

上下级关系是指下属对一位领导者的信任、爱戴和拥护程度，以及领导者对下属的关心、爱护程度。这一点对履行领导职能是很重要的。因为职位权力和任务结构可以由组织控制，而上下级关系是组织无法控制的。

费德勒根据上述三个方面情境因素的不同组合，归纳出 8 种不同类型的环境条件，具体如图 8-2 所示，得出了在各种不同情况下使领导有效的领导方式。

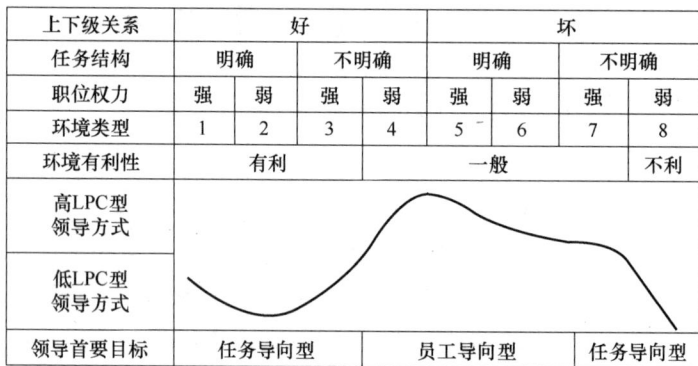

上下级关系	好				坏			
任务结构	明确		不明确		明确		不明确	
职位权力	强	弱	强	弱	强	弱	强	弱
环境类型	1	2	3	4	5	6	7	8
环境有利性	有利			一般				不利
高LPC型领导方式								
低LPC型领导方式								
领导首要目标	任务导向型			员工导向型			任务导向型	

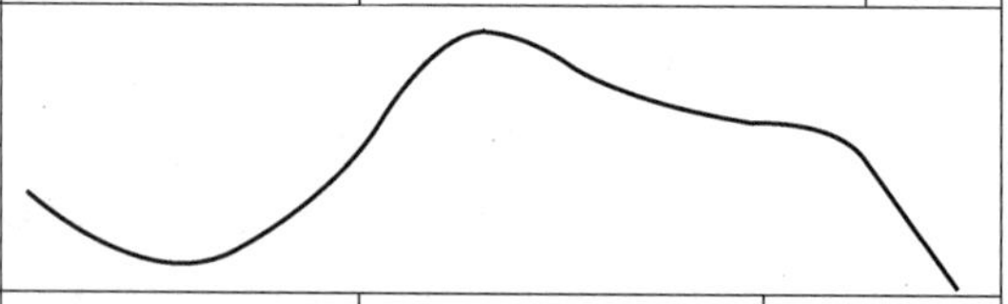

图 8-2　费德勒权变领导模型

（2）路径—目标理论　该理论由加拿大多伦多大学教授豪斯提出。它认为激励下级达到组织目标，并使下级在工作中得到满足，是衡量领导效率的两个标准。领导者的责任和作用就是改善下级的心理状态，激励他们去完成工作任务并从工作中得到满足。根据该理论，领导方式可以分为四种：

1）支持型领导方式。对下级友善、关心，并从各方面给予支持，帮助下属实现目标。

2）参与型领导方式。尊重下级、重视与下级的关系，做决策时能积极主动征求下级的建议，促使目标的实现。

3）指导型领导方式。领导者通过下级希望那样的具体明确的指导，来帮助、引导下属达到目标。

4）以成就为目标的领导方式。领导者给下属提出挑战性目标，提供条件并鼓励下属努力实现目标。

路径—目标理论认为下级的特点和任务的性质是决定领导方式的两个变量。而下级接受领导方式的程度，取决于这种领导方式能否满足下级的需要。同时，任务是否复杂、难度大小对领导方式的选择也产生一定的影响。

8.3.2 领导艺术

1．领导艺术的含义与分类

领导艺术是指为达到某一领导目标，在一定知识和实践的基础上，在领导过程中表现出的一种非模式化，富有创造性的、给人以美感的领导才能与技巧。其实质是事物的复杂性和可变性，从实际出发、具体情况具体分析，是富有创造性的领导方法的体现，是建立在一定经验和科学基础上的高超的领导技能，是领导方法熟练而卓越的应用。

领导艺术包含的内容十分广泛。在用人方面，有识人艺术、选人艺术、用人艺术、留人艺术等；在能力方面，有整合艺术、统驭艺术、驾驭艺术、活化艺术等；在方法方面，有分权艺术、授权艺术、控制艺术、平衡艺术、权变艺术等；在手段方面，有褒奖艺术、批评艺术、施压艺术、笼络艺术等；在职能方面，有发布命令的艺术、分配任务的艺术、工作评价的艺术等，领导艺术涉及领导工作与管理工作的方方面面。

2．提高领导艺术的途径与关注点

（1）做好领导的本职工作　领导人有条不紊地办事是一种艺术。领导的事包括：决策、用人、指挥、协调和激励。企业的最高领导者应该只抓重中之重、急中之急，并且严格按照“例外原则”办事。也就是说，凡是已经授权给下属去做的事，领导者就要克制自己，不要再去插手；领导者只需管那些没有对下授权的例外的事情。

（2）善于同下属交谈，倾听下属的意见　没有人与人之间的信息交流，就不可能有领导。领导者放下架子平易近人，不仅要通过文件、报告、会议等形式与下属进行正式沟通，还要重视通过聚餐、聚会、“无事登门”等形式与下属进行非正式沟通。

非正式的沟通，可以使领导者了解在正式场合下了解不到的情况，可以让下属比较自由地发泄情绪，缓和紧张气氛。

（3）争取众人的信任和合作　领导者信任下属，就不能代行下属处理职责范围内的事。领导者授权给下属，就不要干涉下属职责范围内的事。领导者信任下层，就必须做到用人不疑。

（4）做自己时间的主人　领导者要做时间的主人，首先要科学地组织管理，合理地分层授权，把大量的工作分给副手、助手和下属去做，以摆脱烦琐事务的纠缠，腾出时间来做真正应该由自己做的事。要记录自己的时间消耗，学会合理地使用时间，提高开会的效率。“工作狂”并不是一种美德，只是不会使用时间的一种美称而已。

自我测试

一、单项选择题

1．在领导影响力中，非权力影响力主要是指（　　）。

A．个人影响力　　B．职务权力　　C．正式权力　　D．资历权力

2．勒温的实验证明，在专制式、民主式和放任式这三种领导方式中，（　　）的领导方式工作效率最高。

A. 专制式　　B. 民主式　　C. 放任式　　D. 其他方式

3.（　　）认为激励下级达到组织目标，并使下级在工作中得到满足，是衡量领导效率的两个标准。领导者的责任和作用就是改善下级的心理状态，激励他们去完成工作任务并从工作中得到满足。

A. 路径—目标理论　　B. 费德勒权变理论

C. 管理方格理论　　D. 特质理论

4. 布莱克的管理方格理论中最为有效的领导方式是（　　）

A. 中庸型管理　　B. 任务型管理

C. 团队型管理　　D. 乡村俱乐部型管理

二、判断题

1. 管理者就是领导者，二者仅仅称谓不同。（　　）

2. 领导的实质是领导者为实现组织的管理目标，凭借其职务权力和个人权力对他人产生影响。（　　）

3. 领导特质理论注重的是领导者的个性特点对领导有效性的影响，领导行为理论则把重点放在研究领导者的行为风格对领导有效性的影响上，其中较典型的理论有：勒温的三种领导方式理论、管理方格理论和中国的CPM理论。（　　）

4. 路径—目标理论认为下级的特点和任务的性质是决定领导方式的两个变量。而下级接受领导方式的程度，取决于这种领导方式能否满足下级的需要。（　　）

5. 领导者要做时间的主人，首先要科学地组织管理，合理地分层授权，以摆脱烦琐事务的纠缠，腾出时间来做真正应该由自己做的事。（　　）

第 9 章　沟通

学习目标

1. 掌握沟通的概念；了解沟通的目的。
2. 了解沟通的意义。
3. 掌握沟通方式。
4. 了解沟通的障碍。
5. 掌握工作中的沟通技巧。
6. 掌握组织沟通网络。

9.1　沟通概述

9.1.1　沟通的含义

1. 沟通是人际交往中一项重要的活动方式

沟通一词有动词和名词之分，从动词上来说，它具有“疏通”的含义；而从我们这章节的主要内容来看，它则是一个名词，是人际交往中的一项重要的活动方式。

如果说管理是一门艺术的话，沟通则是一项技术。当我们从学会语言开始，需要和身边亲人、同学、老师、邻居打交道，形成并发展了各种不同的人际交往，与此同时产生了人际沟通。当我们进入职场，听从领导的安排，对我们的工作进行汇报，以及与同事交流、合作，又产生了职场沟通。良好的沟通决定了事业发展。

美国著名人际关系学大师，西方现代人际关系教育的奠基人戴尔·卡耐基在其著作《人性的弱点》中曾经说过：“一个人的成功只有 15%归结于专业知识，还有 85%归于他的表达思想、领导他人及唤起他人热情的能力。”这足以证明，沟通在我们的生活以及工作中的重要作用。

2. 沟通的定义

沟通是人们将信息、思想和情感借助一定的语言载体和媒介，传递给他人或组织的一种方式，并获得思想达成一致的反馈循环过程。人们在经历了多次的沟通循环之后，完成了沟通，如图 9-1 所示。

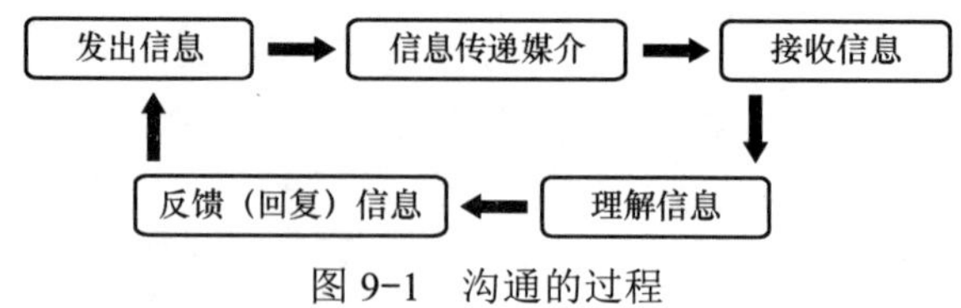

图 9-1　沟通的过程

9.1.2　沟通的意义

有数据表明，企业管理者 70%的时间用在工作沟通上：开会、谈话、汇报、拜访、约见等都是常见的管理沟通方式。同样，企业中 70%的问题也是由于沟通不畅或产生障碍引起的。无论是工作效率低，抑或是员工执行力差，甚至领导力不高等因素都与沟通有关，因此管理的过程本质上就是沟通的过程。沟通是管理的主要途径，更是企业各级员工有效工作的基础。

沟通更是一种技能，是一个人对本身知识能力、表达能力、行为能力的发挥。现代管理理论公认的“计划、组织、领导、控制”这四大管理职能中，哪一项都离不开现实的沟通。无论是企业管理者还是普通职工，都是企业竞争力的核心要素，做好沟通工作，无疑是企业各项工作顺利进行的前提。

1．准确理解上级决策

有效的沟通可以帮助执行者正确理解并施行。企业下达决策时，决策者要与执行者进行必要的沟通，达成共识，避免因对决策的曲解造成执行上的失误。

2．有效地协调工作

在企业中，每一个部门、每一个员工都是相互依存、相互作用的，这就离不开部门与部门、员工与员工之间的协调。协调性必须要通过有效的沟通来实现。

3．提升员工的工作热情

沟通有利于管理者激励下属，提高员工的士气与热情并建立良好的人际关系和工作氛围，从而让下属在思想上得到一定满足，激起员工对工作的热情和促进工作环境的和谐。

9.1.3　沟通的方式

在人们日常的工作、学习以及生活中，通常采用两种沟通的方式，语言沟通和非语言沟通。

1．语言沟通

是指以口头语言或语词符号为载体实现的沟通，主要包括口头沟通、书面沟通和电子沟通等。

2．非语言沟通

非语言沟通是指不通过口头语言表述，而是通过表情、动作、眼神、姿态等肢体语言传递信息的方式。美国学者通过实验发现，当人们要向对方传达完整的信息，单纯的语言成分只占 7%，声调占 38%，而另外 55%的信息都需要由非语言的体态语言方式来传达，称之为肢体语言。它是通过头、眼、颈、手、肘、臂、身、胯、足等人体部位的协调活动来传达人物的思想，达到沟通的目的。

语言沟通和非语言沟通常同时进行，当人们与人谈话利用肢体动作表达情绪时，时而蹙额，时而摇头，时而摆动手势，时而两腿交叉，多半并不自知。但肢体语言是一个人下意识的举动，很少具有欺骗性，因此非语言沟通往往比语言沟通更能向沟通对象传达出真实想法。

知识链接 9-1

常见的肢体语言及其表达含义

点头：同意或者表示明白了、听懂了。

摇头：不同意，震惊或不相信。

鼓掌：赞成或高兴、兴奋。

笑：同意或满意、肯定、默许。

打呵欠：厌烦、无聊、困。

咬嘴唇：紧张、害怕或焦虑、忍耐。

抖脚：紧张、困惑、忐忑。

抱臂：漠视、不欣赏、旁观心态。

挠头：困惑或急躁。

9.2 沟通中的障碍

一般来说，如果在人际沟通中，出现一些困难或者不适应是在所难免的。但如果人际关系严重失调又或人际交往时常受阻时，就说明存在着沟通障碍。

人际沟通障碍通常表现为：发送者的障碍、接收者的障碍。

1．外部因素

（1）表达能力不佳　无论使用哪一种沟通方式，都应该用最简单的语言清楚地表达出沟通的目的，让对方清晰、快速地理解。如果缺少逻辑思维，口齿不清又或者词不达意，让对方无法理解表达的重点，都会影响信息的接收。

（2）传送时机不准确　如果信息发送者对传递信息的时机缺乏审时度势的能力，或者延误了传递的最佳时机，则会降低信息交流的价值。

（3）沟通方式选择失误　沟通方式选择失误，则会使信息传递受到阻碍。

（4）理解偏差　在接收者接收信息的过程中，有时会按照自己的主观意愿来对信息进行某种“加工”，使得接收的信息存在一定的偏差，导致信息过度失真或信息模糊。

2．内部因素

（1）思想观念与文化差异　由于接收者文化水平的差异，会出现信息发送者“对牛弹琴”的不良局面，或容易造成误解引发冲突，导致信息交流中断，甚至人际关系的破裂。

（2）态度　无论沟通的对象是谁，都应注重自己的言行并调整好积极的态度。如果沟通的态度出现问题，那么沟通的技巧再高也达不到良好的沟通效果。

（3）情绪　当沟通者的情绪失控时，往往歪曲对传达信息的理解，很难理性地思考问题或者口不择言激怒对方甚至产生冲突。

（4）偏见　如果沟通者先入为主，对沟通的信息不能公正地接收，贸然做出错误的判断，盲目地猜测和否定，也是人际交往中一道无法逾越的鸿沟。

3．克服沟通障碍的方法

（1）简化语言　沟通时简明扼要，语言通俗易懂，同时应充分考虑沟通对象的差异，传达重点，切勿咬文嚼字，使信息接收者迅速理解表达的重点。

（2）控制情感　双方在沟通时应理智控制自身的情绪，心平气和地与他人进行交流。

（3）态度诚恳　沟通过程中应以诚相待，客观地接收信息，给对方安全感和信任感。

（4）尊重他人　不将自己的观点强加于对方，充分给予对方说出不同意见的权利，同时适应对方的思维模式，有效地进行信息交换。

9.3　沟通的技巧

在职场上，每个人都扮演着很重要的角色，需要大家齐心协力，才能达到最后的目的。如果一个领导总是很难沟通，拒绝听任何人的意见，就很影响整体的工作效率和效果。久而久之，还会出现矛盾。

1．学会倾听

卡耐基曾经说过，如果希望成为一个善于沟通的人，那就先做一个愿意倾听的人。在沟通中，倾听占有非常重要的地位。每个人都需要被倾听，在沟通形式中，倾听和“说”有着同样重要的地位。管理过程中，无论对方职位高低，都应重视倾听这个问题。

有效的倾听应注意以下四点：

（1）专注　管理者沟通时应集中精力，正视对方。避免不时看手机或文件等分心举动。

（2）表情自然，给予积极响应　可以时不时点头，表示自己正认真倾听，同时鼓励对方继续进行。

（3）注意对方表情及肢体语言　通过对方的眼神、语调、举止等方面了解对方的真实意图。

（4）选择恰当时机提问　从对话中找出问题进行讨论，从而进行深入探讨，获得最佳沟通效果。尤其管理者在与下属沟通时，不应中断或强制打断对方，以免形成沟通障碍。

2．减少沟通路径

人们在沟通的时候，是带着目的的，从沟通的原点至到达沟通目的地所花费的时间、步骤、过程等统一叫作沟通路径。

我们常常会在聊天工具上遇到问“在吗”的人，每当收到这样的信息，大家都不想回复。特别是在快节奏工作的时候，有事直接说，不浪费别人的时间，才是一个职业人应具备的基本沟通素养。沟通时间以及次数并不是固定的，同一个目标，不同人所花费的时间、步骤也不一样。如某企业员工想要通过企业微信了解本年度绩效的发放问题，可以分成下面两种沟通情况：

（1）情况 A

员工："在吗？"

人事部门："在，请问有什么事？"

员工："想要了解下这个月的工资。"

人事部门："嗯，哪部分？"

员工："就是满勤那部分。"

人事部门："哦，好的。请稍等。请问你的姓名？"

员工："谭×。"

人事部门："所属部门呢？"

员工："××部。"

人事部门："好的，现在比较忙。查询好了发送给你。"

员工："哦。"

（2）情况 B

员工："您好，我是××部门的肖某，我想要咨询了解下本月工资的满勤部分发放详情，如果现在不方便，麻烦您查询之后发送我的邮箱。我的邮箱地址是 xiao×××@126.com。谢谢！"

人事部门："好的。已发送，请查收。"

为了查询工资考勤的绩效，A 花了 5 个来回才达到目的，而 B 只花了一个来回就达到目的。也就是说，B 的沟通路径小于 A。

缩短沟通路径不仅会节省对方的时间，使对方一目了然，另一方面来说，也促进了对方帮助自己达成目的的意愿。

那么，如何缩短沟通路径？

（1）简化语言　多余的信息，会掩盖想要传达的重点。把与目标无关的多余信息删掉，只留下最核心的信息，有利于对方清晰地了解到你的诉求。知道哪些是关键信息，必须要说，哪些是可以省略的。在和他人沟通时，特别是工作状态中，需要假设每个人的时间都很宝贵，为对方呈现一目了然的精简信息，更有利于达到自己的目的。

（2）预见性沟通　预判对方的反应和行为，调整话术和节奏。要做到沟通预见性，要求一个人要有预见性思维。除了知道自己下一步该做什么，也能预见对方的反应和行为，并就此调整自己的话术和节奏。

（3）准确用词　表达含糊笼统，会使沟通效果大打折扣，以准确的信息替代语意不明的词语。大概、可能、或许、这两天……这些都是语意不明的词语，在沟通中，除了无法确定的事项，尽量选择准确的词语。用准确的语言表达出来，当你把要求说的越具体和清楚，对方越容易按照你说的做，但是如果只是一句模糊笼统的话，当对方在操作执行的时候，越容易出现偏差。

把沟通模式化，选择最短的沟通路径，才能在工作中做到专业化和高效率。

3. 换位思考

无论与领导或与下属沟通时，我们免不了需要换位思考来揣摩他们说话背后的真正含义。沟通是组织管理的灵魂，更是核心。如果在沟通中丧失平等，缺乏客观、公正，以自我为中心，往往也得不到有效的管理。沟通时，双方态度应保持坦诚，不应带有命令甚至威胁的口吻来威胁对方进行施压，要以讨论、商议的方式帮助对方解决问题，理解并感受对方的情绪。我们可以结合对方的个人特点，从对方平时的沟通习惯和生活兴趣爱好入手，掌握其内心心理，以便我们更有效率地完成工作。我们要学会多想一想：

"如果我是领导，我希望我的下属怎么帮我分忧解难？"

"如果我是下属，我做些什么可以让领导满意？"

案例 9-1

建安二十四年，曹操在与刘备的争夺中，失败惨重。部队陷进了进退两难的境地，其间曹操随口说出鸡肋二字作为夜间的口令。其部下不理解其中之意，唯有此时行军主簿杨修一收到"鸡肋"的口令，就叫部下收拾行囊，准备撤退。而夏侯惇不解为何杨修要撤兵。杨修便告诉他鸡肋的口令所代表的含义。

因为鸡肋，食之无味，弃之可惜。现在进军胜算未卜，退兵容易遭人嘲笑，所以要收拾好行囊，以防万一。不久后曹操退兵，但当他知道杨修能准确地猜测出他的用意，便以"漏泄言教，交关诸侯"的罪名，将杨修杀死了。正是其智谋过于显露，引起了曹操的嫉妒，因此遭受了横祸。

也正是因为杨修不懂在上司面前运用揣摩之策，显出了高于其领导的聪明才智，结果聪明反被聪明误。如果当时杨修能够懂得揣摩曹操的心理，兴许也就能保住性命了。

知识链接 9-2

8个微信沟通技巧，提高90%工作效率

1. 注意沟通时间

在工作中，尽量避免占用休息时间。在休息时间打扰他人，是违背工作礼仪、令人反感的行为。

2. 拉群前，征求对方同意

在工作中使用微信，经常需要把互不认识的人拉群对接在一起方便沟通，但首先应私聊对方将建群的意图和其他群成员的身份告知对方，征求对方同意后方可操作。

3. 群内沟通，避免插话与闲聊

微信群等同于工作场合，因此在其他人针对特定主题讨论时，应当避免插话。如有问题需要提问，可以优先考虑私信相关同事。

4. 及时保存重要信息

重要信息分为两类；微信好友的基本信息及重要工作文件。

添加好友时，第一时间应该备注个人信息，包括对方的姓名、企业、职位、联系电话、合同收件地址等，避免日后反复询问，增加沟通成本；微信上收到的工作文件，应当及时下载，并且备份在电脑或者云盘内，以防丢失。

5. 避免频繁发送语音

语音没有文字直观。文字信息一目了然，方便识别，而且便于搜索。发送语音将难以得到回复，耽误工作效率。

6. 少发“哦”“嗯”等词语

微信沟通不同于当面交流，文字没有语调，所以同样的词语，不同的人有不同的理解。遇到有可能产生歧义的词语，比如“哦”“嗯”等，最好替换成其他词汇，比如“好的”“知道了”。使用语义明确的字眼，可以避免引起误会。

7. 工作群内，多用@功能

微信群属于公共场所，群内交流提问，应当尽量使用@功能，指定沟通对象，避免信息石沉大海，无人应答。回答信息时，也应当使用@功能通知对方，提高沟通效率。

8. 收到信息，及时回复“收到”

“收到”两个字不仅仅表示接收者看到了这条信息，明白这条信息里包含的内容和要求，知道自己要如何去做，更体现了契约精神，是有责任有担当的表现。

4. 及时反馈

有一种尊重，叫作“收到请回复”。反馈是沟通中的一部分，没有反馈的沟通是不完整甚至无效的。信息的接受者在反馈信息时应站在发送者的立场给予反馈，这样沟通才会更加的全面。其次，信息反馈的内容必须是建设性的、实事求是的、具有一定的参考价值，这样有效的沟通才会使管理者做出正确的决策。

案例 9-2

张秘书接到领导指示，第二天公司拍宣传片，要求所有员工穿黑色正装。

张秘书立刻在公司微信群发通知，最后还特意叮嘱“收到请回复。”

同事们陆陆续续回复了，但直到下班，还有三个同事没有回。张秘书赶紧给他们打电话。

结果一个说看到，就是没回；一个觉得是小事，张秘书特意打个电话是小题大做。还有一个同事连电话都没接。

“我就一直担心那个没接电话的同事第二天会不会没穿正装，到时候领导又觉得我没有通知到，第二天看到他穿着正装来上班才松一口气。”

张秘书说，在工作中，她最怕的事情就是发通知。“发通知这事，虽然简单又无技术含量，但最考验人的耐心。”

隔着手机屏幕，我们永远不知道对方的等待有多焦急。

但我们能换位思考，如果你是发通知的那个人呢？

有紧急或重大消息要通知到每一个人，你会怎么做？你是否也会选择群发的方式，并且希望得到大家的反馈？

“收到”两个字，花不了你1分钟的时间，但是对通知者而言，是一种证明和交代。

“收到”两个字，虽然简单，却体现了将心比心。

懂得将心比心的人，能够尊重他人。

给一个明确的答复，凡事都有交代，这就是最好的人品。

9.4　组织沟通网络

1．正式沟通网络

沟通网络通常是由沟通渠道组成。正式沟通网络是指群体组织里进行正式沟通如组织内部文件传达、周期会议、定期汇报等而形成的信息传递渠道。它在沟通中发挥主要作用，是组织中最常见的一种沟通网络。

（1）链式沟通　链式沟通中，信息依单线、顺序传递，严格遵循正式的命令系统，如图9-2所示。

（2）轮式沟通　轮式沟通是典型的控制型网络，有明显主导者作为沟通的核心，如图9-3所示。

（3）全通道式沟通　全通道式沟通中，所有沟通参与者全方位相互沟通，如图9-4所示。

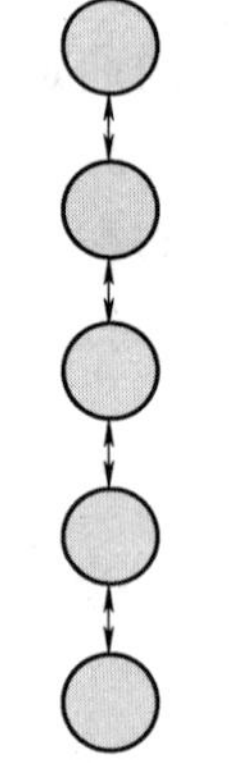

图9-2　链式沟通网络

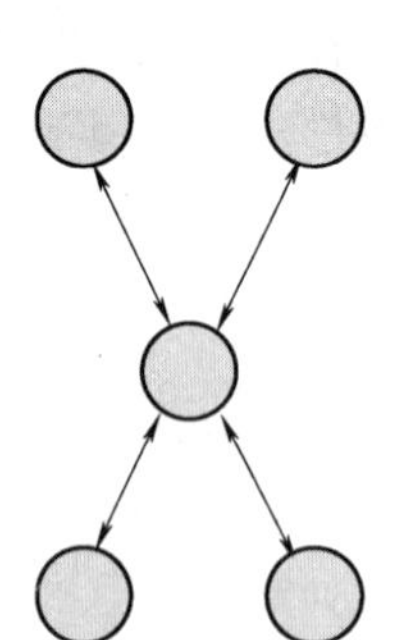

图9-3　轮式沟通网络

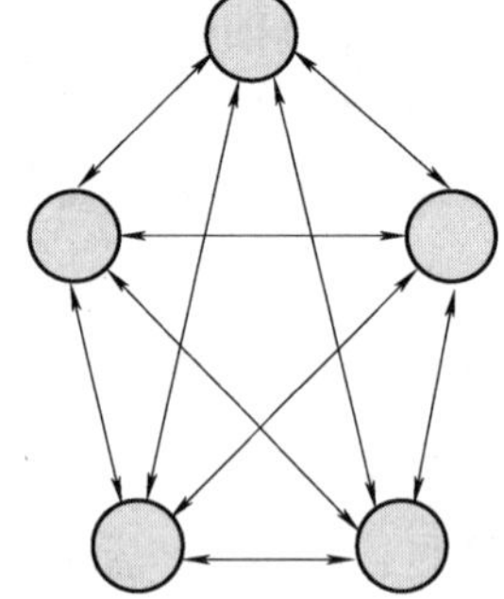

图9-4　全通道式沟通网络

各式沟通网络的有效性指标见表9-1。

表9-1　沟通网络及有效性指标

指标	链式	轮式	全通道式
速度	中	快	快
精确性	高	高	中
领导者的产生	中	高	无
成员的满意度	中	低	高

2. 非正式沟通网络

非正式沟通网络是指通过正式沟通网络以外的渠道进行传播的沟通，即组织中存在小道消息的流通网。它以个人信息传递为主要渠道，并自由向任意对象传播，一般没有固定的结构和成员。

组织中，通常会存在着通过非正式渠道传播的信息。其信息均以口头传播为主，形成快且消失迅速，准确性及可靠性较低，且易受到人为干扰的影响，因此往往难以查询根源并追究责任。这种小道消息具有如下特点：

1）它不受管理者控制。

2）多数员工更愿意相信它的准确性。

3）它在很大程度上有益于传播者自身利益。

自我测试

一、单项选择题

1. 在沟通过程中，信息传送不全，信息传递不及时是由于（　　）障碍引起的。

A. 发送者　　B. 接受者　　C. 沟通通道　　D. 沟通环境

2. 沟通过程的最后一步是（　　）。

A. 发出信息　　B. 接收信息　　C. 理解信息　　D. 反馈信息

3. 非语言沟通不能通过（　　）来实现。

A. 眼睛　　B. 嘴巴　　C. 手　　D. 足

二、判断题

1. 管理人员不需要听取下属意见，直接给出命令让其照做即可。（　　）

2. 管理过程中，语言沟通和非语言沟通可以同时使用。（　　）

3. 正式沟通网络中，全通道式的成员满意度最高。（　　）

三、案例分析

某公司业务经理交代他的秘书莉娜处理公司客户的一些产品售后意见反馈。其中有一条客户的投诉留言。业务经理反复提醒莉娜，一定要根据客户的投诉信息妥善处理，解答客户提出的意见和问题。莉娜迅速对这条信息进行了回复，并以短信的方式通知客户投诉已受理。第二天，业务经理询问莉娜那条投诉的后续是否已经处理完毕，客户对处理结果是否满意等。莉娜回答："我已经和客户取得了沟通。"

案例思考题：

莉娜是否已经和客户进行了完善的沟通？说出你的理由。

第 10 章　激励

学习目标

1. 掌握激励的含义，了解激励的类型，理解激励的作用。
2. 掌握需要层次理论、期望理论、公平理论，了解其他激励理论。
3. 理解激励的原则，掌握常用的激励方法。

在一个组织中，员工加入组织的个人目标往往与组织目标不尽一致；工作的努力程度也经常与组织所期望的有差距，这些都会影响组织目标的实现。因此，组织管理所面临的首要任务之一，就是设法使员工的个人目标与组织目标保持一致，提高员工的努力程度。这项任务，只有依靠激励才能完成。

10.1　激励概述

10.1.1　激励的含义

激励即激发鼓励，《辞海》中是这样定义激励的："激励是激发人的动机的心理过程。"在管理学中，可以这样定义激励：激励是创设满足员工各种需要的条件，激发员工的动机，使之产生有助于实现组织目标的特定行为的过程。

心理学表明，动机是驱使人产生某种行为的内在力量，一个人愿不愿意从事某项工作，工作积极性是高还是低主要取决于他从事这项工作的动机及动机的强弱。

动机是由人的内在需要所引起的，激励过程就是需要获得满足的过程。人之所以愿意做某事，是因为做这件事本身能满足其个人的某种需要，或者完成这件事能给他带来某种需要的满足。激励的过程产生于个体存在未被满足的需要，当需要未被满足时就会产生紧张，进而激发个体的内驱力，这种驱动力将导致寻求特定目标的行为，例如，饥饿会使人去寻找食物，孤独会使人去寻求关心。

需要、动机与行为的关系如图 10-1 所示。

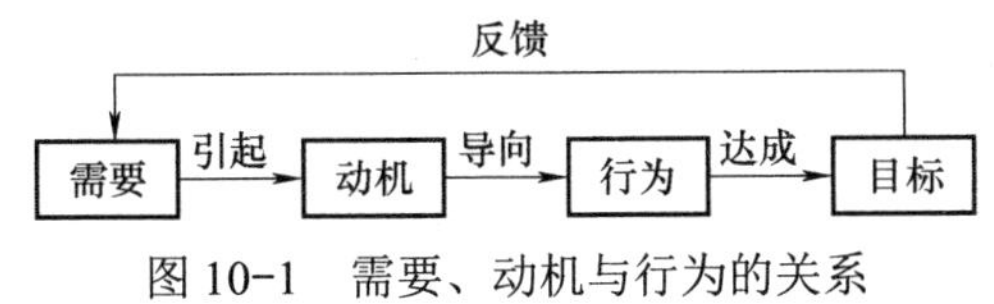

图 10-1　需要、动机与行为的关系

10.1.2　激励的类型

（1）物质激励与精神激励　物质激励的形式主要是颁发奖金和实物，精神激励则有授予称号，颁发奖状、奖章，记功，开会表扬，宣传事迹等多种形式。

（2）正激励与负激励　正激励就是当一个人的行为符合组织的需要时，通过奖赏的方式来鼓励这种行为，以达到持续和发扬这种行为的目的。负激励就是当一个人的行为不符合组织的需要时，通过制裁的方式来抑制这种行为，以达到减少或消除这种行为的目的。

（3）内激励与外激励　内激励是指由内酬引发的、源自于工作人员内心的激励；外激励是指由外酬引发的、与工作任务本身无直接关系的激励。

10.1.3　激励的作用

1）激励有助于将员工的个人目标与组织目标统一起来。个人目标及个人利益是员工行为的基本动力。它们与组织的目标有时是一致的，有时是不一致的。当两者发生背离时，个人目标往往会干扰组织目标的实现。激励的功能在于以个人需要的满足为前提，诱导员工把个人目标统一于组织的整体目标，激励员工为完成工作任务做出贡献，最终达成个人目标与组织整体目标的共同实现。

2）激励是企业可持续发展的重要保证。企业实现可持续发展需要一个相对稳定的人力资源环境，既要减少熟练工人的“跳槽”现象，更要留住企业自己培养出来的技术骨干，而只有对员工实施有效的激励才能够实现这一点。

3）激励可以使在职员工充分发挥能力，保持积极的心态和高昂的士气，最大限度地提高其工作效率。美国哈佛大学的心理学家威廉·詹姆士在对职工的激励研究中发现，按时计酬的职工仅能发挥其能力的 20%～30%，而受到充分激励的员工其能力则可发挥至 80%～90%。员工的工作效能取决于激励、能力、环境三个方面，可以表示为

$$P=f（3M\times 2A\times E）$$

式中　P——员工的效能，即工作水平；

M——激励；

A——能力；

E——环境。

可以看出其中激励对员工工作效能的影响最大。

4）重视激励是现代管理提出的要求。根据权变理论，管理理论和措施无所谓优劣，关键是要切合实际。在当今社会，随着社会文明的进步、员工素质的提高、员工需求层次的上升，传统的对员工实施的以控制为主的管理手段已经显得越来越不合时宜，正如《激励为王》中所说：现代管理最大的特点是从传统的控制、管理转变为现在的

学习和激励。

5）世界范围内竞争的日趋加剧，技术、资金等资源因素的日益同化，使得企业领导者开始由对财力、物力的重视，转移到对人力资源的关注上，又以如何对人实施有效激励最为重要。

10.2　激励理论

1．需要层次理论

需要层次理论是由美国心理学家和行为学家马斯洛（A. H. Maslow）提出来的。该理论是研究组织激励时应用最广泛的理论之一。该理论的主要内容有以下四个方面。

1）人生来固有五个层次的需要，如图10-2所示，这些需要由低到高分别是：

① 生理需要，即人类维持自身生存和发展而产生的需要，是人最原始、最基本的物质性需要，包括对吃、穿、住、行等方面的需要。

② 安全需要，包括安全的社会环境、安全的住所、稳定的职业、较好的福利、劳动保护、社会保险等人身、职业安全的需要。

③ 社交需要，又称为归属与爱的需要，是指人们希望归属于一定的群体，成为其中的一员，相互关心、相互支持，并希望通过自己付出情感得到别人的友谊和爱。

④ 尊重需要，包括自我尊重和希望受到他人尊重的需要。

⑤ 自我实现需要，指人有充分发挥自己的潜在能力，逐渐成为自己所期望的人物，完成与自己能力相称的工作的需要，这是在前面四层次需要获得不同程度满足之后，产生的最高层次需要。

2）五种需要从低到高排列，需要的发展逐层递进。当较低层次的需要基本得到满足后，就会产生更高一级的需要。

3）未满足的需要才具有激励作用。

4）高层次需要和主导需要具有更重要的激励意义。

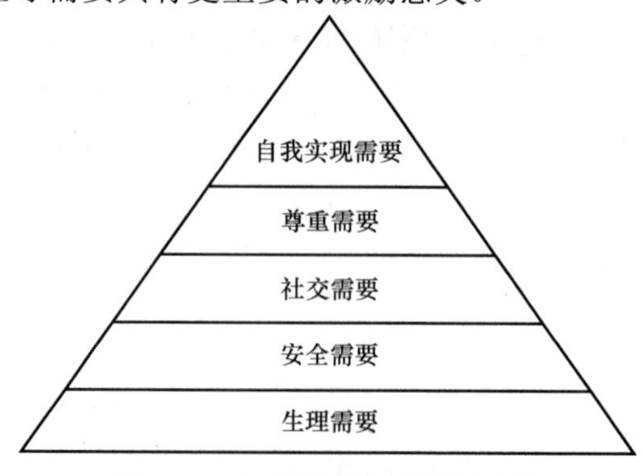

图10-2　马斯洛的需要层次理论

2．双因素理论

赫茨伯格认为，使员工感到满意的往往是属于工作本身或工作内容方面的，包括工作本身、对工作的认可、成就和责任、上级的赏识、提拔等，赫茨伯格称之为激励因素，可以直接产生激励员工的效果。而导致不满意的因素往往可以归结为工作环境或工作关系方面的，如公司的政策与管理、工作条件、人际关系、报酬、工作监督等，被称为保健因素。保健因素不能起到直接激励员工的作用，但可以消除员工的不满情绪。

赫茨伯格理论反驳了传统的满意和不满意观点，认为满意和不满意并不是共存于单一的连续体中的，而是截然分开的，同时说明报酬和人际关系等保健因素并不能影响人们对工作的满意程度，只有与工作直接相关的激励因素才能使人们真正达到满意，如图 10-3 所示。按照赫茨伯格的观点，改善保健因素只能起到安抚职工的作用，带来的是“没有不满意”而不一定能起到激励作用。因此，要想真正激励员工努力工作，就必须采用与工作直接相关的激励因素，增加员工的工作满意感。

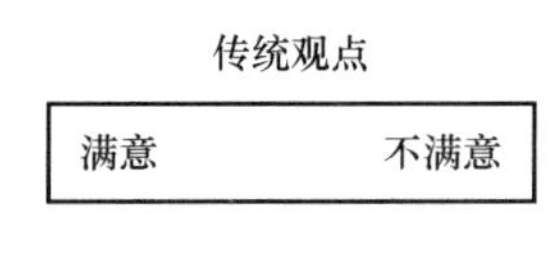

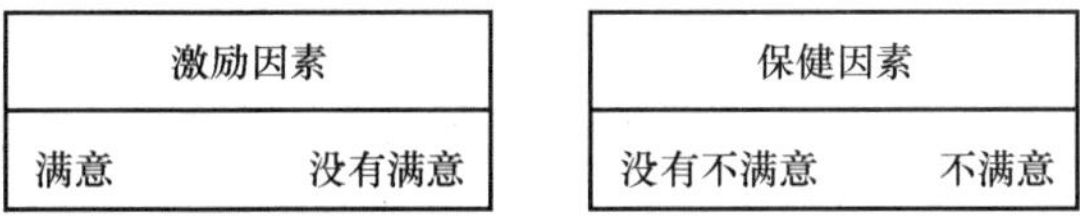

图 10-3 关于“满意—不满意”的观点

3. ERG 理论

ERG 理论是阿尔德弗（C. P. Alderfer）于 1969 年提出的一种与马斯洛需要层次理论密切相关但有些不同的理论。他把人的需要分为三类，即生存需要、关系需要和成长需要。

ERG 理论的特点有：①ERG 理论并不强调需要层次的顺序，认为某种需要在一定时间内对行为起作用，而当这种需要得到满足后，可能去追求更高层次的需要，也可能没有这种上升趋势。②ERG 理论认为，当较高级需要受到挫折时，可能会降而求其次。③ERG 理论还认为，某种需要在得到基本满足后，其强烈程度不仅不会减弱，还可能会增强，这就与马斯洛的观点不一致。

4. 三种需要理论

戴维·麦克利兰（David C. McClelland）等人提出了三种需要理论，认为主要有三种后天需要推动人们从事工作，它们是：①成就需要，达到标准、追求卓越、争取成功的需要；②权力需要，左右他人以某种方式行为的需要；③归属需要，建立友好和亲密的人际关系的愿望。

高成就需要者追求的是个人成就感，而不是成功之后得到的荣耀与奖赏。他们总是渴望把事情做得比以前更完美、更有效。他们回避那些他们觉得特别容易或者特别困难的工作任务。高成就需要者未必就是一个优秀的管理者，尤其是对规模较大的组织而言。

归属需要和权力需要与管理的成功密切相关。最优秀的管理者是那些权力需要较高而归属需要较低的人。

5. 期望理论

期望理论是美国心理学家弗洛姆（V. H. Vroom）提出来的。其基本观点是：人们在预期他们的行动将会有助于达到某个目标的情况下，才会被激励起来去做某些事情以达到这个目标。弗洛姆认为，“任何时候，一个人发生某一行动的动力，将取决于他行动的全部结果的预期价值，乘以他预期这种结果将会达到所要求目标的程度”。用公式表示就是：

$$激励力=效价\times期望值$$

其中，激励力是一个人所受激励的程度。效价是一个人对某一行动结果的评价，也就是对某一结果的偏好程度。期望值是指某一行为导致一个预期结果的概率，它是一个人根据个人经验对某一行动导致某一结果的可能性的判断。

期望理论对管理者的启示：①管理者必须使结果简单、明了，易于测量和考核，并且结果的最高标准是员工尽力所能达到的。②管理者必须清楚，员工受激励的水平是与组织提供的奖酬的大小成正比的。

6. 公平理论

公平理论是由美国的约翰·斯塔希·亚当斯（John Stacy Adams）提出的，旨在研究人们对其劳动付出和得到的回报之间平衡关系的认识以及报酬分配的公平性对员工的激励作用。

在管理实践中，管理者经常会听到下属对某种不公平情况的抱怨，而且发现这种抱怨能大大影响下属的工作积极性。因此，了解公平理论的内容，能有效地预防和消除下属的抱怨，更好地激励员工。

在组织中，一个人不仅关心自己收入的绝对值，也会关心自己收入的相对值，即自己收入与他人收入的比较。每个人都会不自觉地把自己付出的劳动和所得的报酬同他人付出的劳动和得到的报酬进行横向的社会比较，也会把自己现在付出的劳动和所得的报酬同自己过去付出的劳动和所得的报酬进行纵向的历史比较。没有比较，就不会有是否公平的感受。在这种比较中，当发现自己的收支比例与他人的收支比例相等，或者现在的收支比例与过去的收支比例相等时他便认为是应该的、正常的，产生一种公平感，因而心情舒畅，继续努力工作。如果发现自己的收支比例低于他人的，或者现在的收支比例比过去差时，他就会产生不公平感，从而会有满腔怨气，影响工作的积极性。这就是公平理论的基本含义。

公平理论可以用公平关系式来表示，当事人感觉到公平时有下式成立：

$$O_p/I_p=O_c/I_c$$

式中 O_p——自己对个人所获报酬的感觉；

O_c——自己对他人所获报酬的感觉；

I_p——自己对个人所做投入的感觉；

I_c——自己对他人所做投入的感觉。

当上式为不等式时，可能出现以下两种情况：

（1）$O_p/I_p<O_c/I_c$ 在这种情况下，他可能要求增加自己的收入或减小自己今后的努力程度，以便使左方增大，趋于相等；第二种办法是他可能要求组织减少比较对象的收入或

者让其今后增大努力程度以便使右方减小，趋于相等。此外，他还可能另外找人作为比较对象，以便达到心理上的平衡。

（2）$O_p/I_p>O_c/I_c$　在这种情况下，他可能要求减少自己的报酬或在开始时自动多做些工作，但久而久之，他会重新估计自己的技术和工作情况，终于觉得他确实应当得到那么高的待遇，于是产量便又会回到过去的水平了。

除了横向比较之外，人们也经常做纵向比较，即把自己目前投入的努力与目前所获得报酬的比值，同自己过去投入的努力与过去所获报酬的比值进行比较。只有相等时他才认为公平，如下式所示：

$$O_p/I_p=O_h/I_h$$

式中　O_p——自己对现在所获报酬的感觉；

O_h——自己对过去所获报酬的感觉；

I_p——自己对个人现在投入的感觉；

I_h——自己对个人过去投入的感觉。

当上式为不等式时，也可能出现以下两种情况：

（1）$O_p/I_p<O_h/I_h$　当出现这种情况时，人也会有不公平的感觉，这可能导致工作积极性下降。

（2）$O_p/I_p>O_h/I_h$　当出现这种情况时，人不会因此产生不公平的感觉，但也不会觉得自己多拿了报酬，从而主动多做些工作。

调查和试验的结果表明，不公平感的产生，绝大多数是由于经过比较认为自己目前的报酬过低而产生的；但在少数情况下，也会由于经过比较认为自己的报酬过高而产生。

公平理论的重要启示：首先，影响激励效果的不仅有报酬的绝对值，还有报酬相对值。其次，激励时应力求公平，使等式在客观上成立，尽管有主观判断的误差，但也不致造成严重的不公平感。最后，在激励过程中应注意对被激励者公平心理的引导，使其树立正确的公平观，一是要认识到绝对的公平是不存在的，二是不要盲目攀比，三是不要按酬付劳，按酬付劳是在公平问题上造成恶性循环的主要杀手。

为了避免职工产生不公平的感觉，企业往往采取各种手段，在企业中创造一种公平、合理的气氛，使职工产生一种主观上的公平感。如有的企业采用保密工资的办法，使职工相互不了解彼此的收支比率，以免职工互相比较而产生不公平感。

7. 目标设置理论

20 世纪 60 年代末，爱德温 • 洛克（Edwin Locke）提出目标设置理论。该理论认为：具体的目标会提高工作成绩；困难的目标一旦被人们接受，将会比容易的目标达到更高的工作绩效。

具体而言，目标设置理论告诉我们：

1）为了达到目标而工作的愿望是工作动机的主要源泉之一。有关目标设置的研究表明，设置具体而有挑战性的目标是一种重要的激励力量。

2）与上级分派目标相比，员工参与目标设置能提高目标的可接受性，会使员工达到更高的绩效水平。

3）如果人们可以获得反馈以了解自己的实际工作水平，人们往往会干得更好，因为反馈有助于他们了解自己所做的与自己想做的之间是否存在差异。自发的反馈，即员工通过监控自己的工作过程而发现的相关信息，比来自外部的反馈更具激励作用。

除了反馈外，人们还发现其他因素也会影响目标－绩效的关系，如目标承诺、自我效能感等。

目标承诺即个体对实现目标的承诺，是目标设置理论的前提条件。

自我效能感指的是个体对于自己能否完成任务的信念。自我效能感水平越高，个体越自信能够成功完成任务。

图 10-4 总结了目标、激励、绩效之间的联系。目标设置理论的总体结论是：愿望（对具体且困难目标的清晰阐述）是一种有力的激励力量，在适当条件下，它会产生更高的工作业绩。

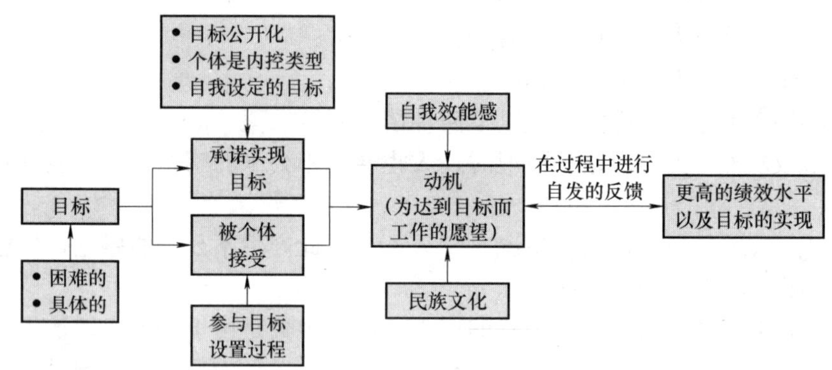

图 10-4 目标设置理论

8．强化理论

强化理论是由美国行为心理学家斯金纳（B. F. Skinner）提出的。他认为，无论人还是动物，为了达到某种目标，都会采取一定的行为，这种行为将作用于环境。当行为的结果对他有利时，这种行为就会重复出现；当行为的结果不利时，这种行为就会减弱或消失。这就是环境对行为强化的结果。

斯金纳认为，对人的行为进行改变可以有四种类型和方法，即积极强化、消极强化、惩罚和忽视。

1）积极强化。当一种反应伴随着愉快的事情时，称之为积极强化或正强化。

2）消极强化。当一种反应伴随着终止或逃离不愉快事件时，称之为消极强化或负强化。

3）惩罚。为了减少不良行为所给予的不愉快事件或情境，称之为惩罚。

4）忽视。消除任何能够维持行为的强化物则称之为忽视。

积极强化和消极强化都导致了行为的改变，它们强化了反应，增加了其重复的可能性；惩罚和忽视虽然也导致了行为的改变，但它们削弱了行为，并减少了其发生的频率。

强化理论较多地强调外部因素或环境刺激对行为的影响，忽略了人的内在因素和主观能动性对环境的反作用，带有机械论的色彩。

9．归因理论

归因理论最初是在研究社会知觉的实验中提出来的，但以后随着归因问题研究的不断深入，它逐渐被应用到管理领域中。

目前，在管理领域归因理论主要研究两个方面的问题：①对引发人们某一行为的因素做分析，看其应归结为内部原因还是外部原因。②研究人们获得成功或遭受失败的归因倾向。

心理学家威纳认为，人们把自己的成功和失败主要归结为四个方面的因素：即努力程度、能力、任务难度和机遇。这四个方面的因素可以按三个方面来划分：

1）内部原因和外部原因。努力程度和能力属于内部原因，而任务难度和机遇属于外部原因。

2）稳定性。能力和任务难度属于稳定因素，努力程度和机遇则属于不稳定因素。

3）可控性。努力程度是可控的，而任务难度和机遇则是不可控的。能力在一定条件下是不可控的，但人们可以提高自己的能力，在这个意义上能力是可控的。

归因理论认为，人们把成功和失败归于何种因素，对以后的工作态度和积极性，进而对人们的行为和工作绩效有很大的影响。例如，把成功归于内部原因会使人感到满意和自豪，归于外部原因会使人感到幸运和感激。把失败归于稳定因素会降低以后工作的积极性，归于不稳定因素可以提高工作的积极性等。

总之，利用归因理论可以很好地了解下属的归因倾向，以便正确地指导和训练员工的归因倾向，调动和提高下属的积极性。

10．综合激励模型

美国心理学家和管理学家波特（L. W. Porter）和劳勒（E. E. Lawler）在期望值理论和公平理论的基础上构建出更为全面的综合激励模型。综合激励模型是基于激励并不等于满足或绩效这一假定，以“工作绩效”为核心，以“激励—努力—绩效—满意”为轴线建立起来的。

如图 10-5 所示，一个人的努力程度即激励所发挥的力量，取决于奖励的价值和觉察的努力和获得奖励的概率；而工作绩效主要取决于个人努力程度，但同时又要受此人完成该工作所需的特定能力以及他对该工作的认识了解程度的影响；工作绩效实现后会带来各种奖励和报酬，包括内在奖励和外在奖励；工作绩效的取得与否或难易程度又会影响以后个人对该类工作期望值的认识；个人最终的满意程度取决于所得到的报酬以及个人对公平程度的认识，而这个满意程度又会影响到下轮工作中对效价的认识。这个模型是对激励系统比较全面和恰当的描述，激励和绩效之间并不是简单的因果关系，要使激励能产生预期的效果，就必须考虑到奖励内容、奖励制度、组织分工、目标设置、公平考核等一系列综合因素，并注意个人满意程度在努力中的反馈。

这个模型的特点是：

1）“激励”决定一个人是否努力及其努力的程度。

2）工作的实际绩效取决于能力的大小、努力程度以及对所需完成任务理解的深度。

3）奖励要以绩效为前提，不是先有奖励后有绩效，而是通过完成组织任务获得精神上的、物质上的奖励。当职工看到奖励与成绩的关联性很差时，奖励将不能成为提高绩效的刺激物。

4）奖惩措施是否会产生满意，取决于被激励者认为获得的报偿是否公正。如果他认为符合公平原则，当然会感到满意，否则就会感到不满。众所周知的事实是，满意将促使进一步的努力。

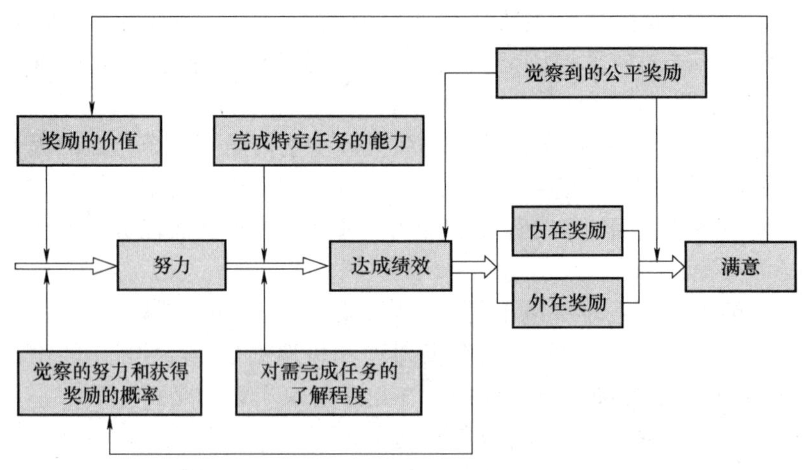

图 10-5 综合激励模型

综合激励模型为管理者如何改进对下级的激励，提供了一个清晰的、系统的、逻辑严密的思考路线。但是，此模型分析的是一个“单向激励”过程，它忽视了一个有效的激励系统对管理人员（激励主体）自身的要求，罗斯·韦伯（Ross Web）曾指出，要使激励制度有效，管理人员一定要信守诺言。

10.3 激励原则与方法

10.3.1 激励原则

（1）目标结合原则　在激励机制中，设置目标是一个关键环节。目标设置必须同时体现组织目标和员工需要的要求。

（2）物质激励和精神激励相结合的原则　物质激励是基础，精神激励是根本。在两者结合的基础上，逐步过渡到以精神激励为主。

（3）引导性原则　外激励措施只有转化为被激励者的自觉意愿，才能取得激励效果。因此，引导性原则是激励过程的内在要求。

（4）合理性原则　激励的合理性原则包括两层含义：①激励的措施要适度。要根据所实现目标本身的价值大小确定适当的激励量。②奖惩要公平。

（5）明确性原则　激励的明确性原则包括三层含义：①明确。激励的目的是需要做什么和必须怎么做。②公开。特别是分配奖金等大量员工关注的问题，更为重要。③直观。实施物质奖励和精神奖励时都需要直观地表达它们的指标，明确奖励和惩罚的方式。直观性与激励影响的心理效应成正比。

（6）时效性原则　要把握激励的时机，激励越及时，越有利于将人们的激情推向高潮，使其创造力连续、有效地发挥出来。

（7）正激励与负激励相结合的原则　正激励就是对员工符合组织目标的期望行为进行奖励。负激励就是对员工违背组织目的的非期望行为进行惩罚。正负激励都是必要而有效的，不仅作用于当事人，而且会间接地影响周围其他人。

（8）外激励与内激励相结合的原则　工资、奖金、福利、人际关系，均属于工作环境方面，称作外激励；工作本身带来的激励因素属于内激励。内激励产生的工作动力远比外激要深刻和持久。在实施激励时，领导者应善于将外激励与内激励相结合。

（9）按需激励原则　激励的起点是满足员工的需要，但员工的需要因人而异、因时而异，并且只有满足最迫切需要（主导需要）的措施，其效价才高，其激励强度才大。因此，领导者必须深入地进行调查研究，不断了解员工需要层次和需要结构的变化趋势，有针对性地采取激励措施，才能收到实效。

10.3.2　激励方法

1．物质激励的方法

物质激励是指用于满足人的物质需要的各种激励方式，包括直接报酬和非直接报酬。直接报酬包括工资、奖金等，非直接报酬包括各种保险和福利等，如养老保险、失业保险、医疗保险、通信补贴、交通补贴。

在物质激励中，最突出的就是金钱，其形式有：工资、奖金、优先认股权、红利等。金钱往往具有比金钱本身更大的价值，它可能意味着地位和权力。金钱的经济价值使其成为能满足人们的生理需要和安全需要的一种重要手段；金钱的心理价值对许多人来讲，又是满足较高的社会需要和尊重需要的一种手段，它往往象征着成功、成就、地位和权力。

对不同的人来讲，物质激励的激励作用是有区别的。对那些需要抚养子女的人来说，物质激励是非常重要的；而对那些已经功成名就的、对物质激励的需要已不那么迫切的人来说，物质激励则不那么重要。

2．精神激励的方法

（1）目标激励　企业目标是一面号召和指引千军万马的旗帜，是企业凝聚力的源泉和核心。它体现了员工工作的意义，预示着企业光明的未来，能够在理想和信念的层次上激励全体员工。

（2）荣誉激励　荣誉是众人或组织对个人和群体的积极评价，是满足人们自尊需要、激发人们奋力进取的重要手段。中国自古以来就有重视名节、珍视荣誉的传统，这种激励方法就尤为重要而有效。荣誉激励的对象既包括个人，也包括集体。

（3）参与激励　员工在不同层次、不同深度上参与企业的决策，不仅可以提高决策的质量，还可以培养员工对企业的归属感、认同感。参与激励的形式通常有：民主管理、“诸葛亮会”、合理化建议活动、一日厂长制等。

（4）榜样激励　模仿和学习是人们的一种普遍需要，其实质是完善自我的需要，对于青年人，这种需要尤为强烈。榜样激励就是通过树立英雄模范人物来满足员工模仿和学习的需要，把员工的行为引导到企业所希望的方向。在这方面，领导者本人身先士卒、率先垂范是最重要的榜样激励形式。

（5）感情激励 感情因素对人的工作积极性有重大影响。感情激励就是加强与员工的感情沟通，尊重员工、关心员工，与员工之间建立平等和亲切的感情，让员工体会到领导的关心、企业的温暖，从而激发出员工的主人翁责任感和爱厂如家的精神。感情激励的精髓在于“真诚”，常见的形式有“三必访”或“五必访”制度、生日祝贺、为员工排忧解难等。

（6）内在激励 内在激励是指增加工作的创造性、挑战性，使工作内容丰富多彩，从而让员工从工作中获得乐趣、感受到工作的意义，并获得自尊，实现自我价值。内在激励是靠工作本身来激励员工，具体形式有工作轮换、工作内容丰富化和扩大化等。

（7）兴趣激励 “兴趣是最好的老师”，因此在工作分配时要考虑员工的兴趣。此外，还可以组织各种兴趣小组针对员工的兴趣开展业余文化活动。

自我测试

一、单项选择题

1. 2002 年 8 月，北京大学五名登山爱好者在攀登西藏夏邦马峰时，遇到雪崩不幸遇难，人们在赞扬他们精神的同时，也在思考如下问题：是什么力量鼓舞他们不畏艰险，努力攀登，你认为最主要的因素是：(　　)。

A. 外在激励，如领导的鼓励、支持、表扬以及物质利益的满足

B. 内在激励，如目标任务的巨大吸引力

C. 内在激励，如完成任务的自豪感、自尊感

D. B 和 C

2. 需要层次论认为，人的最低层需要是 (　　)。

A. 生理需要　　B. 安全需要　　C. 尊重需要　　D. 社交需要

3. 对待马斯洛提出的需要层次理论，人们有着不同的理解和评价，请指出以下哪一项不属于需要层次理论的基本看法与观点。(　　)

A. 人有 5 种基本需要，它们之间是一个由低级向高级发展的过程。

B. 人在不同的时期和不同发展阶段，一般总有一种需要发挥主导作用。

C. 人的需要对人的行为具有驱动作用。

D. 当较高层次的需要无法得到满足时，人们会出现需求倒退现象。

4. 赫茨伯格提出的双因素理论认为 (　　) 不能直接起到激励的作用，但能防止人们产生不满情绪。

A. 保健因素　　B. 激励因素　　C. 成就因素　　D. 需要因素

5. 某美发厅经理在连续几年超额完成计划指标后，为职工在劳保福利方面做了这样 4 件事：①投保 20 万元企业财产保险。②为每个职工投 2 000 元家庭财产保险。③多名职工投了 10 年人身意外事故安全保险。④投保职工失业救济保险，假使企业倒闭，保险公司还

要发给职工 6 个月的生活费。这些措施分别是针对职工哪方面的需要采取的？（　　）

A. ①、②生理需要，③、④安全需要　　B. ①、②、④生理需要，③安全需要

C. 均为生理需要　　D. 均为安全需要

6. 小张毕业后，到一家计算机软件公司工作。3 年来，他工作积极，取得了一定的成绩。最近他作为某项目小组的成员，与组内其他人一同奋战了 3 个月，成功地开发了一个系统，公司领导对此十分满意。这天小张领到领导亲手交给他的红包，较丰厚的奖金令小张十分高兴，但当他随后在项目小组奖金表上签字时，目光在表上注视了一会儿后，脸很快就阴沉了下来。对于这种情况，下列哪种理论可以比较恰当地予以解释？（　　）

A. 双因素理论　　B. 期望理论　　C. 公平理论　　D. 强化理论

二、判断题

1. 需要层次理论是美国的心理学家和行为学家马斯洛提出来的一种激励理论。（　　）

2. 不公平感是由于客观分配的不公平引起的。（　　）

3. 表彰和奖励能起到激励作用，批评和惩罚不能起到激励作用。（　　）

4. 梅奥认为，在共同的工作过程中，人们必然发生相互之间的联系，产生感情，自然形成一种行为准则或惯例，要求个人服从，这就形成了正式组织。（　　）

三、案例分析

油漆厂工人为什么闹事

钱兵毕业于某知名大学企业管理专业，毕业后分配到宜昌某集团公司人力资源部。前不久，因总公司下属的某油漆厂出现工人集体闹事问题，钱兵被总公司委派下去调查了解情况，并协助油漆厂高厂长理顺管理工作。

到油漆厂上班的第一周，钱兵就深入“民间”，体察“民情”，了解“民怨”。一周后，他不仅清楚地了解到油漆厂的生产流程，同时还发现工厂的生产效率极其低下，工人们怨声载道，他们认为工作场所又脏又吵，条件极其恶劣，冬天的车间内气温只有零下 8 摄氏度，比外面还冷，而夏天最高气温可达 40 摄氏度。而且他们的报酬也少得可怜。工人们曾不止一次地向厂领导提过，要改善工作条件，提高工资待遇，但厂里一直未引起重视。

钱兵还了解了工人的年龄、学历等情况：工厂以男性职工为主，约占 92%。年龄在 25～35 岁之间的占 50%，25 岁以下的占 36%，35 岁以上的占 14%。工人们的文化程度普遍较低，初高中毕业的占 32%，中专及其以上的仅占 2%，其余的全是小学毕业。钱兵在调查中还发现，工人的流动率非常高，50%的工人仅在厂里工作 1 年或更短的时间，能工作 5 年以上的不到 20%，这对生产效率的提高和产品的质量非常不利。

于是，钱兵决定将连日来的调查结果与高厂长沟通，他提出了自己的一些看法：“高厂长，经过调查，我发现工人的某些起码的需要没有得到满足，我们厂要想把生产效率搞上去，要想提高产品的质量，首先得想办法解决工人们提出的一些最基本的要求。”可是高厂长却不这么认为，他恨铁不成钢地说：“他们有什么需要？他们关心的就是能拿多少工资，得多少奖金，除此之外，他们什么也不关心，更别说想办法去提高自我。你也看到了，他们很懒，逃避责任，不好好合作，工作是好是坏他们一点也不在乎。”

但钱兵不认同高厂长对工人的这种评价，他认为工人们不像高厂长所说的这样。为进一步弄清情况，钱兵采取发放问题调查问卷的方式，确定工人们到底有什么样的需要，并找到哪些需要还未得到满足。他也希望通过调查结果来说服厂长，重新找到提高士气的因素。于是他设计了包括 15 个因素在内的问卷，当然每个因素都与工人的工作有关，包括：报酬、员工之间的关系、上下级之间的关系、工作环境、工作的安全性、工厂制度、监督体系、工作的挑战性、工作的成就感、个人发展的空间、工作得到认可情况、升职机会等。

结果表明，工人并不认为他们懒惰，也不在乎多做额外的工作，他们希望工作能丰富、多样化一点，能让他们多动动脑筋，能有较合理的报酬。他们还希望工作多一点挑战性，能有机会发挥自身的潜能。此外，他们还表达了希望多一点与其他人交流感情的机会，他们希望能在友好的氛围中工作，也希望领导经常告诉他们怎样才能把工作做得更好。

基于此，钱兵认为，导致油漆厂生产效率低下和工人有不满情绪的主要原因是报酬太低，工作环境不到位，人与人之间关系的冷淡。

案例思考题：

1. 高厂长对工人的看法正确吗？在对工人需要的认知上，高厂长的认知和钱兵的问卷调查结果表现出了哪些不同？

2. 根据钱兵的问卷调查结果，请你为该油漆厂出些主意，以实现工人的有效激励。

第 11 章　控制

学习目标

1. 了解控制的概念、特点、作用。
2. 理解控制与计划、组织间的关系。
3. 掌握控制的过程。
4. 掌握控制的类型。
5. 掌握标杆管理的运用。

案例 11-1

扁鹊论医术

魏文王问名医扁鹊说：“你们家兄弟 3 人，都精于医术，到底哪一位最好呢？”扁鹊答：“长兄最好，中兄次之，我最差。”魏文王再问：“那么为什么你最出名呢？”扁鹊答：“长兄治病，是治于病情发作之前。由于一般人不知道他事先能铲除病因，所以他的名气无法传出去；中兄治病，是治于病情初起时。一般人以为他只能治轻微的小病，因此他的名气只及本乡里。而我是治于病情严重之时。一般人都看到我在经脉上穿针管放血、在皮肤上敷药等大手术，因此认为我的医术高明，名气因此响遍全国。”

【启示】

控制有事前控制、事中控制、事后控制，控制重在事前控制。

11.1　控制概述

控制是管理工作过程中不可缺少的一个环节。管理者尽管可以制订出周密的计划，可以将组织结构设计得非常有效，可以通过领导工作充分地调动员工的积极性，但是这些往往并不足以保证所有的行动都能按计划执行，不能保证管理者追求的目标都一定能够达到。控制通过监视组织各方面的活动和组织环境的变化，保证组织计划与实际运行状况保持动态适应。因此，控制是管理过程中一项不可或缺的职能。

11.1.1 控制的含义

1．控制的概念

控制其实并不陌生，它与我们的工作、学习甚至生活息息相关。例如，我们在去上班或上课的路上、赴朋友约会的途中，经常会抬起手腕看看手表；医生给患者量完血压后，会告知血压正常或血压偏高还是血压偏低；汽车、飞机、轮船的驾驶和机器的操作等都是“控制”原理起着作用；生产的调度、战争的指挥也是一种控制；党纪国法的约束、良心的谴责，目的在于调节人们的社会行为，是一种内容更复杂的控制。

控制工作实际上应包括纠正偏差和修改标准这两方面内容。这是因为，积极、有效的控制工作，不能仅局限于针对计划执行中的问题采取“纠偏”措施，它还应该能促使管理者在适当的时候对原定的控制标准和目标做适当的修改，以便把不符合客观需要的活动拉回到正确的轨道上来。就像在大海中航行的船只，一般情况下船长只需对照原定的航向调整由于风浪和潮流作用而造成的航线偏离，但当出现巨大的风暴和故障时，船只也有可能需要改变整个航向，驶向新的目的地。这种导致控制标准和目标发生调整的行动——简称为“调适”，其应该是现代意义下企业控制工作的有机组成部分。基于这种认识，将管理中的控制职能定义为：由管理人员对组织实际运行是否符合预定的目标进行测定，并采取措施确保组织目标实现的过程。

2．现代控制产生的原因

（1）组织环境的不确定性　为了使目标计划与变化的环境相适应，需监控环境的变化和发展。

（2）组织活动的复杂性　为了避免本位主义，保证各项活动的顺利进行，要监控各部门及其各岗位的工作情况。

（3）管理失误的不可避免　为及时发现失误，明确问题之所在，必须进行经常性的监督检查。

管理者需要建立控制系统，以便自始至终地掌握下属的情况，以确保预定目标的实现。

3．控制与其他职能的关系

以下分别介绍控制与计划、组织、领导的关系。

（1）控制与计划的关系　计划是控制的前提，没有计划的控制是毫无实际意义的；控制是计划目标实现的保证，贯穿在计划执行的每个阶段、每个部门。有人把计划工作与控制工作视作一把剪刀的两刃，缺少任何一刃，剪刀都无法发挥作用。控制与计划既互相区别，又紧密相连的。计划为控制工作提供标准，没有计划，控制也就没有依据。但如果只编制计划，不对其执行情况进行控制，计划目标就很难得到圆满实现。

控制与计划之间的关系不仅体现在计划提供控制标准而控制确保计划实现这一层关系上，同时也表现为：一方面，有些计划本身的作用就已具有控制的意义。如政策、程序和规则，它们在规定人们行动准则的同时，也对人的行为产生极大的制约作用。又如，预算和进度表等形式的计划，它们既是作为计划工作的一个重要组成部分而得到编制，同时又可以直接作为一种有效的控制工具。可见，某些计划形式实际上涵盖了控制的内容。另一方面，广义的控制职能实际上也包含了对计划在其执行期间内的修订或修改。计划在执行过程中产生结果与目标之间的偏差，其原因除了执行不力外，还可能是计划之初对外部环境和内部条件估计出现失误，造成了目标设定过高或过低，或者是计划执行中所面临的内、外部环境条件出现了重大变化，导致目标脱离现实。这时，改变计划确定的目标和控制标准就是控制工作的一大任务。

可见，计划和控制是同一个事物的两个方面。有目标和计划而没有控制，人们可能知道自己干了什么，但无法知道自己干得怎样，存在哪些问题，哪些地方需要改进。反之，有控制而没有目标和计划，人们将不会知道要控制什么，也不会知道怎么控制。计划和控制二者密不可分。事实上，计划越是明确、全面和完整，控制的效果也就越好；控制工作越是科学、有效，计划也就越容易得到实施。控制好比是汽车驾驶员的方向盘，它把组织、人员配备、领导指挥职能与计划设定的目标联结在一起，在必要时，它能随时启动新的计划方案，使组织运行的目标更加符合自身的资源条件并适应组织环境的变化。

（2）控制与组织的关系　管理者在设计组织结构时面临的首要问题是建立职位结构和报告关系，以使组织成员最有效地配置资源。但是，单单依靠组织结构并不能激励员工按照有利于达成组织目标的方式行事。控制的目的是给管理者提供一个能够激励下属向着实现组织目标方向努力的手段，并给管理者提供有关组织及其成员如何适当完成任务的具体反馈。

管理的组织职能和控制职能是不可分割的，有效的管理者必须学会使它们协调地发挥作用。管理者制定组织战略和结构，希望组织有效地利用资源，为社会创造价值。通过控制，管理者监督和评估组织战略和结构是否在按原定的意图发挥作用，如何改进它们，以及如果它们不能发挥作用，应该如何改变它们。因此，从组织控制的角度来说，控制是管理者监督和规范组织及其成员各项活动，以保证它们按计划进行并纠正各种重要偏差，使他们有效地从事实现组织目标所需的行动过程。然而，控制并不意味着只在事情发生后做出反应。它还意味着将组织保持在正常的运行轨道并预测可能发生的事情。由此可见，管理的控制职能是对组织的管理活动及其效果进行衡量和校正，以确保组织的目标以及为此而拟订的计划得以实现。

（3）控制与领导的关系　领导是在计划和组织的基础上对使用各种资源的人员进行指挥，而控制只是在此基础上对具体组织活动实施一定的检查和调整。管理者通过他人完成任务并负有最终责任，为此，必须建立控制系统，以便使自己可以自始至终地掌握他人完成任务的情况和进度，了解实际工作的进展是否符合原定目标，是否需要做出相应的调整和改变。离开控制，领导就可能流于形式，收不到实效。

4．控制的特点

（1）管理控制具有整体性　管理控制具有整体性包含两方面的含义：

1）管理控制是组织全体成员的职责，完成计划是组织全体成员的共同责任，参与控制是全体成员的共同任务；

2）控制的对象是组织的各个方面。为此，需要了解掌握各部门和各单位的工作情况并予以控制。

（2）管理控制具有动态性　组织不是静态的，其外部环境及内部条件随时都在发生着变化，从而决定了控制标准和方法不可能固定不变。管理控制具有动态的特征，这样可以提高控制的适应性和有效性。

（3）管理控制是对人的控制并由人执行控制　管理控制是保证工作按计划进行并实现组织目标的管理活动，而组织中的各项工作要靠人来完成，各项控制活动也要靠人去执行。

（4）管理控制是提高员工工作能力的重要手段　通过控制工作，管理者可以帮助员工分析偏差产生的原因，端正员工的工作态度，指导他们采取纠正措施。这样，既能达到控制的目的，又能提高员工的工作能力和自我控制能力。

5. 控制的作用

组织的各项活动都离不开控制，控制工作是组织顺利开展活动，实现组织目标的基本保证。

（1）更好地适应环境变化　现代组织所面对的环境具有复杂多变的特点，再完善的计划也难以将未来出现的变化考虑得十分周全。为了保证组织目标和计划的顺利实施，就必须有控制工作，以有效地控制降低环境的各种变化对组织活动的影响。

（2）可以限制偏差的累积　组织所处环境的不确定性，以及组织活动的复杂性，会导致不可避免的管理失误。控制工作通过对管理全过程的检查和监督，可以及时发现组织中的问题，并采取纠偏措施，限制偏差的累积，以避免或减少工作中的失误，为执行和完成计划起着必要的保障作用。

（3）保证组织活动协调一致地运作　由于组织是一个庞杂的系统，组织的活动日趋复杂化，要使组织内众多的部门和人员在分工的基础上能够协调一致地工作，完善的计划是必备的基础，但计划的实施还要以控制为保证手段。

11.1.2　控制的原理

1. 未来导向原理

未来导向原理是指控制工作应当着眼未来，而不是只有当出现了偏差时才进行控制。由于在整个控制系统中存在着时滞，所以一个控制系统越是以前馈而不是以简单的信息反馈为基础，则管理人员越是能够有效地预防偏差或及时采取措施纠正偏差。也就是说，控制应该是向前的，这才合乎理想。实际上这条原理往往被忽视。主要原因是现有的管理工作水平不太容易实现前馈控制，管理人员一般仍依赖历史数据。但时滞问题促使我们投入更大的精力来从事面向未来的控制，这对现代管理工作水平的提高、增强有效性是非常重要的。

2. 反映计划原理

反映计划原理是指计划越明确、完善和综合化，则控制越能用来体现这类计划，控制也越能有效地为管理的需要服务。每一项计划、每一项工作都各有其特点。为实现每一项计划、每一项工作所设计的控制系统和所进行的控制工作，尽管基本过程是相似的，但在确定什么标准、控制哪些关键点、搜集什么信息、采用何种方法评定绩效、由谁来控制和采取纠正措施等方面，都必须按预期的目的执行。可见，一个控制系统不能在没有计划的情况下设计，而且设计还要反映计划的要求。

3. 组织适宜性原理

组织适宜性原理是指一个组织的结构如果是明确的，则控制就能很好地反映出组织结构中哪个部门或人员应对采取措施承担责任，也就能及时地纠正偏差。因为计划是由人来执行的，所以一旦出现偏差就必须由相应的管理人员来负责，而这些管理人员的职责正是通过组织机构而被赋予的。另外，控制工作除了要能及时地发现执行过程中发生偏差的情况外，还必须知道发生偏差的责任和采取纠正措施的责任应由谁来承担，这需要由相应的组织机构的设计来完成。

4. 关键点控制原理

关键点控制原理是指管理人员选择计划的关键点作为控制的标准，可以使控制更为有效。因为人的精力是有限的，所以管理人员没有必要考察计划执行的每个细节，他们只需注意那些对计划的执行起到举足轻重作用的关键性问题或因素，并能够以此来掌握任何一个偏离了计划的重要偏差，而不必事事留意。管理人员如何选择关键点也体现了个人的管理艺术和水平。

5. 例外原理

例外原理是指管理人员的控制应当顾及例外情况的发生，不至于面临重大的偏差而不知所措。也就是说，管理人员应把主要注意力集中在那些出现了特别好或特别坏的情况上。这一点常常与关键点控制原理混淆。其实，关键点控制原理是强调控制应当重视一些关键点，而例外原理是强调必须留意在这些关键点上偏差的规模。如果把两者很好地结合起来就可以使控制工作既有好的效果，又有高的效率。

6. 直接控制原理

直接控制原理是指管理人员及其下属的素质越高，就越不需要进行间接控制。直接控制是相对于间接控制而言的，它是通过提高管理人员的素质来进行控制工作的。直接控制的指导思想认为，合格的管理人员出的差错最少。合格的管理人员能觉察到正在形成的问题，并能及时地采取纠正措施。所谓合格就是指他们能熟练地运用管理的概念、原理和技术，能以系统的观点来进行管理工作。直接控制方法的合理性是以下列四个较为可靠的假设为依据的：①合格的管理人员所犯的错误最少；②管理工作的成效是可以计量的；③在计量管理工作成效时，管理的概念、原理和方法是一些有用的判断标准；④管理基本原理的应用情况是可以评价的。

11.2　控制的类型及原则

11.2.1　控制的类型

控制工作按照不同标准可以有不同的分类，例如，按照业务范围可以分为生产控制、质量控制、成本控制和资金控制；按照控制对象可分为全面控制和局部控制；按照管理人员与控制对象的关系，可以分为直接控制和间接控制；按管理者的控制方式，可以分为集中控制、分散控制和分层控制。比较常用的分类方式是以下两种：

1. 按照控制的时间不同分类

按照控制的时间不同，可以分为前馈控制、现场控制和反馈控制，如图 11-1 所示。

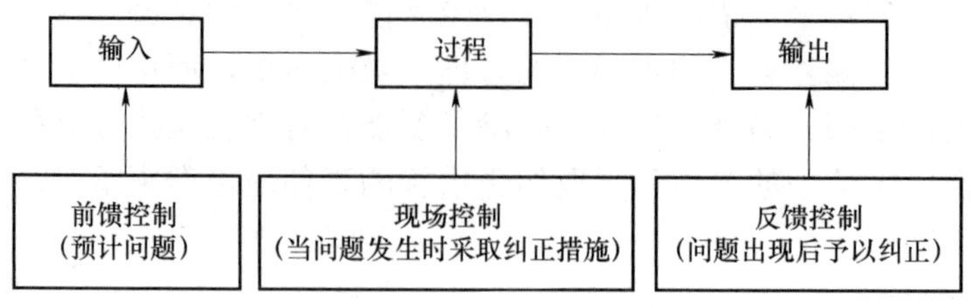

图 11-1 控制的类型示意图

（1）前馈控制 前馈控制也称为事前控制，是指在工作正式开始前对工作中可能产生的偏差进行预测和估计，并采取防范措施，将潜在的偏差消除在产生之前。它反映的是防患于未然、未雨绸缪的控制。这类控制建立在预测的基础上，尽可能在偏差发生之前将其觉察出来，并及时采取防范措施，使人们在工作之前就已经知道如何做。前馈控制的重点是预先对组织的人、财、物、信息等合理地配置，使它们符合预期的标准，从而保证计划的实现，如成本控制中的标准成本法、预算控制，管理部门制定的规章制度、政策和程序等，都属于前馈控制。

（2）现场控制 现场控制也称为同步控制，是指计划执行过程中所实施的控制，即通过对计划执行过程的直接检查和监督，随时检查和纠正实际与计划的偏差。其目的就是要保证本次活动尽可能少发生偏差，改进本次而非下一次活动的质量。这是一种主要为基层主管人员所采用的控制方法，主管人员通过深入现场亲自监督、检查、指导和控制下属人员的活动。其特点是在行动过程中现场控制，能及时发现偏差，及时纠正偏差，立竿见影，将损失控制在较低程度。现场控制通常包括两项职能：

1）技术性指导职能，管理者针对工作中出现的问题，根据自己的经验指导下属改进工作，或与下属共同商讨矫正偏差的措施，以便使工作人员能正确地完成所规定的任务。

2）监督职能，按照预定的标准检查正在进行的工作活动，以保证目标的实现。在进行实时控制时，主管人员要避免单凭主观意志开展工作，要“亲自去观察”，因为有效的管理者都知道亲自观察所得的信息是唯一可靠的反馈信息，光听汇报是不够的。

（3）反馈控制 反馈控制是一种最主要也是最传统的控制方式，也称为事后控制，是指从已经执行的计划或已经发生的事件中获得信息，运用这些信息来评价、指导和纠正今后的活动，反馈控制的目的并非要改进本次行动，而是力求能“吃一堑，长一智”，提高下一次行动的质量。其特点是把注意力集中在行动的结果上，并以此作为改进下次行动的依据。反馈控制的对象可以是行动的最终结果，如企业的产量、销售额、利润等；也可以是行动过程中的中间结果，如新产品样机、工序质量、产品库存等。在组织中使用反馈控制的例子很多，如企业发现不合格产品后追究当事人的责任且制定防范再次出现质量事故的新规章，发现产品销路不畅而相应做出减产、转产或加强促销的决定，以及学校对违纪学生进行处罚等都属于反馈控制。这类控制对组织营运水平的提高发挥着很大的作用。但反馈控制最大的弊端就是它只能在事后发挥作用，对已经发生的对组织的危害却无能为力，它的作用类似于“亡羊补牢”；而且在反馈控制中，偏差发生和发现并得到纠正之间有一段时滞，这必然对偏差纠正的效果产生很大的影响。

传统管理主要关注现场控制和反馈控制，忽视前馈控制。现代管理更为关注前馈控制，在注重前馈控制的基础上，实行全方位的控制。优秀的管理者应能在防患于未然之前，更胜于治乱于已成之后，由此可见，企业问题的预防者，其实要优于企业问题的解决者。

2．按照控制力量来源的不同分类

按照控制力量来源不同，又可以分为外在控制与内在控制。

（1）外在控制　外在控制是指一个单位或个人的工作目标和标准的制定，以及为了保证目标和标准的实现而开展的控制工作，是由其他的单位或个人来承担，自己只负责检测、发现问题和报告偏差。例如，上级的行政命令监督（“人治”）、组织程序规则的制约（“法治”）等，都属于外在控制。

（2）内在控制　内在控制不是“他人”控制（它既不是来自上级主管的“人治”，也不是来自程序规则的“法治”），而是一种自动控制或自我控制（称之为“自治”）。自我控制的单位或个人，不仅能自我检测、发现问题，还能自己订立标准并采取措施纠正偏差。例如，目标管理就是一种上下协商确定目标，并在工作中实行自主安排、自我控制（自己检查评价工作结果，发现偏差，主动采取处理措施）的一种管理制度和方法。目标管理将“要我做”变为“我要做”，使人们更加主动、努力地去实现自己参与制定的工作目标。

案例 11-2

GE 公司飞行器发动机的质量和控制

近年来，“质量革命”成了人们的口头语，好像质量控制在过去从没有得到应有的重视。如果你了解通用电气（GE）的飞行器发动机公司，就知道这显然与事实相去甚远：在这里，质量和安全一直是最基本的要求和主要的竞争优势。尽管对质量的关注由来已久，GE 公司在最近几年对质量的控制方法已经有所改变。

过去，GE 公司有一个专门的质量控制组织——一个独立的内部组织，对集团内其他组织的硬件产品和其他配件进行检查。产品必须能够在 30 000 英尺（1 英尺=0.304 8 米）的高空正常工作，为此飞行器发动机需要大量的检测，通常要达到要求的 200%～300%。当产品运到客户手中时，它是安全的并符合性能的严格要求。

但是质量的成本和从订货到交货时间的限制成为沉重的负担。为了保持竞争优势，GE 公司设计了积极的质量控制方案，在对传统的质量指标检验的同时，主要对速度或转速进行检测。为了达到这一目标，质量控制从检测缺陷（反馈控制）转为防范缺陷（前馈控制）。为将误差不断减小，客户、供应商、设计师、项目工程师、采购代理商和生产工人组成一个团队成为制造性设计提高质量和服务价值的新途径。质量的本质是“第一次就做好它”。

随着以提高质量为目标的控制系统的变化，GE 公司在变革文化方面也花了不少精力：团队精神和授权赋能被视作质量管理最重要的因素。文化变革的结果是，质量控制不再是一个秘密的质量部门，它成了每个供应商、管理者和组织内部员工的最基本的责任。

11.2.2 有效控制的原则

1. 客观性

控制必须客观公正，这是对控制工作的基本要求。控制的标准应当是客观的，为了保证控制工作能客观公正地进行，参与控制的组织和人员，应当具有相对的独立性。在整个控制过程中最易引起主观因素介入的是绩效衡量阶段，尤其是对人的绩效衡量更是如此。这可能来自两种心理方面的效应——晕轮效应和优先效应。晕轮效应是一种以点代面的效应，人们往往习惯于把人的行为中的某一点覆盖于人的全部行为之上。这种效应容易引起判断上的主观性，造成评价上的偏差。优先效应就是人们往往把第一印象看得更加重要，以至于影响今后对人的评价，这也是心理作用。管理者要特别注意自己的评价工作，防止上述两种心理效应在评价工作中出现，使评价工作客观、真实。

2. 目的性

同其他管理工作一样，控制工作也具有明确的目的性特征。良好的控制必须具有明确的目的，必须反映出管理业务的性质和需要，不能为控制而控制，搞形式主义。无论什么性质的工作都能列举出许多目标，但总有一个或几个目标是最关键的。达到了这些关键的目标，其他目标可能随之达到，即使有些次要目标达不到也不妨碍大局。管理者的任务之一，就是要在众多的甚至相互矛盾的目标中选择出关键的、反映工作本质和需要的目标，并加以控制。它们可能是时间和数量方面的，也可能是质量和成本方面的。对于组织中的不同层次来说，还可以是物理的、消耗的、资金使用的、程序和方法的、有形的和无形的等。

3. 整体性

整体性主要体现在，从控制的主体来看，完成计划和实现目标是组织全体成员共同的责任，管理控制应该成为组织全体成员的职责，而不单单是管理人员的职责。让全体成员参与到管理控制工作中来，这是现代组织中推行民主化管理思想的重要方面。从控制的对象来看，管理控制覆盖组织活动的各个方面，人、财、物、时间、信息等资源；组织中各层次、各部门、各单位的工作，以及企业生产经营的各个不同阶段等，都是管理控制的对象。不仅如此，管理控制的主体需要把整个组织的活动作为一个整体来看待，使各方面的控制能协调一致，达到整体的优化。

4. 动态性

动态性原则体现在，影响组织发展的外部环境和内部条件随时都在发生着变化，可见组织运行中不是一种静态，从而决定了控制标准和方法不可能固定不变。管理控制应具有一定动态的特征，这样可以保证和提高控制工作的有效性与灵活性。

5. 及时性

及时性是现代控制必须高度重视的一个问题。现代科学技术的发展，特别是各种先进的通信手段和信息传递手段的运用，为控制实现及时性提供了技术上的充分保证。良好的控制必须及时发现偏差，迅速报告上级，使上级能及时采取措施加以更正。如果信息滞后，往往造成不可弥补的损失，也就失去了控制的价值。当然，时滞现象是管理控制中的一个难以克服的困难。在管理实践中，找出偏差可能不会花费很长的时间，但是分析偏差产生的原因，并提出纠正偏差的具体方法也许旷日持久，但当真正采取这些办法去纠正偏差时，实际情况可能发生了很大的变化。要解决这方面的问题，如前所述，可以采取前馈控制的方法，使实施的最初阶段就能严格按照标准方向前进。一旦发现偏差，就要对以后的实施情况进行预测，使控制措施针对将来，这样即使出现时滞也能有效地加以更正。

6. 经济性

控制活动与其他管理活动一样，总是需要付出一定的人力、物力、财力，控制活动的进行需要一定的费用。是否有必要进行控制，控制到什么程度，都要考虑费用问题。要把控制所需的费用与控制所产出的结果进行经济方面的比较，只有在对组织有利的情况下才能实施控制。生产中的质量控制很好地说明了这一问题。并非一切质量问题都必须进行控制，有些质量问题的解决，对企业来说，要投入巨大的资源，在目前企业还不具备这种经济投入实力的情况下，就只能放弃，待到条件成熟时，再来解决这些问题。控制的经济性原则：一是要求实行有选择的控制；二是要求努力降低控制的各种耗费而提高控制效果，改进控制方法和手段，以最少的成本找出偏离计划的现有或潜在的原因。无论是控制系统的设计，还是控制系统的运转，都要遵循这一原则。

7. 灵活性

控制系统应该具有足够的灵活性能适应主、客观环境的变化。控制的灵活性原则要求在发生某些未能预测到的事件的情况下，要有弹性和替代方案。控制应当从实现目标出发，要采用一些能随机应变的控制方式和方法。控制应当具有弹性，现代管理所面临的情况是复杂多变的，控制必须保证在发生了一些未能预测的事件的情况下，如环境的突变、计划疏忽、计划变更、计划失败等，控制工作仍然有效。为此控制必须有一定的弹性，必须有替代方案和应急方案。只有具备多套方案，才能保证控制系统顺利地运行。

8. 人本性

管理控制本质上是由人来执行的，而且主要是对人的行为的一种控制。与物理、机械、生物及其他方面的控制不同，管理控制不可忽视其中的人性方面的因素。一方面，控制不仅仅是监督，更重要的是指导和帮助。通过控制工作，管理者可以帮助员工分析偏差产生的原因，端正员工的工作态度，指导他们采取纠正的措施。这样，既能达到控制的目的，又能提高员工的工作积极性和自我控制能力。另一方面，管理者制订的偏差纠正计划，也要靠员工去实施，只有当员工认识到纠正偏差的必要性并具备纠正能力时，偏差才会真正被纠正。可见，在管理控制工作中必须以人为本。

11.3 控制的过程及条件

11.3.1 有效控制的基本过程

控制是一个过程，它贯穿于整个管理活动的始末。控制过程是由三个步骤或三个交叉重叠的要素构成的，一般应包括确定控制标准、衡量实际绩效和纠正偏差等基本的环节，如图 11-2 所示。

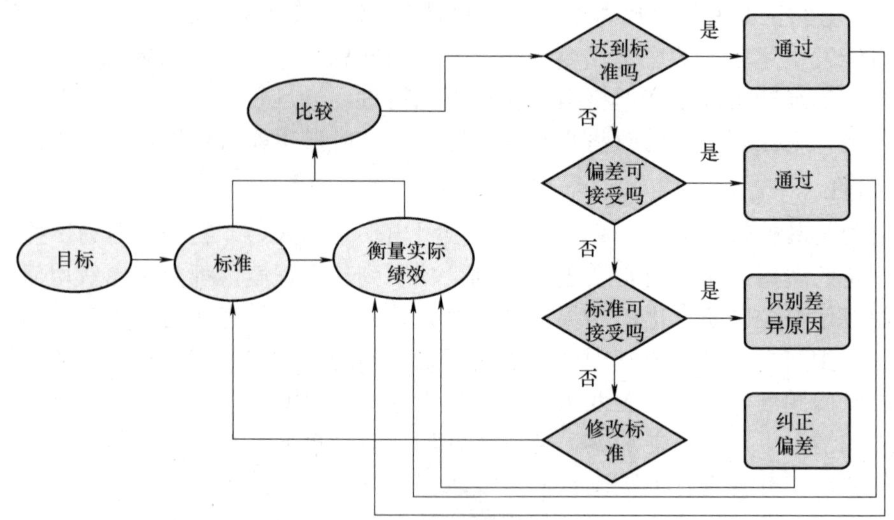

图 11-2 有效控制的基本过程示意图

1. 确定控制标准

从逻辑关系上说，制订计划本身实际上构成了控制过程的第一步。但由于计划相对来说都比较概要，不可能对组织运行的各方面都制定出非常具体的工作标准。一般来说，计划目标并不可能直接地用做控制的标准。此外，组织中的计划是各种各样的，而各种计划在详尽程度和复杂程度上又各不相同，同时主管人员往往不能注意到计划的每一个细节，如果直接用计划作为控制标准并对全部计划内容进行控制，就会因这种标准的实际无效而导致控制工作的随意性和盲目性。为此，有必要将制定专门的控制标准作为管理控制过程的开始。

（1）确立控制对象 进行控制首先遇到的问题是“控制什么”，这是在决定控制标准之前首先需要妥善解决的问题。一般地讲，管理人员应该对影响组织工作成效的全部因素实施控制，但由于控制对象的明细度和复杂性不一样，加之管理人员的精力和能力有限，往往只能对影响组织目标实现的关键因素进行控制。这样，为了确保管理控制取得预期的成效，管理者在选择控制对象时就必须对影响组织目标成果实现的各种要素进行科学的分析研究，然后从中选择出重点的要素作为控制对象。一般影响组织目标成果实现的关键因素有以下三点：

1）环境特点及其发展趋势。组织在特定时期的管理活动是根据决策者对经营环境的认识和预测来计划和安排的。如果预期的市场环境没有出现，或者企业外部环境发生了某种无法预料和无力抗拒的变化，那么，原来计划的活动就可能无法继续进行，从而难以为组织带来预期的结果。为此，制订计划中所依据的对经营环境的认识、把握的各种因素应作为控制对象，列出“正常”与“非常”环境的具体测量指标或标准。

2）资源投入。组织成果是通过对一定资源的加工转换而得到的。没有或缺乏这些资源，组织的经营活动就会成为无源之水、无本之木。投入的资源，不仅会影响到组织活动能否按期、按量、按要求进行，而且在获取资源的成本费用方面也会影响到经营活动的经济效果指标。为此，必须对资源投入进行控制，使之在各方面都符合预期经营成果的要求。

3）活动过程。输入到生产经营中的各种资源不可能不经过任何加工处理就自动转换成最终产品。组织的经营成果是通过全体员工在不同时间和空间上利用一定技术和设备对不同资源进行不同内容的加工劳动而最终得到的。企业员工的工作质量和数量是决定经营成果的重要因素，必须使企业员工的活动符合计划和预期结果的要求。于是，建立员工的工作规范，明确各部门、各单位、各员工在不同时期的阶段性成果目标，有助于对他们的活动进行客观有效的控制。

（2）选择关键控制点　重点控制对象确定后，针对该对象制定控制标准前还必须具体选定控制的关键点。比如啤酒酿造企业中，啤酒质量是控制的一个重点对象。尽管影响啤酒质量的因素很多，但只要抓住了水的质量、酿造温度和酿造时间，就能保证啤酒的质量。基于此，企业就要对这些关键控制点制定出明确的控制标准。俗话说，“牵牛要牵牛鼻子”，企业控制住了关键点，实际上也就控制了全局。

（3）制定控制标准　控制标准制定中最为简单的情况是，以计划过程中形成的可考核的目标直接作为控制标准。但如前所述，现实中更多的情况往往是需要通过一些科学的方法将某一计划目标分解为一系列具体可操作的控制标准。

控制标准可分为定量标准和定性标准两大类。定量标准便于度量和比较，是控制标准的主要表现形式。定量标准主要可分为实物标准（产品数量、废品数量）、价值标准（单位产品的平均成本、销售收入、利润等）、时间标准（工时定额、交货期）。定性标准，如服务行业的微笑服务标准（露出 8 颗牙齿）、工行的服务标准（处理一笔业务不能超过 2 分钟）等。

案例 11-3

美国著名的麦当劳公司为确保其“质量优良、服务周到、清洁卫生、价格合理”的经营宗旨，制定了可度量的如下几条工作标准：95%以上的顾客进餐馆后 3 分钟内，服务员必须迎上前去接待顾客；事先准备好的汉堡包必须在 5 分钟内热好供应顾客；服务员必须在就餐人离开后 5 分钟内把餐桌打扫干净。

建立控制标准是组织的一项基本工作，要由有一定实践经验和知识的管理人员、技术人员和工人代表共同来完成，控制标准既要科学合理，又要有一定的先进性。在实际工作中常用的制定标准的方法有以下三种。

1）统计法　相应制定的标准称为统计标准。它是根据企业的历史数字记录或是对比同类企业的水平，运用统计学方法确定企业经营各方面工作的标准。制定统计标准所用的数据可能来自本企业的历史数据，也可能来自其他企业的统计数据。利用本企业的历史性统计资料为某项工作确定标准，具有简便易行的好处，但据此制定的工作标准可能低于同行业的先进水平，甚至是平均水平。这种条件下，即使企业的各项工作都达到了标准的要求，也可能因为企业经营绩效的相对低下，使企业在竞争中与对手相比处于劣势地位。为了克服这种局限性，在根据历史性统计数据制定未来工作标准时，通常还需要考虑行业的平均水平，并研究竞争企业的经验。

2）经验估计法　相应建立的标准称为经验标准。它是根据经验来建立控制标准的。因为在现实工作中，并不是所有工作的质量和成果都能用统计数据来表示，也不是所有的企业活动都保存着历史统计数据。对于新近从事的工作，或者缺乏统计资料的工作，企业可以根据有经验的管理人员或对该工作熟悉的人员凭借经验、判断和评估来为之建立标准。利用这种方法建立控制标准时，要注意利用各方面人员如老员工、技术人员、管理人员的知识和经验，在充分了解情况、收集意见的基础上，科学地综合大家的判断，制定出一个相对先进合理的标准。

3）工程方法　相应建立的标准称为工程标准。工程标准是通过对工作情况进行客观的分析，并以准确的技术参数和实测的数据为基础而制定的。比如，机器的产出标准是其设计者计算出来的在正常情况被使用的最大产出量；工人操作标准是劳动研究人员在对构成作业的各项动作和要素进行客观描述与分析的基础上，经过消除、改进和合并而确定的标准作业方法；劳动时间定额是利用秒表测定的受过训练的普通工人以正常速度按照标准操作方法对产品或零部件进行某个（些）工序的加工所需的平均必要时间。严格地说，工程标准也是一种用统计方法制定的控制标准。

案例 11-4

有一个小和尚担任撞钟的工作，半年下来，觉得无聊至极，“做一天和尚撞一天钟”而已。有一天，主持宣布调他到后院劈柴挑水，原因是他不能胜任撞钟的工作。小和尚很不服气地问：“我撞的钟难道不准时、不响亮？”老主持耐心地告诉他：“你撞的钟虽然很准时、也很响亮，但钟声空泛、疲软，没有感召力。钟声是要唤醒沉迷的众生，撞出的钟声不仅要洪亮，而且要圆润、浑厚、深沉、悠远。”

本故事中的主持犯了一个常识性管理错误，“做一天和尚撞一天钟”是由于主持没有提前公布工作标准造成的。如果小和尚进入寺院的当天就明白撞钟的标准和重要性，他也不会因怠工而被撤职。工作标准是员工的行为指南和考核依据。缺乏工作标准，往往会导致员工的努力方向与公司整体发展方向不统一，造成大量的人力和物力资源浪费。因为缺乏参照物，因此时间久了员工容易形成自满情绪，导致工作懈怠。制定工作标准应尽量做到数字化，要与考核联系起来，注意可操作性。

2．衡量实际绩效

在建立标准与得到绩效测量方法以后，就要衡量实际绩效。在衡量之前，首先应明确衡量什么以及如何衡量两个核心问题。应该说，衡量什么的问题在此之前就已经得到了解决。因为在确立标准时，随着标准的制定，计量对象、计算方法以及统计口径等也就相应地被确立下来了，所以，要衡量的是实际工作中与已制定的标准所对应的要素。

如何衡量的问题是一个方法问题，在实际工作中有各种各样的方法，常用的有以下四种：

（1）个人观察　最普通的衡量是通过个人观察，直接观察受控对象的工作完成情况，特别是在对基层工作人员工作业绩控制时，以及衡量因素比较简单时，这是一种非常有效的、无可替代的衡量方法。通过直接观察得到的是第一手资料，避免了间接信息在传递过程中可能出现的遗漏、疏忽和信息的失真。但是个人观察的方法也有其局限性：首先，这种方法工作量大，需要花费管理者大量的劳动，也不可能全程跟踪；其次，仅凭简单的观察往往不能考察更深层次的工作内容；再次，由于直接观察时间占整个工作时间的比例有限，往往不能全面了解到各个方面的工作情况；最后，工作表现在被观察时和未被观察时往往不一样，管理者所看到的有可能只是假象。

（2）统计报告　统计报告是根据衡量标准，采集相关的数据并按一定的统计方法进行加工处理而形成的报告。采用统计报告时特别要注意两个问题：一是所采集的原始数据要真实、准确；二是所使用的统计方法要恰当。否则，统计报告就没有实际意义。此外，统计报告要求全面，要求包括涉及衡量工作的各个重要方面，特别是其关键点不能遗漏。随着计算机的应用越来越广，统计报告的地位会越来越高，作用也越来越重要。

（3）口头报告和书面报告　口头报告的优点是快捷方便，而且能够得到立即反馈。其缺点是：报告内容容易受报告人一时的主观意识所左右，也不便于存档查找和重复使用。两者相比，书面报告要比口头报告更加精确全面，也更加易于分类存档和查找，报告的质量也更容易控制。

（4）抽样检查　在全面检查工作量比较大，而且个人工作质量比较平均的情况下，通过抽样检查来衡量工作业绩，不失是一个好办法。抽样检查就是随机抽取一部分工作作为样本，进行深入细致的检查、测量，再通过样本数据的统计分析，从而推测全部工作的情况。这是一种科学、有效的方法，例如在大批量生产的企业，产品的质量检查通常就采用这种方法。

无论采取哪一种方法来衡量工作业绩，都要注意所获取信息的质量问题，信息质量主要体现在以下四个方面：①真实性，即所获取的信息应能客观地反映现实，这是最基本的要求；②完整性，即不要遗漏重要的信息，以防影响工作的全面性和可靠性；③及时性，就是信息的采集、加工、检索、传递要及时，以反映即时动态。过时的信息就会失去其作用，使控制工作无效，甚至导致错误的结果；④适用性，即应根据不同部门的不同要求，采集不同种类、范围、内容、详细程度、精确度的信息。

获得了实际工作的真实、可靠的信息，就是获得了衡量结果。分析衡量结果，就是要将实际结果与控制标准进行对照，找出差距，为进一步采取管理行动做好准备。具体操作时，首先应确认存在的偏差。事实上，实际结果与标准完全相同是不可能的，如果实际结果与标准只是稍有出入，就并无大碍。对此，人们往往规定了一个可以浮动的范围，只要实际结果在这个范围之内就可以认为不存在偏差，而一旦实际结果在允许范围之外，就可以认为存在偏差。存在偏差时又可以分为两种情况：一种是结果比标准完成得还好，将它称为正偏差；与此相反，即实际结果没有达到标准的要求，则称为负偏差。出现负偏差当然是不理想的事情，但出现正偏差时也不一定就没有问题，也必须做一些必要的分析。一些偶然因素的作用或是目标定得过低等原因而出现的正偏差，在控制要求比较高的情况下，也不能放过，否则对今后的工作会带来不利的影响。其次分析出现偏差的原因。如上所述，一种实际结果是受到多方面因素影响的，也就是说，出现偏差的原因也可能是多种多样的。问题的关键在哪里？主要原因是什么？这些都必须通过进一步分析来确定。一般来讲，有以下三种主要原因：①计划或标准本身就存在偏差；②组织内部因素的变化，如组织松懈、控制不力、工作人员不努力等；③组织外部环境的影响，如宏观经济的调整、市场环境的变化等。

有了衡量结果，确定了偏差，做出了具体的、理智的分析，就可以决定下一步所应采取的管理行动。如果认为偏差是在所允许的范围内或是只存在健康的正偏差，那么本阶段的控制工作就可结束。但也不要忘记为下一阶段的管理循环提出合理的建议，以期待进一步提高控制水平。

3．纠正偏差

在深入分析产生差异的原因的基础上，管理者要根据不同的原因采取不同的措施。

（1）改进工作方法　达不到原定的控制标准，工作方法不当是重要原因之一。如以生产为中心的企业，生产技术是生产过程中的重要一环，在很多情况下偏差来自于技术上的原因，为此就要采取技术措施，及时处理生产中出现的技术问题。

（2）改进组织和领导工作　控制职能与组织、领导职能是相互影响的。组织方面的问题主要有两种：①计划制订好之后，组织实施方面的工作没有做好。②控制工作本身的组织体系不完善，不能对已产生的偏差加以及时的跟踪与分析。在这两种情况下，都应改进组织工作，如调整组织机构，调整责、权、利关系，改进分工协作体系等。偏差也可能是由于执行人员能力不足或积极性不高而导致的，那么，就需要通过改进领导方式和提高领导艺术来纠正偏差。

（3）调整或修正原有计划或标准　偏差较大，有可能是由于原有计划安排不当而导致的，如学生考试，如果有90%的学生不及格，那就说明试题太难。也可能是由于内外环境的变化，使原有计划与现实状况之间产生了较大的偏差。不论是哪一种情况，都要对原有计划加以适当的调整。需要注意的是，调整计划不是任意地变动计划，这种调整不能偏离组织总的发展目标，调整计划归根到底还是为了实现组织目标。

11.3.2　有效控制的基本条件

从控制过程的步骤分析中可以看出，有效的管理控制必须满足以下条件：

1．具有明确的控制目的

控制工作的目的性，要能表现为使实施情况与控制标准、目标相吻合，或者使控制标准、目标获得适时的调整。

2．具有及时、可靠、适用的信息

信息是控制的基础。只有掌握了有关执行偏差或环境条件变化的足够信息，管理者才有可能做出有针对性的决策来。

3．具有行之有效的行动措施

管理者应能够通过落实所拟订的措施，使执行中的偏差得到尽快矫正，或者形成新的控制标准和目标。

总而言之，控制系统是由控制的标准和目标、偏差或变化的信息，以及纠正偏差或调整标准和目标的行动措施这三部分要素构成的。这三个构成要素共同决定了控制系统的效率和效能，因此，它们也就是有效控制的基本条件。

11.4 预算控制与非预算控制

11.4.1 预算控制的内涵

预算控制的前提条件通过把组织计划逐层分解，变为各种具体的业务计划，并把计划进行量化，以财务报表的形式呈现。预算控制是通过制定各项业务活动的预算，以事先编制好的预算作为标准，通过比较收支状况与预算标准的差异，分析产生差异的原因，采取有效措施对差异进行处理，从而达到控制组织的各项活动的目的。

11.4.2 预算的种类

1. 业务预算

业务预算是指组织日常发生的具有实质性活动的各项业务的预算。如对于生产性企业它一般包括生产预算、销售预算、直接材料预算、直接人工预算等。

（1）生产预算　生产预算是根据销售预算所确定的销售数量，按照产品的种类、数量、规格等不同制定不同的预计产量。预计的产量一定要考虑合理的库存量。预计产量=基期的期末商品库存量+预期销售量–期初商品库存量；一般为了减少库存的风险，大多时候是通过制定生产进度日程表，来进行控制生产进度和库存量。

（2）销售预算　销售预算是通过制定全面预算的基础。企业根据市场需求量预测和生产能力等情况确定产品销售目标，制定年度、季度及月度的销售数量、销售单价、销售金额及销售货品收入等。

（3）直接材料预算　直接材料预算是根据实现销售收入所需的产品种类和数量，详细分析为了生产这些产品，企业必须利用的原材料的种类数量。为了节约成本，应该考虑合理的材料存货量。

（4）直接人工预算　直接人工预算需要预计企业为了生产一定数量的产品，需要哪些种类的工人，每种类型的工人在什么时候需要多少数量，以及利用这些人员劳动的直接成本是多少。

2. 财务预算

财务预算是组织在计划期内反映现金收支、经营成果及财务状况的预算，它主要包括现金预算、资产负债预算、资金支出预算。

（1）现金预算　现金预算是对组织在计划期内的现金的流入与流出进行预算，一般由组织的财务部门进行编制。现金预算只包括那些实际包含在现金流程中的项目，现金预算不需要反映企业的资产负债情况，而是反映企业在未来活动中的实际现金流量和流程。企业的销售收入很大，利润即使很可观，但大部分尚未收回，或收回后被大量的库存材料或在制品所占用，那么它也不可能立即给企业带来现金上的方便。通过现金预算，可以使得组织发现资金的闲置或不足，进而指导企业进行战略或战术的调整。

（2）资产负债预算　资产负债是对企业会计年度末的财务状况进行预测。通过将各部门和各项目的分预算汇总在一起，表明如果企业的各种业务活动达到预先规定的标准，在财务期末企业资产与负债呈现何种状态。一般分析流动资产与流动债务的比率，可能发现企业未来的财务安全性不高，偿债能力不强，可能要求企业在资金的筹措方式、来源及其使用计划上做相应的调整。另外通过将本期预算与上期实际发生的资产负债情况进行对比，还可发现企业财务状况可能会发生哪些不利变化，从而指导事前控制。

（3）资金支出预算　前面提到的现金预算通常情况下只是涉及某个经营阶段，是短期的预算，而资金支出预算则涉及好几个阶段，是长期的预算。如果企业的收支预算能够很好地被贯彻，企业销售的产品收入所得就会大于因销售所带来的支出。资金预算的项目一般包括：用于生产设备、厂房等生产设施的支出，用于研发的支出，用于人力资源开发的支出等。

11.4.3　制定预算的常用方法

1. 变动预算

由于缺乏灵活性的预算会给组织带来危险，所以在制订组织计划和控制工作过程都要考虑到预算的变动性。预算主要限于企业在费用预算中应用，因为费用通常是随着销售量的变化而变化的。由于当单位可变费用（成本）不变时，可变费用总额是随销售量的变化而变化的，因此，在实际当中可变预算主要是用来控制固定费用（成本）的。

2. 零基预算法

零基预算是由美国德州仪器公司的彼得·菲尔提出来的，零基预算法是以零为基础编制的预算，即在每个预算期开始时认为管理活动重新开始。零基预算法的原理是：在每个预算期开始时，就像组织新成立时那样，一切以零为起点，根据组织目标，重新审定每项活动对实现组织目标的意义和效果；对每一项费用的发生，不是以现有的费用水平为基础，而是重新进行费用-效益分析，在此基础上，重新确定各项管理活动及这些活动的主次轻重，依次分配资金和各种资源。

零基预算的步骤主要有以下四个：

1）在制定零基预算之前，组织最高领导人首先提出组织目标。

2）在开始审查预算时，将所有过去的活动都当作重新开始。要求在下一个计划期中继续进行的活动或项目，都要提交计划完成情况的报告，只要在计划期内增加的项目，就必须提交可行性报告，所有申请预算的项目和部门都必须提交下一年度的计划，说明各项开支实现的目标和效益。

3）在确定哪些项目是真正必要的之后，根据已定出的目标体系重新排出活动的先后次序。

4）编制预算。各部门将预算方案上交后，最后集中到组织的高层，高层根据各部门的预算综合进行评价和平衡，确定组织的总预算。

零基预算法更多的是强调预先控制，更加突出组织目标对全部管理活动的指导作用，能够使组织目标的实现收到事半功倍的效果。但任何一种方法都有其利弊，该方法的优点有以下三个方面：

1）准确、全面地计算出各项业务活动的成本与效益数据，为组织的计划与决策提供精确的资料，减少了盲目性。

2）使计划与控制富有弹性，增强了组织的应变能力。

3）当管理决策出现失误时便及时纠正。

实施零基预算法时应注意以下三个问题：

1）负责审批预算的主要领导必须对整个活动的每一项都是非常熟悉或者参与到每一项中去，这样才能真正有效判断和审定预算方案。

2）每一次预算都需要投入大量的计算工作，而进行这种计算工作又需要事先对有关人员进行大规模的训练，投入的人力、物力和财力较大。根据经验，将零基预算应用于计算间接成本的部门易于取得较好的效果。

3）在编制预算时，资金要按重新排出的优先次序进行分配，应尽可能地优先满足重要的活动。如果资金有限，可暂时放弃那些可进行但不是必须进行的活动和项目。

每一个打算采用零基预算法的企业或组织必须充分估计到其中的困难，特别是将正在进行的各种管理活动项目重新安排先后次序，终止那些高成本的活动。

11.4.4 有效控制的措施

预算仅仅是管理的手段，而不是管理的目的。因此在实施预算控制的过程中，可能会遇到各种各样的阻力，导致预算控制难以收到预期的效果。预算控制中产生阻力的原因有很多，主要有以下三点：

1）预算控制标准不尽合理，缺乏弹性。由于在实际工作中环境条件变化较大，使原定的标准无法执行，或者制定的标准不严格，可能造成组织成员对同一标准有不同的理解，引起不必要的纠纷。

2）对实际工作绩效的评价缺乏客观性，致使评价结果不准确，引起执行人员的不满。

3）执行人员对预算控制不理解，把控制看成是一种压力，对预算和评价工作绩效等工作产生抵触情绪，使预算控制不能正常地进行。

要提高预算的质量，真正发挥预算的作用，可以采用以下两种措施。

1. 建立标准成本系统

为了使预算更加客观、合理，为控制系统提供更为可靠的数据资料，管理部门应建立标准成本系统。标准成本系统包括标准成本的制定、成本差异的计算与分析以及成本差异的处理。

标准成本是指根据现有的生产经营条件，在有效经营管理的情况下应当发生的成本，因而是一种预定的目标成本。标准成本一般分为四类，即基本标准成本、理想标准成本、正常标准成本和实现标准成本。

（1）基本标准成本　基本标准成本以实施标准成本的第一执行期或选定的某一基准期的实际成本作为标准成本。它可作为测定各期成本的变动尺度，比较各期成本变化的趋势。

（2）理想标准成本　理想标准成本是根据理想条件下的生产能力、生产要素的消耗量、销售量、销售价格和经营收入而确定的一种标准成本。

（3）正常标准成本　正常标准成本是根据正常生产条件下所制定的标准成本。制定正常标准成本时，可采用本组织或有可比性的组织在过去较长时期的实际数据进行回归分析，并在估计未来变动趋势后确定成本标准，实际工作中，一般根据正常标准成本进行控制。

（4）实现标准成本　实现标准成本是指在将来的一个时期内，经过努力可以实现的标准成本。确定实现标准成本时主要根据下期预计的生产能力、生产要素的消耗量、销售价格和经营收入。

通过一种或几种成本标准去衡量实际结果，可以从中发现差异，然后对差异进行细致的分析和研究。查明差异产生的原因，并进行差异处理，以达到有效控制成本的目的。

2. 实行责任制

组织本身内部要按照业务不同将组织分成不同的部门，各个部门具有明确的工作范围和职责范围。责任中心基本与组织内部的各个部门的划分一致。每个责任中心有专门的负责人，根据组织规定的任务，有权获得、使用和处置与本中心有关的资源，同时对本中心的工作绩效全权负责。建立责任制可以使得各部门职责明确，也比较容易衡量各部门的业绩，更有助于对各部门进行控制。责任中心制是西方国家普遍使用的一种有效的财务控制方式，体现了现代分权管理的思想，使大公司内部各部门责任明确。具有一定的自主权，同时，可以有效地评价各部门的工作业绩，有助于实现控制成本、提高组织经济效益的目的。

11.4.5　非预算控制

预算控制方法并不是唯一的方法，其他一些非预算控制法也是非常有效的方法。为了把这些方法与预算控制法区别开来，一般称其为非预算控制法，主要有程序化控制、管理咨询与评价法，实地调查法等。

1. 程序化控制

管理活动程序是指一个组织对某种活动处理流程的一种描述、计划和规定。组织中的许多业务活动具有重复性和例行性，这些活动一般是由多个环节所构成的，管理者将这些活动环节指定一个标准，使得组织中的成员按照这个标准来进行处理具体的每一件事情。

制定了处理程序和标准之后，组织的成员在处理事情时就不必每一件都向上级请示，作为上级领导来说也不必每一件事情都过问，这样就可以集中精力去解决组织的发展和组织整体效能等问题了。管理程序中一般都明确规定了处理某项具体业务要涉及的部门和人员，按什么路线办理，各自有什么权责，各个管理人员的职责是什么，耽误了事情由谁负责等，这就明确了工作中的权责，减少了内耗，提高了管理的效率。另外，制定管理程序还有利于发挥下级管理人员的积极性和主动性。规定了程序也就规定了相关办事人员的权责，在既定的权责范围内，工作人员可以自主处理各项事情。事情办理得好，圆满完成了任务，可以得到奖励，否则，就会受到批评甚至处罚。

2. 管理咨询与评价法

管理咨询与评价法是指组织内外的管理专家或管理顾问，对组织的发展方向和发展策略、组织机构的设置、管理者的能力以及管理效果等进行客观的分析、诊断和评价，并提出进一步改善管理质量、提高管理效率的建议。进行管理咨询和评价时，要求管理专家和管理顾问要十分熟悉管理原理和组织的战略规划和目标，对组织环境的变化情况具有高度的预见性，并对组织的经营业务、经营政策、发展战略、工作计划和工作程序、职权的使用、管理制度和方法等能够给出全方位的评价和指导。

管理咨询与评价法是一种新颖的管理控制方法，国外有专门的管理咨询机构，称为组织管理的“外脑”。管理专家通过调查研究，对组织的一些重大管理问题进行咨询，能够发现管理者不易发现的问题，对管理计划和政策提出劝告和指导，并提出解决问题的具体办法。要采用这种方法，管理者必须转换传统观念，因为管理者一般不愿意有人在旁边“指手画脚”。管理咨询与评价法对组织管理工作的控制是间接的，组织管理者和咨询者双方要相互沟通、密切合作才能达到预期的目的。

3. 实地调查法

实地调查法是指管理者不但注重程序化和制度化的控制，而且注重通过实地调查获得第一手资料。实地调查法是解决一些重要问题的有效方法，如通过实地考察员工的工作条件、生产进度，或者亲自参加某项具体活动，可以加深对问题的了解和认识。管理者如果仅凭几张统计报表、分析报告和预算，而不亲临现场，对很多问题就没有办法实地了解真实情况。实地调查法获取的信息具有较高的准确性，更能贴近实际，对出现的问题能及时进行处理，有助于提高控制工作的效率，但这种方法受管理者的知识、经验和实际工作能力等的限制。

11.5 组织绩效的综合控制

11.5.1 财务控制

对于组织经营活动中的各项不同度量之间的比率分析，是一项非常有益和必需的控制技术或方法。作为经营性组织，企业的财务状况综合地反映着企业的生产经营情况，通过财务状况的分析可以迅速而全面地了解企业的资金来源和资金运用的情况，了解企业资金利用的效果以及企业的支付能力和清偿债务的能力。财务分析是企业管理中的一项重要的工作，是以企业的财务报告等会计资料为基础，对企业的财务状况和经营成果进行分析和评价的一种方法，其目的是揭示企业生产经营活动中存在的问题，总结经验教训，为下一步决策提供重要的依据。

1. 财务比率分析

通常来讲，单从有关组织经营管理工作成效的某一期的绝对数值的度量中是很难得出正确的结论的。因此，在做出有关一个组织的经营活动是否具有成效的结论时，首先必须明确比较的标准；其次，在分析评价变化趋势及其优劣时，单纯的绝对数值是不能够说明什么的，利用各项绝对数值计算各种比率不仅能够反映出彼此间相互影响的关系，而且通过分析前后各期比率的变化趋势能够有助于进一步发现或找出企业经营中存在的问题。一般企业常用的财务分析比率有以下三类：

（1）资本金利润率　这是分析一个企业资本金利用效果的出发点和归宿的重要指标。它是财务绩效的最佳衡量尺度，是一种高度综合的计量比率。

$$\text{资本金利用率}=\frac{\text{利润总额}}{\text{资本金总额}}\times 100\%$$

其中，利润总额是指税前利润，资本金总额指的是企业在工商管理部门登记的注册资金。资本金利润率说明的是一定时期企业投入资本的获利水平，它是直接衡量企业经营成果的尺度，具有重要的现实经济意义。企业在人力、财力、物力、供应、生产、销售等各方面的工作好坏都会影响企业的资本金利用率水平的高低。

（2）成本费用利润率　成本费用利润率是指净利润与成本费用总额之间的比率。它是反映企业生产经营过程中发生的耗费与获得收益之间的关系，表明企业在成本降低方面取得的经济效益如何。

$$\text{成本费用利润率}=\frac{\text{净利润}}{\text{成本费用总额}}\times 100\%$$

成本费用主要包括销售成本、销售税金、销售费用、管理费用、财务费用和所得税等。这一比率越高说明企业的获利所付出的代价就越小，企业获利能力越强，也说明企业对成本费用控制能力和管理水平较高。

（3）销售利润率　销售利润率是反映现实的利润在销售利润收入中所占的比重。比重越大，表明企业通过扩大销售获取利润的能力越高，企业的经济效益越好。

销售利润率、成本费用利润率均是收益性指标，受企业机械化、自动化程度的影响，但不受生产规模大小的影响，因而可以用于比较本企业不同时期的经济效益。

除了上述提到的三种指标之外，还有一些其他的指标体系，如资产负债率、速动比率、应收账款周转率等。

2. 损益控制法

损益控制法是根据一个组织的损益表，对其经营和管理成效进行综合控制的方法。由于损益表能够反映该企业在一定时期内收入与费用的具体情况，从而有助于从收入与费用方面说明影响企业绩效的直接原因，并有利于从收入与费用方面进一步查明影响利润的原因，所以，损益控制的实质是对利润和直接影响利润的因素进行控制。损益控制法不仅适用于企业整体，而且适用于那些实行分权制或事业部制组织结构的企业，它将受控制的单位看作利润中心，也就是直接利润负责的单位。实行损益控制意味着充分的授权。作为利润中心的单位或部门，可以按照它们认为对实现利润有利的方式相对独立地开展经营。它们往往有权决定销售价格，有权订货、制造、雇佣员工等。一般组织其所属部门各单位的职能越是完整，就越有利于实行严格的损益控制法。反之，为了充分发挥损益控制法的积极作用，应当使受控制的单位或部门的职责尽可能完整，从而能够最大限度地承担起对利润所负的责任。

3. 投资报酬率控制法

投资报酬率控制法是以投资额和利润额之比，从绝对数和相对数两个方面来衡量整个企业内部某一个部门的绩效。这种方法与损益控制法的主要区别在于，它不会把利润看作一个绝对的数字，而是把它理解为企业运用投资的效果。由于企业的投资最终来源于利润，所以，如果企业的投资报酬率只相当于或者甚至低于银行利率，那么企业的投资来源便会趋于紧缩，从而使企业发展陷于停滞。因此，企业的目标不仅是追求最大化的利润，更应该追求最高的投资报酬率。

$$\text{投资报酬率}=\frac{\text{利润总额}}{\text{投资总额}}\times 100\%$$

投资报酬率不仅适用于对企业整体的分析与控制，而且适用于对企业内部那些实行分权制或事业部制管理部门的控制。在这种体制下，事业部不仅是利润中心，而且是投资中心。也就是说，事业部不仅对成本、收入、利润负责，而且要对所占用的全部投资承担责任。这就有助于使事业部的管理者从企业最高主管部门的角度来考虑自己的经营问题，有助于克服为争投资、购买设备、上项目而不顾投资效果的倾向，使得经营行为合理化，使各分权单位的目标与企业目标取得最大限度的一致。

11.5.2 标杆管理

1. 标杆管理的含义

标杆管理起源于 20 世纪 70 年代末 80 年代初。当时，日本成了世界企业界的学习榜样。在美国学习日本的运动中，美国的施乐公司首先开辟了后来被他们命名为标杆管理的管理方式。经过长期的实践，施乐公司将标杆管理定义为：一个将产品、服务和实践与最强大的竞争对手或是行业领导者相比较的持续流程。其核心就是以行业最高标准或是以最大竞争对手的标准作为目标来改进自己的产品（包括服务）和工艺流程。

2. 标杆管理的特点

1）就控制方式而言，标杆管理属于自控式，是组织内部为了摆脱困境、提高绩效、增强竞争力而实施的一种管理策略。

2）就对象而言，“标杆”是由组织为解决自身的某个具体问题而自主设置的，设置“标杆”可能仅仅是为了使组织的某一程序更合理，也可能是探求解决问题的一种方法。“标杆”可以是一个，但通常会有三五个，因此更有针对性、可学性。

3）标杆管理通常划分为两个阶段：对“标杆”的识别与引进：识别是组织根据自己的目标寻找适合自己学习的合作伙伴，判别并分析“标杆”的长处；而引进则是在与“标杆”进行比较的基础上，提出一份改进自身实践的方案，并付诸实施以提高绩效的过程。

4）标杆管理既重视对“标杆”的识别，又重视引进，其重点放在学习的过程与结果上。

5）标杆管理是纯粹管理学性质上的，比较注重技术性和操作性，讲究程序和方法。

标杆管理是对拿来主义和挑战自我的完美结合，向标杆学习就是向最佳榜样学习。通过衡量标杆的优势与劣势，来制定自身的策略，学的动力来自内部，学的目的是完善自身，追求的是改善绩效。更为重要的是，它通过一整套科学、规范的实施操作程序，使这种学习变为一种常态的管理。

实施标杆管理为企业管理提供了一种有效的策略，它通过瞄准竞争的高目标，不断超越自己，超越标杆，追求卓越，从而使企业持续改善和不断优化。

3. 标杆管理的功能

作为一种管理策略，标杆管理在不到30年的时间里风靡世界，就是因为其在实际运用中取得了明显的成效，对各类组织工作绩效的提高起到了实实在在的作用。从理论上分析，标杆管理在企业管理实践中具有如下功能：

（1）提供绩效评估标准　就企业而言，标杆管理是识别最优秀企业教育与管理实践并予以引进学习的过程。通过对先进企业管理绩效及其具体指标的识别，企业可以认识到与标杆企业的差距，明确自身所处的位置和企业管理运作中需要改进的地方。

（2）有助于企业提高绩效、持续改进　标杆管理通过设定争取达到的目标来提高企业的管理效益。这种目标不仅有明确的含义，而且有实现的途径。这可以使企业坚信有办法使工作绩效达到最佳。此外，由于标杆管理可以为企业建立一套动态测量其投入与产出的现状与目标分类的方法，因此也就可以达到对企业的薄弱环节持续改进的目的。

（3）提供进行战略管理的工具　实施标杆管理迫使企业不能安于现状，必须不断去发现和应用适合企业的新战略，超越竞争者；迫使企业确定一个既有一定超前性、又具有可行性的战略定位，并制定适合企业的战略目标。

（4）促进组织的学习　标杆管理的一个重要功能在于通过树立“标杆”、与“标杆”进行比较来促进组织的学习，克服组织的不足，从而使企业成为学习型组织。同时，确立“标杆”，也就确立了工作基准，它可以帮助企业员工增强信心，确信自己的企业有更好的竞争与发展手段。

（5）挖掘增长潜力　经过一段时间的运作，任何企业都有可能将注意力集中在寻求增长与发展的内部潜力上，形成比较稳定的企业文化。通过与各类“标杆”的比较，不断追踪、把握外部环境的发展变化，更好地满足企业与社会的需求。

（6）有助于推动企业实施全面质量管理　标杆管理是全面质量管理活动的主要内容。企业要想知道其他企业为什么或怎样做得比自己更好，就必然要使用标杆管理的方法。标杆管理为企业全体员工尽心尽职提供了榜样与标准，由此使企业的全面质量管理落到实处。

（7）使企业真正实现创新发展　市场竞争的主题是创新，是如何确保自身的创新速度超过竞争对手。标杆管理恰好紧紧围绕创新这一主题，涉及为获取竞争优势而搜寻、发现和实施创新的全过程。

4. 标杆管理的实施步骤

标杆管理并非是一种有固定程式的管理策略，在实践中，人们实施标杆管理也会有不同的步骤。但是作为一种有效的管理策略，标杆管理至少应包含以下七个基本环节：

（1）确定项目的目标和范围　在选择“标杆”或合作伙伴之前，企业必须确定以下事项的限度或范围：实施标杆管理的时限、能用于项目的经费、打算确定几项业绩标准、合作伙伴的数目、需要重新设定的内部程序的数量、标杆管理小组成员数及监督委员会的成员数。

（2）了解自己　实施标杆管理，需要建立一个专门的组织机构，这个机构可称之为“标杆管理小组”。标杆管理小组要做的工作是，当项目目标明确后，首先要分析企业的内部程序，以便对目前的实际情况有透彻的了解。由此，标杆管理小组可以去揭示每项绩效评估标准背后的真正动力。这需要进行一系列的活动来实现。如仔细研究文件、与方案制定者交谈、拜访该项目工程主管及相关人员等。标杆管理小组成员还要研究该程序在功能领域实施的任务、目的和目标，并将正在研究的工作程序与合作目标或策略联系起来。最后，工作小组还需制定一份详尽的工作流程图，以展示工作程序中的每一步骤、关键点的定位、完成方式及各工序间的关系。

（3）选择并确定标杆管理合作伙伴　这是很关键的环节，可分为两步：一是在尽可能宽的范围内考察潜在的合作伙伴。考察对象应该是行业领先者，或某项程序最优者，也就是真正的“标杆”。具体方法是浏览文件、与各种社团接触、访问该领域的专家、关注媒体的宣传，以便不遗漏真正有价值的“标杆”，并搜集可用于标杆管理的足够信息。二是确定合作伙伴。确定的标准是：标杆企业与企业具有较多的可比性或相似性；对象企业有合作的意向。当然，还要确定合作伙伴的数量，标杆企业可以不止一个。

（4）选择绩效评估标准，收集相关数据　仔细挑选一整套易于理解且具有普遍性的评估标准。比较越仔细、精确，所得的数据就越可靠、有效。确定评估标准后，还要收集两方面的数据：一是组织内部的数据，二是合作伙伴的相关数据。数据要确保可靠性，即有效和可信。

（5）进行差距分析　将企业绩效与标杆企业进行比较，从而找出造成差距的原因。项目主持人和标杆管理小组成员都要有心理准备，接受令人不快的结果。要把结果反映给决策层，同时通报给合作伙伴，与其分享信息。

（6）引进他人做法缩小差距　这是标杆管理最具实质性的一步。标杆管理就是要通过分享他人的知识来提高自己。但是，引进绝不是照抄照搬，而要运用“借鉴—改造—采纳”的程序，允许而且必须对标杆企业的做法做适当调整，使之更适合企业的组织结构和文化。

（7）监察与修订　改进效果如何需做监察，监察的内容主要有两点：一是与合作伙伴的差距是否缩小，二是缩小的速度如何。倘若结果不甚理想，则可在调查基础上修订绩效评估标准，然后重新回到第六步。

自我测试

一、单项选择题

1. 最适用于过程不可观察，结果可观察的控制方式是（　　）。

A. 前馈控制　　B. 同步控制
C. 反馈控制　　D. 前三种都有可能

2. "亡羊而补牢，未为迟也"可以理解成为一种反馈控制行为。以下各种情况中，哪一组更为贴近这里表述的"羊"与"牢"的对应关系？（　　）。

A. 企业规模与企业利润　　B. 产品合格率与质量保证体系
C. 降雨量与洪水造成的损失　　D. 医疗保障与死亡率

3. 人们常说，人的身体是"三分治七分养"，对于这件事（　　）。

A. 反馈控制比前馈控制重要　　B. 同步控制比反馈控制重要
C. 反馈控制比同步控制重要　　D. 前馈控制比反馈控制重要

4. 即时控制通常又被称作（　　）。

A. 前馈控制　　B. 反馈控制　　C. 作业控制　　D. 现场控制

5. "治病不如防病，防病不如讲究卫生"。根据这一说法，以下四种控制方式中，哪种方式最重要（　　）。

A. 前馈控制　　B. 现场控制　　C. 反馈控制　　D. 直接控制

6.（　　）是指在每年预算年度开始时，将所有还在进行的管理活动都看作是从零开始，根据组织目标对现有的每项活动重新审查。

A. 弹性预算　　B. 零基预算　　C. 项目预算　　D. 固定预算

二、判断题

1. 前馈控制是一种管理者与被管理者面对面进行的控制活动。（　　）
2. 控制过程就是管理人员对下属行为进行评价考核的过程。（　　）
3. 管理控制最重要的是对人的控制。（　　）
4. 控制职能贯穿于管理的全过程。（　　）
5. 最佳的控制是防止问题的发生。（　　）
6. 控制越详细、越严格，控制效果就越好。（　　）

三、案例分析

摆　梯　子

在某集团生产车间的一个角落，因工作需要，工人需要爬上爬下，因此，甲放置了一个梯子，以便上下。可由于多数工作时间并不需要上下，屡有工人被梯子所羁绊，幸亏无人受伤。于是管理者乙叫人改成一个活动梯子，用时，就将梯子支上；不用时，就把梯子合上并移到拐角处。由于梯子合上竖立太高，屡有工人碰倒梯子，还有人受伤。为了防止梯子倒下砸着人，管理者丙在梯子旁写了一个小条幅：请留神梯子，注意安全。一晃几年过去了，再也没有发生梯子倒下砸着人的事。一天，外商来谈合作事宜。他们注意到这个梯子和梯子旁的小条幅，驻足良久。外方一位专家熟悉汉语，他提议将小条幅修改成这样：不用时，请将梯子横放。很快，梯子边的小条幅就改过来了。

根据上述案例回答下列问题：

1．通过本案例，最能说明的是（　　）。

A．越是高层管理者，控制职能越重要

B．越是基层管理者，控制职能越重要

C．无论管理层次高低，控制职能都很重要

D．很多企业能成功，主要是善于行使控制职能

2．属于事前控制的有（　　）。

A．甲　　B．乙　　C．丙　　D．外方一位专家

3．属于事后控制的有（　　）。（多选）

A．甲　　B．乙　　C．丙　　D．外方一位专家

4．控制效率最高的是（　　）。

A．甲　　B．乙　　C．丙　　D．外方一位专家

5．本案例给我们的最重要的一个启示是（　　）。

A．控制过程也是一个不断学习的过程

B．事前控制的效果一般好于事后控制

C．控制并非投入越大，取得的收益越多

D．事前控制的成本一般高于事后控制

第 12 章　信息管理和知识管理

学习目标

1. 掌握并理解信息、知识的含义。
2. 掌握信息管理的含义和类别。
3. 熟悉信息系统的含义、作用和发展。
4. 了解管理信息系统的应用。
5. 掌握知识管理的相关内容。

12.1　信息与信息管理

12.1.1　信息的含义

互联网时代，传统行业的颠覆、变革与重塑以及新兴产业的发展使得社会、企业以及个人对于信息的需求、信息技术的应用、信息化管理水平提升都有更高的要求。互联网信息传播的实时、高效、便捷性，推动生产领域的技术变革、商业模式的不断创新和企业管理组织结构与业务的流程重组。

“信息论之父”香农（C. E. Shannon）给出的经典信息定义：信息是用来消除不确定性的东西。而不确定性的消除与信息量有关。

美国信息管理专家霍顿（F. W. Horton）给信息下的定义是：信息是为了满足用户决策的需要而经过加工处理的数据。

许多专家、学者对于信息的含义从不同角度、不同层次给出解释，本书从管理信息系统的角度出发，采用霍顿给出的信息的内涵。这一定义强调：

1）信息由数据生成，是数据处理的结果。

2）信息被用来反映客观事物的规律。

3）信息为管理工作提供依据。

上述概念描述了数据与信息之间的关系。数据，即描述客观事物的符号，作为信息的载体，其表现形式呈现多样化，如文字、图形、图像、声音等。

客观世界中存在大量数据，但并非所有的数据都可以转化为信息。只有对客观世界产生作用与影响的数据，才可以称之为信息。例如，转动的手表盘显示的数据不一定是信息，只有当你需要掌握时间以便做出是否出门的决定时，才能成为信息，否则只是数据。

以某网店为例，每一位到店客户浏览商品、加购商品、咨询商品、下单购买的数据都会被后台数据记录下来。这是网店日常营销活动的一部分。对于经营良好的网店来说，每年、每季度、每月甚至每天的相关数据都很可观，形成了大量的数据记录。这些原始数据本身并不能帮助网店经营者做出营销策略的改进，带来店铺流量的提升和销售量的增加。这些原始数据只有经过加工处理，才能够转化为对管理者有用的信息（如网店产品销量情况、单品流量情况、单品加购情况、客户行为等），如图 12-1 所示。有了这些信息之后，网店管理者可以利用信息对推荐商品、商品的详情设计和营销策略提出改进和优化。如根据店铺基础数据（如流量来源、访客地区等统计数据）对不同推广渠道进行跟踪，选择合适的推广活动等。

图 12-1　数据转化为信息

12.1.2　信息的特点

1. 信息的普遍性

任何事物都可发出信息，信息无处不在，身边时时处处有信息。不管是自然界还是人类社会，任何事物只要是在运动，只要存在相互作用就要产生信息。因此，信息存在具有普遍性。在日常生活中，我们看到的、听到的无不是信息。如上课的铃声、打折促销海报、新闻、广告等都是信息。

2. 信息的依附性

信息是一种抽象、无形的资源，用于满足人们某方面的需求。信息无法独立存在，必须依附载体才能传播，即信息要借助于某种符号表现出来，如文字、声音、图像、影视、动画等物质形态载体。同一信息可以同时借助两种以上的信息媒体表现出来。如某一商品的促销信息既可以通过文字、图片的海报形式传播，也可以通过视频、动画等形式展现。

3. 信息的共享性

信息不同于物质资源，信息在一定的时空范围内可以被多个主体接受和利用。作为一种无形资源，不会像实体物质一样因为共享而减少，反而可以因为共享巩固原有信息，同时衍生出更多新的信息。如企业发布的招聘信息可以被许多人看到，招聘信息本身不会有任何损耗，反而因为看到的人越多，越可能招聘到合适的人才。同样新闻信息只有共享性强才能有普遍效果。

4. 信息的时效性

信息的时效性是指信息在一定时间范围内的效力。信息往往反映的只是事物某一特定时刻的状态，信息的价值会随着时间的推移加速下降，直至完全失去效力。比如天气预报只在预报周期内有效。开会通知、交通信息、打折促销信息等都具有较强的时效性。企业各级管理人员要想做出正确决策，必须掌握及时有效的信息。例如，及时获取目标客户群体对于某款产品的使用反馈，对于企业新一轮的产品设计研发具有重要的价值。

5. 信息的价值性

将大量的数据经过加工处理转变为信息，以满足人们需求，服务社会。获取信息的过程付出了相应的代价，因而信息本身具有价值。同时信息使用价值的大小取决于接受者的需求及其对信息的理解、认识和利用能力。

6. 信息的可传递性

信息可以通过网络、电视、广播、杂志、电话进行广泛传播，也可以通过面对面的形式直接交流。我们需要有效地利用信息传输来及时获得有关天气、商品、交通、旅游等情况，并经常把自己的工作、学习、生活等情况分享给亲朋好友。人们之间只有不断交流信息，才能使生产、生活正常进行。同样，企业与内外部环境之间也存在频繁的信息交流与传递。

7. 信息的等级性

组织的管理工作往往依据职责与决策类型的不同，划分为战略级、战术级和作业级。处于不同层级的管理者在处理工作任务时需要不同等级的信息内容，以帮助管理者做出正确的决策。因此，与管理等级相匹配的信息，可划分为以下三类：

（1）战略级信息　战略级信息是关系组织发展全局与重大问题的决策信息。如：上层管理部门对本部门要达到的目标，实现该目标必须获取的资源水平和种类以及确定获得资源、使用资源和处理资源的指导方针等方面进行决策所需要获取的信息；上层管理在做出战略决策时（例如：开拓新的市场，研发新技术、新产品）需要大量获取组织外部信息，并结合内部信息做出长期的战略规划。

（2）战术级信息　战术级信息属于控制信息。战术级信息是使管理人员掌握资源利用的实际情况，并将发生的结果与计划比较，以此判断是否达到预定目的，并做出必要的改进以便更有效地利用资源的信息。例如：月计划与完成情况的比较。

（3）作业级信息　作业级信息与组织的日常工作与活动相关，属于基层管理信息，主要用来解决和处理日常问题。例如：日产量、日销量、质量数据日志等。

12.1.3　信息管理的含义

信息管理即是将管理职能应用于信息资源与信息活动，对信息资源进行计划、组织、领导、控制的社会活动；是在企业管理的过程中对信息进行的识别、收集、加工、传递、存储、输出等活动的总称。

根据这一定义，可以将信息管理的概念归纳为以下两个要点：

1）管理活动的基本职能“计划、组织、领导、控制”仍然是信息管理活动的主要职能。

2）信息管理的主要对象包括信息资源和信息活动。信息是普遍存在的，但并非所有的信息都是资源。要使其成为资源，实现效用和价值，必须要有人的参与和信息技术的支持。因此，我们一般认为信息资源由信息生产者、信息、信息技术三大要素组成。而信息活动是以信息资源为中心，展开管理活动与服务活动。信息活动与信息资源关系紧密。信息活动分为信息资源形成阶段的活动和信息资源开发利用阶段的活动。

12.1.4 信息管理的分类

信息管理可根据不同的标准进行划分，常用的分类有：

1）根据管理的信息类型不同，将信息管理划分为信息系统管理、信息产业管理、信息组织管理、信息生产管理、信息服务管理。

2）按照管理的层次不同，将信息管理划分为宏观信息管理、中观信息管理、微观信息管理。

3）根据管理的信息所归属领域不同，将信息管理划分为企业信息管理、政府信息管理、公共事业信息管理。

4）根据管理的载体不同，将信息管理划分为数据信息管理、网络信息管理、多媒体信息管理、实物信息管理。

12.2 信息系统（information system，IS）

12.2.1 信息系统的含义

信息系统是一个人造系统，由人、硬件、软件和数据资源组成，即对信息的采集、传输、处理、存储、管理和检索的系统。目的是通过及时、准确地收集、加工、存储、传递和提供信息，支持企业的计划、管理、决策、协调和控制。

1）人主要包括系统的使用者、信息系统的开发人员、信息系统的维护人员。

2）硬件主要包括计算机系统（如个人计算机、服务器等）、各类外围设备（如打印机、扫描仪、投影仪等）、网络设备（如交换机、集线器、网关等）。

3）软件包括各类系统软件和应用软件。

4）数据资源是信息系统的核心。

12.2.2 信息系统的作用

1. 有效利用信息资源

在信息时代，人们每天都有大量的信息要及时、迅速地传递、交换，加工、处理。信息系统的应用，使得企业在信息的收集和数据的处理等方面都形成了一个标准化的流程，使得企业对信息资源的把握和应用有了相对完善的手段，信息资源的利用效率显著提升，为企业带来新的效益空间和发展动力。

2．推动组织结构改进

信息系统的应用使信息在企业内部之间交流更为便捷，促使组织结构呈现扁平化特点；加快了信息传递速度，使决策更快更有效率；同时由于扁平化，人员减少，使企业管理成本更低。同样由于扁平化，企业的分权得到了贯彻实施，每个中层管理者有更大的自主权可以更好地进行决策，激发管理者的工作积极性和主动性。

3．促进业务流程重组

信息技术的应用需要企业规范化管理，在信息系统条件下，企业的管理不再局限于内部。上下游企业之间通过信息系统可以方便地进行信息的交流与合作。企业可以利用信息系统加强对外部资源的管理。因此，可以促使重组业务流程，进一步提高企业的管理水平。

4．有利于管理和决策的科学化

信息系统的出现和应用有助于实现现代管理环境下企业管理决策的要求。在计算机技术的支持下，通过运用统计学等具体量化的方法，为企业管理、决策的科学性提供有效的支持。

12.2.3 信息系统的发展

随着计算机的应用和网络的普及，信息技术、通信技术、网络技术与管理的关系日益紧密，大量的信息资源与信息活动的管理需要通过系统化、准确化、高效化的处理来实现。由此，信息系统这样一个人机复合系统便应运而生。信息系统的发展经历了由单机到网络，由低级到高级，由电子数据处理到管理信息系统、再到决策支持系统，由数据处理到智能处理的过程。这个发展过程大致由三个发展阶段组成。

1．电子数据处理系统（electronic data processing systems，EDPS）

电子数据处理系统也叫业务处理系统，是信息系统的最初形式。该阶段主要是20世纪50年代中至70年代初。起先是利用计算机完成对于单项事物的处理，部分替换原有的手工操作，以提高工作效率。如：计算工资和统计产量、销量。20世纪60年代中期开始，随着计算机技术的发展，计算机硬件设施性能不断提升，数据处理能力增强，可对业务流程中的多环节产生的数据进行综合处理，形成各类状态报告。

2．管理信息系统（management information system，MIS）

20世纪70年代初，随着网络技术、数据库技术、计算机硬件设施和软件技术的不断完善，信息系统被广泛地应用于管理相关工作中。该阶段的管理信息系统由一个中心数据库和计算机网络构成，可以将分散在不同地区、不同管理层级的业务信息联结起来，形成跨地区的各种业务信息系统和管理信息系统。同时具备利用定量化的科学管理方法，进行预测、计划优化、管理、调节和控制的功能，以此用来支持组织进行相关管理决策。

3．决策支持系统（decision support system，DSS）

20 世纪 70 年代提出的 DSS 概念，在 80 年代得以发展。决策支持系统是以计算机技术、仿真技术和信息技术为手段，针对半结构化或非结构化的决策问题，辅助决策者通过数据、模型和知识，以人机交互方式支持决策活动的计算机应用系统。决策支持系统主要解决的是高层管理人员所面对的结构化程度不高、说明不够充分的问题，为决策者提供各种方案，并进行评价和优选，检验决策者的要求和设想，为决策提供支持，但不是代替高层决策者制定决策。

DSS 是 MIS 发展的高级阶段，以管理信息系统为基础，将数据库处理与经济管理数学模型的优化计算结合起来，具有管理、辅助决策和预测功能。

电子数据处理系统主要解决的是结构化问题，主要面向基础性业务。管理信息系统主要解决结构化和半结构化问题，面向管理类业务。决策支持系统主要解决半结构化与非结构化问题，主要面向决策型事务。三类信息系统从不同角度解决各类信息管理问题。

随着人工智能、数据仓库和数据挖掘、联机分析处理等技术的发展，在 DSS 的基础上形成了智能决策支持系统（intelligent decision support system，IDSS），分布式决策支持系统（distributed decision support system，DDSS），群/组织决策支持系统（group decision support system，GDSS/organizational decision support system，ODSS）等。

12.2.4 管理信息系统

1．管理信息系统的含义

信息系统广泛被应用于管理领域，为组织及时全面的提供最新的数据和信息，加速信息的收集与分享。同时，它还能加快信息处理的速度，降低信息处理成本，为企业管理提供决策支持。管理信息系统是信息系统在管理领域的重要发展。

1985 年，管理信息系统的创始人，明尼苏达大学的著名教授高登 • 戴维斯（Gordon B. Davis）比较完整的概括了管理信息系统的定义，即“管理信息系统是一个利用计算机软硬件资源，手工作业，分析、计划、控制和决策模型以及数据库的人-机系统。它能提供信息，支持企业或组织的运行管理和决策功能。”这个定义全面地说明了管理信息系统的目标、功能和组成，而且反映了管理信息系统在当时达到的水平。

管理信息系统是一个人机结合的系统，利用计算机软硬件技术、网络通信技术和相关设施设备，对信息进行一系列的收集、传输、存储、加工、更新以及维护的系统。该系统为企业不同层级的管理者提供所需要的信息，支持其管理、控制，辅助管理者做出决策。管理信息系统的开发必须融合现代管理思想，利用先进的管理手段和管理方法，结合企业的实际管理需求，推动企业的发展。

2. 管理信息系统的结构

管理信息系统可促使企业向信息化方向发展，使企业处于一个信息灵敏、管理科学、决策准确的良性循环之中，为企业带来更高的经济效益。面对越来越多的信息资源和越来越复杂的企业内外部环境，企业有必要建立高效、实用的管理信息系统，为企业管理决策和控制提供保障，这是实现管理现代化的必然趋势。因此，管理信息系统是企业现代化的重要标志，是企业发展的一条必由之路。

（1）管理信息系统的功能结构　从企业内部不同部门的管理职能出发，企业的管理信息系统可以大致划分为生产子系统、销售子系统、采购子系统、财务子系统、人事子系统等功能模块。

（2）管理信息系统的层次结构　根据管理层次的不同，信息可以划分为战略级信息、战术级信息和作业级信息。不同层级管理者需要不同的信息服务，因此管理信息系统也可按照管理层次的不同进行划分，分为战略管理层、管理控制层、业务处理层，如图 12-2 所示。从信息处理的工作量来看，系统结构中所处层次越高，其所需信息量越少。处于系统底部的业务处理层需要处理的信息量最大，呈金字塔型。业务处理层主要完成结构化的管理过程和决策，随着所处层级的提高，结构化程度不断降低，顶部主要完成非结构化的管理和决策。

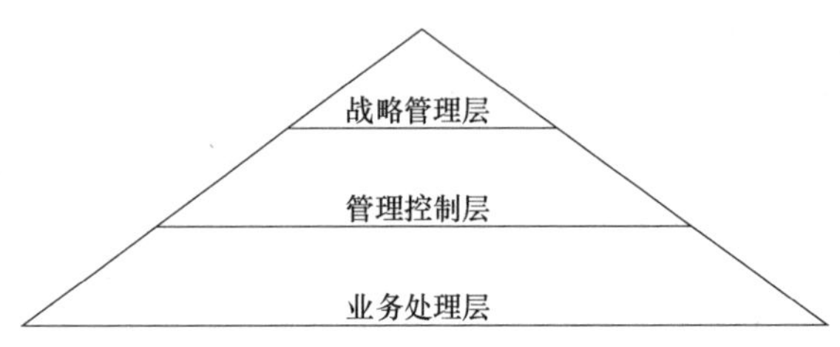

图 12-2　管理信息系统的层次结构

3. 管理信息系统在企业中的应用

（1）企业资源计划系统 ERP

企业资源计划系统（enterprise resource planning，ERP）主要面向制造行业，集成物质资源、资金资源和信息资源，进行全面一体化管理的信息系统。ERP 把客户需求和企业内部的制造活动以及供应商的制造资源、分销商的营销资源整合在一起，形成涉及上下游企业的完整供应链管理。通过信息技术的手段，实现企业供应链的集成和共享，合理有效地进行企业的产品生产、销售、供应活动。ERP 系统具有系统性、整合性、实时控制性、灵活性等特点。ERP 系统的供应链管理思想对企业自身提出了更高的要求，是企业在信息化社会、在知识经济时代繁荣发展的核心管理模式。

ERP 系统包括以下主要功能：供应链管理（supply chain management，SCM）、生产管理、销售与市场、库存管理、客户服务、财务管理、设备维护、人力资源、制造执行系统、工作流服务和企业信息系统等。此外，还包括项目管理、质量管理、运输管理、金融投资管理、法规与标准和过程控制等补充功能。

（2）电子商务　互联网的普及、信息技术的发展，不断改变着企业的商务模式。传统企业与互联网的融合，以电子商务的应用为代表，促使商务活动信息化不断发展。电子商务的应用对企业、组织、个人乃至国家经济运行都产生了越来越重要的影响。电子商务即商务活动的电子化，它是以商务活动为核心，利用计算机技术、网络技术、通信技术等完成企业的商务贸易活动。

电子商务的应用使得企业的交易对象突破了时空的限制，可以在全球范围内寻找最佳的合作伙伴。也可以将企业的产品在更广的范围内进行销售。交易双方从信息收集、贸易洽谈、合同签订、货款支付，都可以通过电子化方式在线完成。克服传统贸易方式信息传输速度慢、贸易成本高昂的缺点，极大提高业务活动的运作效率，增强企业的竞争力。

电子商务活动中可以通过网络实现信息的实时交互，方便快捷。交易双方信息交互的频率也更高。可以帮助企业及时掌握市场需求的变化，进而做出快速响应。同时，也可以更好地与客户交流，提供更符合客户需求的个性化产品，提高客户满意度。

（3）客户关系管理

随着生产技术普遍提高，产品同质化现象越来越明显，企业之间的竞争日益加剧。客户作为企业的一项重要资产，在市场中占据主导地位。企业要想稳定原有市场，拓展新市场，就需要把握好客户资源，满足客户个性化与多样化需要。因此，企业需要将业务围绕客户而展开，通过加强与客户的关系、完善的客户服务、全面的客户分析，来满足客户需求。

客户关系管理（customer relationship management，CRM）以信息技术为手段，协调企业与顾客之间在营销和服务上的交互，将业务流程与人力资源进行有效整合，通过一对一营销原则，满足不同价值客户的个性化需求。CRM 是一种软件，更是一种商业策略。基于系统收集的大量数据，进行加工处理，挖掘分析，找出产品、服务、客户的特征，调整业务流程，合理利用企业资源，改善企业服务，提高客户满意度。

案例 12-1

高露洁-棕榄的 ERP 之路

高露洁-棕榄是一家跨国企业，总部在美国纽约，在全球 200 多个国家和地区设有分公司或办事机构，雇员总数达 40 000 人。作为全球顶尖的消费品公司之一，公司在口腔护理、个人护理、家居护理和宠物食品等方面为大众提供高品质消费品，其中有很多是广大消费者耳熟能详的全球著名品牌，如高露洁、棕榄、洁齿白、Ajax、Protex、Fab、Irish Spring、Mennen 和 Science Diet 等。

高露洁公司采用了 SAP（思爱普公司）提供的 ERP 系统，实施成功的模块包括供应链管理、客户关系管理、供应商关系管理、人力资源管理、财务管理、综合应用程序、订单处理流程管理，物料清单管理、生产制造管理、员工自助服务及其他。

1. 企业应用管理信息系统提高了工作效率

1）需求规划：系统可以计算出基本需求，根据市场变化，相应增加业务。

2）绩效确认：系统可以得到准确、及时、一致的数据信息来支持各种规划的决策。

2．企业应用管理信息系统提高了生产效率

SAP企业管理解决方案能够巩固生产设施。国际市场上消费品的竞争十分激烈，尽管高露洁在ERP系统的帮助下取得了很大发展，但还有些方面需要完善。

通过实施ERP系统，高露洁将产生订单和完成订单的实现率提高到90%。在北美，订单在企业内部循环的时间由9天缩减到5天。高露洁的跨地域资源利用系统将需求和全球资源信息整合在一起，使以前的月度预测发展成为每周的订货补充。高露洁的投入迅速见效，其中包括出货率的上升、集装箱整箱率上升、补充订单的循环次数下降等。

3．企业应用管理信息系统增加了客户价值情况

ERP使高露洁及其合作伙伴能够快速、实时地掌握订单、生产计划，以及库存、订单完成比率等重要指标，完全掌握各项关键商业数据。

ERP帮助企业提高服务质量、减少库存投资，进而提高企业的市场竞争力。

应用系统之后，高露洁提高了市场竞争力，在价格战、全球业务拓展和市场推广中更有优势。此外，高露洁通过电子商务还进一步加强了企业内部整合，密切了与合作伙伴和客户的关系。

【问题】

1．高露洁-棕榄公司的ERP主要应用在哪些业务领域？

2．ERP系统的实施为企业带来哪些收益？

12.3 知识管理

12.3.1 知识的含义

随着互联网信息技术的发展，国家、行业、企业之间的竞争是技术的竞争、人才的竞争，但本质上属于知识的竞争。信息产业作为高科技产业其核心资源就是信息和知识。信息技术的应用改进了人类进行信息交流的手段。信息获取的范围进一步扩大，消息传递的速度加快，信息以更为高效的方式在不同的对象之间进行传播。这一切都为知识的产生创造了有利的环境和条件，为知识管理的出现奠定了物质技术基础。

数据是信息的载体，可以用来描述客观事物。信息是经过加工处理之后对人们有用的数据。信息系统为信息的传播提供了软件和硬件的支持。

知识的概念不同国家不同领域的学者从不同角度对其进行了阐述，并未形成统一的定义，本书列举了从经济管理学角度对于知识的解释。美国著名管理学大师彼得·德鲁克将知识定义为“一种能够改变某些人或某些事物的信息”。这一概念表明知识来源于信息，却高于信息，利用信息生成更有效的行为方式。知识是有价值的信息，被人和组织所使用，同时又不断产生和更新。

从知识管理的角度出发，可将知识划分为显性知识和隐性知识。显性知识可以通过物质载体进行表达和传授，物质载体可以是文字、图片、声音、视频等，是可以直接获取、学习利用的知识。比如：书籍、期刊、论文中涵盖的知识。大学生在课堂上听课和读书学习的大都是显性知识。

隐性知识和显性知识相对，一般很难进行明确表述与逻辑说明，是组织或个人经过长期积累而形成的知识。具有个人化的特点，如：依附在人脑中的经验、技能、灵感等知识。隐性知识难以表达，难以掌握，因此很难实现传播与共享。

12.3.2 知识管理内容

知识管理以信息管理为基础，是信息管理的延伸和发展。知识管理的核心问题在于知识创新，由此构成整个知识管理的思想体系，而信息管理的一切问题都是围绕信息的组织控制和利用展开的。知识管理以现代信息技术为基础，融合了知识经济理论、企业管理思想和现代管理理念，是知识经济时代涌现出来的一种最新管理思想与方法。知识管理从知到行，绝不是简单的、盲目的，而是需要涉及多个层面的综合解决方案，企业在推进知识管理的过程中，只有透查现状、明确问题，才能合理设计实施路径，发挥出知识管理的真正价值。

广义的知识管理内容除了管理知识以外，还包括与知识相关的设施、人员、活动等内容。

而狭义的知识管理即对知识本身的管理。对显性知识的管理围绕知识的组织管理展开。而隐性知识则体现以人为中心，表现为对人的管理，以及知识的应用与创新管理。

12.3.3 知识管理对企业管理的作用

对于企业而言，知识管理是一种全新的经营管理模式。其出发点是将知识视为企业最重要的战略资源，实现各种知识的共享，把最大限度地掌握和利用知识作为提高企业竞争力的关键。

1. 知识管理对于企业组织结构的创新

伴随着信息技术的不断发展，原有的企业结构在信息系统的影响下呈现扁平化趋势。一定程度上改变了以往金字塔形组织架构信息逐层传递，缺乏灵活应变能力的不足。知识管理阶段企业更加重视知识的积累和更新，需要对企业的组织架构进行进一步的调整，以知识为中心，构建扁平化的学习型组织，进一步实现组织结构的柔性化和网络化。缩短知识传递的时间和空间，创建良好的学习氛围，方便人员之间的沟通交流，利于知识在企业内部的普及、共享、更新与发展，增强员工主动学习的积极性。同时，企业应设置与知识管理相关的职位。如：知识管理经理、知识管理主管、知识管理专员等负责企业内部不同层级的知识管理工作。

2. 知识管理对于企业管理文化的创新

企业文化是企业核心竞争力的关键所在。企业文化以建立所有员工认同的价值观为基础，增强企业的凝聚力，激发员工的责任感和使命感，促进企业的不断创新与发展。知识管理的有效实施，要求企业管理者必须建立起与之相适应的企业文化，从而实现知识的交流、共享、积累和创新。因此，基于知识管理的企业文化应该是一种学习型、共享型、创新型的现代企业文化。让员工在工作中不断学习、积累知识，相互促进，共享知识，从而更好地实现知识创新，改进企业的产品和服务，增强企业的竞争实力。

12.3.4 知识管理的实施步骤

知识经济时代，知识成为企业的主要资源，对知识进行有效管理成为获得竞争优势的重要手段与工具。知识管理作为一种新兴的管理思想，并不孤立于企业经营管理体系之外。知识管理在实施过程中涉及多个层面，要做到透查现状、明确问题，才能合理设计实施路径，发挥出知识管理的真正价值。

1. 认知

实施知识管理需要做到统一企业对于知识管理的认知，认清企业的知识管理的现状，评估企业是否需要实施知识管理，明确知识管理对于企业的意义，树立知识管理实施的正确方向。

通过知识管理的认知培训，让企业的中高层管理者，特别是高层管理者正确认识知识管理，并认同知识管理带来的企业价值，高层的支持对于知识管理系统实施的成败是十分关键的。分析企业知识管理的现状和存在的主要问题。评估知识管理可以给企业带来的长期效益和短期效益，以此决定企业是否实施知识管理，制定知识管理的目标和战略。

2. 规划与设计

企业应根据企业管理和知识管理的现状，制定企业知识管理的战略目标和实施策略，改进企业业务流程，建立知识管理的理论基础，营造以知识管理为中心的企业文化氛围。

选择一个较容易实施知识管理的部门进行试点，设计具体的知识管理战略、知识管理流程、知识管理技术，以及与知识管理相适应的组织结构和企业文化。注意不同层面之间的关联，进行系统规划。

3. 开发测试

在规划设计的基础上，依据设计方案选择适当的部门和流程进行知识管理的实践，设计和开发知识管理软件系统，以短期实施效果衡量评估前期规划的质量。对建成的知识平台进行严格测试，搜集在测试中发现的问题，修正设计方案。

4. 导入实施

通过知识管理在试点部门的实践，应用并推广到企业其他部门，将知识管理与企业的业务流程和价值链融合。初步建立知识管理制度，使知识管理系统得到全面使用。

5. 维护评估

对企业实施知识管理的效果进行评估，根据评估的结果改进，调整企业的知识管理计划。

自我测试

一、单项选择题

1. 信息和数据的关系是（　　）。

A. 信息是数据的载体　　B. 信息是将数据汇总后的产物

C. 信息和数据的含义是相同的　　D. 数据是信息的载体

2. 制定战略决策要大量地依靠来自（　　）的信息。

A. 管理层　　B. 外部　　C. 作业层　　D. 内部

3. 信息是管理上的一项极为重要的（　　）。

A. 前提　　B. 基础　　C. 资源　　D. 工具

4. 管理信息系统是一种（　　）。

A. 信息处理系统　　B. 自然系统　　C. 人工系统　　D. 抽象系统

5. 底层的信息系统解决（　　）问题。

A. 结构化　　B. 半结构化

C. 半结构化和非结构化　　D. 非结构化

6. 现阶段，（　　）是社会经济发展的重要资本和动力，这是促使知识管理产生的外部因素。

A. 数据　　B. 信息　　C. 知识　　D. 智慧

二、判断题

1. 管理信息系统是只为组织内高层管理人员提供信息服务的人机系统。（　　）

2. 传递的环节越多，信息在传输过程中失真的可能性就越小，但传递速度会减慢。（　　）

3. 知识将成为最宝贵的社会资源和最重要的生产要素。（　　）

三、案例分析

企业的信息化之路

某汽车制造厂商，主要生产大、中型豪华汽车。随着计算机技术、网络技术、电子商务的广泛应用，企业面临的竞争环境发生了根本性变化。产品的生命周期不断缩短，顾客需求呈现个性化、多样化的发展趋势，技术创新速度加快，市场竞争日趋激烈。以财务管理为例，企业现有系统功能简单，只能在局域网运行，经常出现数据混乱的现象，且财务核算不能实现数据共享和传递，无法完成对财务整体状况的监控统计和内部对账等管理。分散式的信息化建设，使得公司内部没有形成统一的系统，各部门之间不能及时得到相关信息，比如业务部门与财务部门不能很好地沟通，造成结算拖延，坏账损失加大，信用下降，库存与账目不符等弊端。

公司通过一系列分析，意识到企业信息化建设的重要性。进行内部组织机构的调整，业务流程重组，建设一套具有本企业特色，先进、实用、可靠的管理信息系统，以适应企业的总体发展战略。采用统一的信息系统平台，信息资源在各部门之间能够得到快速、及时的传递，同时实现信息资源的共享。

以财务管理为例，统一财务系统，统一会计制度和会计原则，方便财务信息的采集。内部各模块之间自动传递数据，实现财务业务一体化管理，解决了长期以来一直困扰财务部门的账务串户、错账以及账务与业务部门账账不符、账证不符的问题，真正实现了财务和业务的协同。加强库存控制，降低企业财务运营风险，保证生产正常进行的前提下，实现库存成本最小化，以项目和个人两条主线，加强企业内部管理。

案例思考题：

你认为企业应如何提高自身信息化水平？

参 考 文 献

[1] 德鲁克．知识管理[M]．杨开峰，译．北京：中国人民大学出版社，1999．

[2] 罗宾斯，库尔特．管理学：第 9 版[M]．孙健敏，等译．北京：中国人民大学出版社，2008．

[3] 陈树文．组织管理学[M]．大连：大连理工大学出版社，2005．

[4] 王凤彬，李东，刘希婧．管理学[M]．北京：中国人民大学出版社，2016．

[5] 徐碧琳．管理学原理[M]．2 版．北京：机械工业出版社，2018．

[6] 芮明杰．管理学原理[M]．2 版．上海：格致出版社，2016．

[7] 张广敬，李超．管理学基础[M]．北京：北京理工大学出版社，2017．

[8] 姜磊，马玉梅．管理学基础[M]．北京：北京理工大学出版社，2018．

[9] 孙喜．管理学原理[M]．北京：中国人民大学出版社，2018．

[10] 杨善林．企业管理学[M]．3 版．北京：高等教育出版社，2015．

[11] 邢以群．管理学[M]．3 版．杭州：浙江大学出版社，2013．

[12] 尤建新．管理学概论[M]．4 版．上海：同济大学出版社，2015．

[13] 黄梯云，李一军．管理信息系统[M]．5 版．北京：高等教育出版社，2014．

[14] 芮明杰．管理学：现代的观点[M]．3 版．上海：格致出版社，2013．

[15] 牛艳莉．管理学基础[M]．重庆：重庆大学出版社，2015．

[16] 刘爱君，蔡葵．管理信息系统[M]．杭州：浙江大学出版社，2016．

[17] 程燕．管理学概论[M]．大连：大连理工大学出版社，2018．

[18] 高立军．管理学基础[M]．天津：天津大学出版社，2012．

[19] 徐君．企业战略管理[M]．北京：清华大学出版社，2008．

[20] 乔颖丽．管理学原理[M]．北京：清华大学出版社，2009．

[21] 汪洁，丁皓．管理学基础[M]．北京：清华大学出版社，2009．

[22] 黄翀胤，曲建国，禹智波．管理学原理[M]．北京：清华大学出版社，2009．

[23] 张满林．管理学理论与技能[M]．北京：中国经济出版社，2010．

[24] 邵一明．战略管理[M]．北京：中国人民大学出版社，2009．

[25] 周三多，陈传明，鲁明泓．管理学：原理与方法[M]．5 版．上海：复旦大学出版社，2009．

[26] 谢和书．现代企业管理[M]．北京：北京理工大学出版社，2009．

[27] 吴志清．管理学基础[M]．北京：机械工业出版社，2007 年．

[28] 杨文士，张雁．管理学原理[M]．北京：中国人民大学出版社，2000．

[29] 单凤儒．管理学基础[M]．北京：高等教育出版社，2001．

[30] 叶萍．管理学基础[M]．北京：电子工业出版社，2007．